Danny Wattin
Davids Dilemma
Eine unglückliche Verkettung
nicht ganz so weiser Entscheidungen

Danny Wattin

DAVIDS DILEMMA

Eine unglückliche Verkettung
nicht ganz so weiser Entscheidungen

Aus dem Schwedischen übersetzt
von Susanne Dahmann

ISBN 978-3-7432-1655-6
1. Auflage 2024
erschienen 2022 unter dem Originaltitel *David den mindre vises protokoll*
bei Bokförlaget Polaris, Stockholm.
© Danny Wattin and Bokförlaget Polaris AB 2022
in agreement with Politiken Literary Agency
Für die deutschsprachige Ausgabe © 2024 Loewe Verlag GmbH,
Bühlstraße 4, D-95463 Bindlach
Aus dem Schwedischen übersetzt von Susanne Dahmann
Umschlaggestaltung: Michael Ludwig Dietrich
Printed in the EU

www.loewe-verlag.de

Anmerkung des Verlags

Liebe Leser*innen,

in diesem Buch werden verschiedene Dimensionen von Antisemitismus gezeigt. Darunter der Verschwörungsmythos, dass Jüdinnen*Juden die Medien regieren würden, viel Macht besäßen und sehr reich seien, sowie israelbezogener Antisemitismus. Dabei spielt auch der Nahostkonflikt eine Rolle.
Bitte beachtet, dass der Antisemitismus, der David entgegenschlägt, aus seiner Sicht geschildert und daher nicht auf den ersten Blick sichtbar widerlegt wird. Wenn ihr euch mehr über Antisemitismus informieren wollt, schaut bei Organisationen wie der Amadeu Antonio Stiftung vorbei.
Die Handlung spielt in den späten 80er-Jahren. So lassen sich bestimmte Ausdrucksweisen und eine z. T. drastische Sprache erklären, die wir heute so nicht mehr benutzen würden.
Zudem enthält der Roman weitere Inhalte, die potenziell triggernd sein könnten. Deshalb findet ihr am Ende des Buchs eine Content Note.

Euer Loewe-Team

VORWORT

Der Text dieses Buches, das ihr in der Hand haltet, hat unter ungewöhnlichen Umständen zu mir gefunden. Ich war gerade dabei, ein Buch zu schreiben, das ich für wichtig hielt, mir aber keine sonderliche Freude machte. Immer wieder steckte ich fest, und anstatt zu arbeiten, erwischte ich mich selbst dabei, wie ich lange, ziellose Spaziergänge unternahm und an anderes dachte. An Dinge, denen ich sehr lange keinen einzigen Gedanken gewidmet hatte, wie zum Beispiel meine Kindheit und Jugend in einem Vorort von Stockholm.

Ich weiß nicht, warum es mir so schwerfiel, mich zu konzentrieren, oder warum meine Gedanken in diese Richtung herumwanderten. Allerdings habe ich den dringenden Verdacht, es lag daran, dass das Buch, an dem ich eigentlich schrieb, nicht sonderlich gut war. Denn eins habe ich in diesem Leben gelernt: Wenn sich was nach Zwang anfühlt und nicht nach Spaß, dann kann man sich die Mühe sparen. In eine solche Geschichte Leben bringen zu wollen, ist, als würde man einem toten Pferd die Sporen geben. Vielleicht habe ich damals auch deswegen so viel über die Vergangenheit nachgedacht – weil es sich anfühlte, als hätte ich den Kontakt zu jenem Teil von mir verloren, der wusste, was wirklich wichtig ist. Als schriebe ich inzwischen nur noch um des Schreibens willen – genau, wie ich mir einmal selbst geschworen hatte, es nie zu tun.

Meine Spaziergänge endeten oft in einem Café, wo ich

Zeitung las oder ein Gespräch mit irgendeinem Bekannten begann, sofern zufällig einer dort war. Und bei einer dieser Gelegenheiten hörte ich das erste Mal von David. Ein alter Freund aus Kindertagen, der in derselben Stadt gelandet ist wie ich, erzählte mir diese unglaubliche Geschichte bei ein paar Tassen Kaffee. Was er sagte, faszinierte mich, auch wenn ich ihn erst nicht richtig ernst nahm. Das Ganze schien viel zu unwahrscheinlich, um so nah an dem Ort geschehen zu sein, an dem ich aufgewachsen war. Davon hätte ich doch schließlich hören müssen.

Im Grunde wusste ich, wer David war: ein schweigsamer, zurückhaltender Typ, einige Jahre jünger als ich. Aber mir war nicht klar, dass er auch Jude war. Ich hatte immer angenommen, der einzige in der ganzen Gegend zu sein. Genau wie ich musste er seine religiöse Identität lange geheim gehalten haben, und als sich die Ereignisse abspielten, von denen mein Jugendfreund erzählte, waren meine Familie und ich bereits aus dem Vorort in die Stadt gezogen. Bestimmt sei das der Grund, weshalb ich davon nichts wusste, meinte mein Freund.

Ich war ganz entschieden skeptisch, konnte die Sache aber trotzdem nicht vergessen. Denn wenngleich die Geschichte abwegig klang, brachte sie doch eine Saite in mir zum Klingen. Es steckte so viel darin, was ich wiedererkannte. So vieles, das eine Verbindung zu meiner eigenen Jugend schlug. Dinge, die ich selbst gefühlt, erlebt oder die mich beunruhigt hatten.

Je mehr ich an die Sache dachte, desto besessener wurde ich davon. Es dauerte nicht lange, dann gab ich mein eigenes Buch auf und verwandte meine ganze Zeit darauf, Klarheit in das zu bringen, was mein Freund erzählt hatte. Ich wühlte in

Archiven nach alten Zeitungen aus den späten Achtzigerjahren und blätterte durch Jahrgangsbücher aus der Grundschule, um die Namen von Leuten zu finden, zu denen ich Kontakt aufnehmen könnte. Und zu meinem großen Erstaunen bestätigte, was ich las und hörte, dass die Geschichte meines Freundes womöglich wahr sein könnte.

Natürlich versuchte ich auch, David und seine Familie zu erreichen, doch das war hoffnungslos. Wie sehr ich mich auch anstrengte, ich konnte nicht die geringste Spur von ihnen finden. Keine Information, keine Adresse, nichts. Und das, obwohl ich eine Zeit lang alle anschrieb, die vielleicht eine Verbindung zu der Familie hatten. Trotz aller Anstrengungen meldete sich niemand. Nach einer Weile sah ich ein, dass ich da nicht weiterkommen würde, und beschloss, das Ganze loszulassen. Ich hörte auf zu forschen und begann wieder zu schreiben: ein Buch über meine eigene, bedeutend weniger erlebnisreiche Jugend.

Als ich ungefähr die Hälfte meiner Geschichte fertig hatte, landete plötzlich dieses Kuvert im Briefkasten. Laut Poststempel kam es aus Neuseeland und es enthielt eine Ansichtskarte von einem Strand sowie ein dickes Heft mit dem Titel: »Das Protokoll des nicht so weisen David«.

Folgendes stand auf der Karte: »Ich habe gehört, du interessierst dich für das, was damals passiert ist. Hier steht alles drin. Mach damit, was du willst. Lies es, schmeiß es weg oder lass es drucken. Ist mir egal. Das ist so lange her, dass es genauso gut ein anderes Leben gewesen sein könnte.«

Auf dem Kuvert stand weder ein Name noch eine Adresse, aber ich ging mal davon aus, dass es von David stammte.

Und wie ihr seht, habe ich mich dafür entschieden, es zu veröffentlichen. Denn selbst wenn wir eine in vieler Hinsicht ähnliche Jugend hatten, musste ich den Text doch nur rasch überfliegen, um zu begreifen, dass seine Geschichte so viel interessanter war als meine. Alles, wovor ich immer Angst hatte, ist David nämlich wirklich passiert.

Ich hoffe, ihr findet sein Geständnis ebenso aufschlussreich wie ich.

Danny Wattin, Uppsala im April 2021

1

Outing im Sportunterricht – das Mobbingopfer und der heimliche Jude – nur die Eingeweihten verstehen – das vierthübscheste Mädchen der Schule

Es begann im Sportunterricht. Wir hatten Orientierungslauf und es regnete, war matschig, grau und kalt. Ein Tag, an dem man eigentlich zu Hause sitzen und heiße Schokolade trinken sollte. Aber Sport-Mats scherte sich nicht ums Wetter. Er war den ganzen Vormittag im Wald draußen gewesen und hatte die Strecke vorbereitet und jetzt sollten alle laufen. Na ja, alle außer Helle, Lotta und Karro, die sagten, sie hätten ihre Tage – was sie immer behaupteten, wenn Sportunterricht war. Soll heißen, zweimal die Woche.

»Und los!«, schrie Sport-Mats und schickte Olof und Krille mit Karte und Kompass in der Faust auf die Strecke.

Ich stand ganz hinten in der Schlange und träumte mich weg. So einer war ich. Ein Träumer. Das hatte ich bisher noch in jedem der vierteljährlichen Lehrergespräche meiner Schullaufbahn gehört: Dass es nicht schaden würde, wenn ich mich ein bisschen weniger auf meine Gedanken und etwas mehr auf das, was im Unterricht passierte, konzentrieren würde. Das Problem war nur, dass meine Träume so viel interessanter waren. Derzeit handelten sie meist von Mädchen. Ich war ständig verliebt und wurde von einer romantischen Fantasie nach der anderen verschlungen. Einmal war ich mit Karro in meiner Klasse zusammen und dann wieder lag ich halb nackt mit dem vierthübschesten Mädchen der Schule an einem Strand – Maja aus der B.

Leider spielte sich so was bloß in meinem Kopf ab. In der Wirklichkeit hatte ich keine Chance. Ich war schüchtern, unsicher und spätentwickelt, und wenn eine von denen erfahren würde, was ich fühlte, dann würde die ganze Schule mich auslachen. Die Mädchen im Einserjahrgang, dem ersten der drei Gymnasiumsjahre, waren nicht interessiert. Sie wollten ältere Jungs und Hockeytypen mit dicken Muskeln. Solche, die dank der vielen Anabolika, die sie in sich hineingestopft hatten, früh durch die Pubertät gegangen waren.

Da meiner Verwandtschaft die üblichen Grenzen der Scham unbekannt sind, werde ich zu Hause oft über mein Liebesleben ausgefragt. Und wenn sich herausstellt, dass es nicht existiert, dann sehen mich alle für gewöhnlich mitleidig an, als ob mit mir irgendwas ernsthaft nicht stimmt. Außer Oma. Sie ergreift stets meine Partei und sagt, ich solle mir keine Sorgen machen. Es gebe schon für jeden eine, sogar für einen Schmock wie mich.

»Sieh dir nur ihn an«, sagt sie immer und zeigt auf meinen Vater. »Wenn er es geschafft hat, eine zu finden, dann musst du dir gar keine Sorgen machen. Obwohl es kein Schaden gewesen wäre, wenn er ein bisschen gewartet hätte.«

»Mama!«, schimpft Papa dann und wirft meiner Oma einen warnenden Blick zu.

»Aber er musste ja unbedingt die Erstbeste heiraten, die ein bisschen Interesse zeigte«, fährt Oma daraufhin fort.

»Die verwöhnte kleine Tochter von Sara Kaminski. Hat es dir nie zu denken gegeben, dass kein anderer sie haben wollte?«

Wie Oma zu meiner Mutter stand, war ebenso wenig ein Geheimnis wie, was meine Mutter von ihrer Schwiegermutter hielt: Sie verabscheuten einander mit derselben glühenden Leidenschaft und verlangten alle beide die absolute Loyalität meines Vaters. Was wiederum zu einiger Zerrissenheit führte, sowohl in unserer Familie als auch in Papas Innerem. Doch das war meiner Oma egal.

»Hab nur Geduld, David«, beendete sie diese Gespräche für gewöhnlich immer. »Und sieh zu, dass du Arzt wirst. Dann werden die Mädchen Schlange stehen.«

Doch es war noch lange hin, bis ich einen Arztkittel würde überziehen können. Erst musste ich die drei Jahre auf dem Gymnasium überstehen und dann ein weiteres halbes Leben an der Uni – vorausgesetzt, dass ich es überhaupt ins Medizinstudium schaffte. Bis dahin musste ich schon echt viel Zeit und Mühe investieren, um bei den Mädchen irgendwie zu landen. Und der erste Schritt zu diesem Ziel war, das Schulhalbjahr und die Sportstunde des heutigen Tages mit einer akzeptablen Note zu überstehen.

Vor mir schickte Sport-Mats immer noch meine Klassenkameraden jeweils zu zweit auf den Weg. Weil ich spät gekommen war, hatten alle anderen sich bereits zu Teams zusammengefunden, was bedeutete, dass ich allein würde laufen müssen. Das war im Grunde nichts Ungewöhnliches. Ich hatte nicht viele Freunde und war oft für mich allein. Sonst hing ich meistens mit Micke aus der Parallelklasse rum. Der hatte um diese Zeit eine Freistunde und es war ihm auf wundersame Weise gelungen, den Billardtisch in der Cafeteria zu belegen. Wahrscheinlich stand er jetzt gerade dort und versuchte so auszusehen, als würde er auf einen Freund warten. Da würde er allerdings lange warten müssen, denn der einzige Freund, den er hatte, war ich.

»Na, David«, sagte Sport-Mats. »Willst du nicht laufen?«

Ich schaute aus meinen Träumen auf und bemerkte, dass nur noch ich übrig war. Der Rest der Klasse war bereits im Wald verschwunden. Und zu meinem Erstaunen hörte ich mich selbst sagen, dass ich nicht mitmachen könnte.

»Was?«, fragte Sport-Mats. »Warum nicht? Geht es dir nicht gut?«

Ich zuckte mit den Schultern und versuchte, elend auszusehen. Normalerweise widersetzte ich mich den Lehrern nicht, doch es war ein Scheißwetter und es fühlte sich einfach ungerecht an, dass den Mädchen das alles erspart blieb, nur weil Sport-Mats keine Ahnung hatte, wie der Menstruationszyklus funktionierte.

Er sah mich kurz an und reichte mir dann eine eingeschweißte Karte. »Du siehst nicht krank aus«, stellte er fest. »Los, ab mit dir.«

Für gewöhnlich dachte ich mir nicht einfach was aus, aber an diesem Tag ging es mit mir durch.

»Ich kann nicht«, sagte ich. »Es … es ist Schabbat.«

Fragt mich nicht, warum ich das gesagt habe. Der Schabbat begann erst bei Sonnenuntergang. Und außerdem feierten wir ihn nicht. Wir waren schließlich die am wenigsten religiösen Juden im Großraum Stockholm.

»Du bist Jude?«, fragte Sport-Mats erstaunt.

Ich bereute sofort, etwas gesagt zu haben. Niemand in der

Schule wusste, dass ich Jude war, und ich wollte auch nicht, dass es jemand erfuhr.

»Wie interessant«, fuhr er fort und betrachtete mein Gesicht wie ein Entdeckungsreisender, der auf eine neue, exotische Art gestoßen war. Ich wartete nur darauf, dass er etwas im Stil von »aber deine Nase ist ja gar nicht so groß« sagen würde und dann vielleicht noch irgendwas über Geld.

»Ja«, erwiderte ich. »Aber verraten Sie es niemandem.«

»Du solltest stolz darauf sein, wer du bist«, erwiderte Sport-Mats. »Die Juden sind ein kluges Volk. Fast alle Nobelpreisträger sind Juden.«

Er gab sich eindeutig Mühe, dem Ganzen etwas Positives abzuringen. So waren die Leute manchmal: Wenn sie nicht in die eine Richtung übertrieben, dann in die andere. Wenn wir Juden nicht die Medien kontrollierten und die Weltwirtschaft beherrschten, dann waren wir besser darin, klassische Musik zu spielen, und hatten einen höheren IQ.

Wie auch immer, mein Trick funktionierte, denn nachdem er da eine Weile gestanden und geglotzt hatte, rief Sport-Mats ein fröhliches »Mazel tov« und rannte in den Wald hinein, um zu kontrollieren, ob auch niemand schummelte. Ich hingegen ging in die Cafeteria, wo tatsächlich Micke stand und mit sich selbst Billard spielte.

»Tach«, sagte ich. »Sollen wir eine Partie spielen?«

»Ich dachte, du hättest Sport.«

»Bin abgehauen.«

Micke legte die Kugeln zurecht und stieß an. Er war ein Einzelgänger. Einer, den die Herde sehr früh ausgestoßen hatte. Warum, weiß ich nicht. Das hatte schon am allerersten Schultag in der Grundschule angefangen und seitdem hielten wir zusammen – das Mobbingopfer und der heimliche Jude.

»Guck mal«, sagte er. »Verdammt, ist die hübsch.«

Auf der anderen Seite des großen Fensters, draußen auf dem Hof, drückte Karro ihre Zigarette aus und warf sich in die Arme eines Typen aus dem Abschlussjahrgang.

»Schade, dass sie so dumm ist«, fuhr er fort, »sonst könnten wir zusammen sein. Sie mag mich. Das erkennt man daran, wie sie mich ansieht. Als wäre sie scharf auf mich.«

Manchmal machte Micke das. Dachte sich Sachen aus, die nicht einmal ein Fünfjähriger glauben würde. Aber weil er mein Freund war, sagte ich nichts.

»Aber wahrscheinlich ist sie sowieso nicht so gut zu ficken«, sagte er. »Zum Glück kenne ich ältere Frauen. Die wissen, was sie wollen im Bett.«

Noch so eine von Mickes Fantasien. Um seine Lügen zu unterfüttern, erzählte er ab und zu von den Dingen, die seine erfundenen Liebhaberinnen mit ihm machten. Dieses Wissen hatte er aus einer Sammlung Softpornos, die er im Nachttisch seiner Mutter gefunden hatte. (Das weiß ich, weil ich auch einmal darin gelesen hatte, als ich in Mickes Zimmer auf ihn wartete, während er beim Abendessen war.)

Wir spielten eine Runde. Vor dem Fenster hatten Karro und ihr Typ angefangen zu knutschen. Das war wirklich nicht gerecht. Dass die Idioten alle Mädchen kriegten.

»Hör auf zu glotzen, du Pervo«, sagte Micke und legte die Kugeln auf den Tisch. »Wir spielen noch eine Runde.«

Und das machten wir, bis Krille, Olof und Bengtsson der Hässliche vom Sport zurückkamen und meinten, jetzt wären sie dran.

»Ihr habt euch nicht eingetragen«, entgegnete Micke.

»Haben wir wohl«, sagte Krille und nahm ihm das Queue aus der Hand. »Haut ab, ihr Tunten.«

»Selber Tunte«, entgegnete Micke.

»Scheiß auf dich«, erwiderte Krille und boxte ihn.

»Was zum Teufel?«, fragte Micke.

Mit einem Mal wurde er wütend und das gefiel den anderen. So machten Krille und Olof es immer. Reizten Micke, bis er explodierte oder sich auf sie stürzte, sodass sie ihn verprügeln konnten, ohne Schuld zu haben.

»Komm«, sagte ich, »wir gehen.«

»Hör auf deinen Lover«, sagte Olof.

»David ist nicht mein Lover.«

»Hört ihr, was die Schwuchtel sagt?«, mischte sich Bengtsson der Hässliche ein und lachte laut. So war er. Ganz in Ordnung, wenn er alleine war, aber widerlich in Kombination mit Olof und Krille. Einer, der sein Fähnchen nach dem Wind hängte.

»Ich bin nicht schwul!«, schrie Micke fast. »Ich hab schon jede Menge Mädchen gehabt.«

»Deine Mutter zählt nicht«, erwiderte Krille. »Und deine Oma auch nicht.«

»Halt die Schnauze«, blaffte Micke, woraufhin ich ihn am Pullover packte und wegzog. Ich war von Natur aus feige und wollte mich mit niemandem prügeln, am allerwenigsten mit Krille, der nicht nur groß und stark war, sondern auch noch einen Neonazi zum Bruder hatte. In den Köpfen dieser ganzen Familie stimmte irgendetwas nicht und ich wollte mich nicht mit denen anlegen.

Stattdessen bugsierte ich Micke zu einem Tisch ein Stück

den Flur hinunter, wo wir bis zum Beginn der nächsten Schulstunde Karten spielten. Meine Klasse hatte Religion. Das war das langweiligste Fach der ganzen Woche und die Lehrerin war eine christliche kleine Tante, die nach Knoblauch roch, Jesus liebte und so aussah, als wäre sie mindestens hundert Jahre alt. An diesem Tag war sie ganz außer sich und erzählte, dass bald die Minoritätenwoche in der Schule stattfinden würde. Fünf ganze Tage, an denen wir die Samen, die Finnlandschweden, die Roma, die Tornedalinger und die Juden feiern würden.

»Das wird so herrlich, mehr über die Sitten und Bräuche all dieser Gruppen zu lernen«, sagte sie und sah dabei komplett friedensbewegt aus.

So glücklich sie darüber war, so desinteressiert waren wir. So lief es immer. Was die Schüler hassten, liebten die Lehrer.

»Wir haben uns gedacht, dass wir eine Roma-Band einladen, um ein paar ihrer wunderbaren Lieder zu lernen«, fuhr sie fort.

»Na, super«, sagte Socke ironisch. Er war ein hochgewachsener Junge, der ganz hinten saß und so viele aufgekratzte Pickel im Gesicht hatte, dass er an einen Mondkrater erinnerte.

»Und dann sollten wir eine Trommelreise unternehmen«, fuhr sie fort. »Und den israelischen Volkstanz *Hora* tanzen. Vielleicht gibt es ja sogar jemanden hier, der weiß, wie man das macht?«

Die Klasse lachte und ich auch, um so zu tun, als hätte ich keine Ahnung, wie man *Hora* tanzte. Die Religionslehrerin sagte nichts, sondern stand nur schweigend da und ließ den

Blick über alle Witzbolde gleiten, bis er auf mir landete. Sie glotzte so, dass es richtig unbehaglich war – als würde sie erwarten, dass ich etwas sagte. Aber das tat ich nicht. Ich starrte nur geradeaus, ohne ihrem Blick zu begegnen, bis sie schließlich aufgab und zum Unterricht zurückkehrte.

Ihr Verhalten beunruhigte mich und ich verfluchte mich selbst, weil ich Sport-Mats meine geheime religiöse Identität offenbart hatte. Das sollte man niemals tun. Ja, vielleicht, wenn man in New York wohnte oder an einem vergleichbaren Ort, wo es noch mehr von uns gab, aber nicht hier. Das wusste jeder. Und wer es doch tat, der war selbst schuld. So wie meine Tante Hannah, die in einer Schule südlich der Stadt gearbeitet hatte und während einer Geschichtsstunde Holocaustleugner in der Klasse dadurch überzeugen wollte, indem sie erzählte, was unserer Familie in der Hitlerzeit passiert war. Leider erntete sie nicht das erhoffte Verständnis. Stattdessen begrüßten die Schüler sie danach im Vorbeigehen mit dem Hitlergruß und riefen, dass sie vergast gehöre. Außerdem kriegte sie so viele widerliche Telefonanrufe und unverschämte Briefe nach Hause, dass sie am Ende kündigte und nach Göteborg umzog. Die Leute begriffen das einfach nicht. All die wohlmeinenden Erwachsenen, die sagten, man solle stolz auf seine Herkunft sein. Sie kapierten nicht, wie die Konsequenzen aussahen. Deshalb schwieg ich, wenn die anderen Judenwitze rissen und »Sieg Heil!« riefen. Weil ich bedeutend mehr Angst hatte als Stolz.

Den Rest der Unterrichtsstunde saß ich vor Sorge, entlarvt zu werden, total verkrampft da. Und als Religion zu Ende war, schlich ich schnell in den Korridor hinaus, ehe die Lehrerin mich noch so was fragen konnte wie, ob ich beschnitten war oder ob ich koscheres Essen zum Mittag haben wollte. Auf dem Weg nach draußen kam ich an der Cafeteria vorbei, wo Maja und ihre linksradikalen Freunde saßen und sich auf eine weitere Demonstration vorbereiteten. Sie hatten Schals und indische Kleider an und auf dem Tisch lag eine selbst gebastelte palästinensische Flagge, die sie gerade bunt anmalten.

»Hallo, David«, sagte sie, als ich vorbeiging.

»Hallo«, sagte ich erstaunt, weil ich nicht damit gerechnet hatte, dass sie überhaupt wusste, wer ich war.

»Heute ist in Stockholm eine Kundgebung gegen Israel«, erklärte sie. »Kommst du mit? Wir müssen so viele Leute wie möglich für den Kampf zusammenkriegen.«

2

Wenig genug, um keine Bedrohung zu sein – Kundgebung gegen Israel – die Dicke Cissi und ich – späte Nachrichten

Zum Glück konnte Papa mich nicht sehen, wie ich da zusammen mit Maja und den anderen Demonstranten in der Bahn nach Stockholm saß.

»Wissen die nicht, dass die Hamas das jüdische Volk vernichten will?«, hätte er gefragt. »Das steht sogar in ihren Statuten: *Siehst du einen Juden sich hinter einem Stein verstecken, dann komm und töte ihn.*«

»Möchte noch jemand Haferbrei?«, hätte Mama dann geantwortet, weil sie für gewöhnlich keine Lust hatte, sich in unlösbare geopolitische Konflikte einzumischen.

»Die verüben die ganze Zeit Terroranschläge in Israel. Schicken Selbstmordattentäter los und benutzen das eigene Volk als menschliche Schutzschilde. Und trotzdem kriegen immer wir die Schuld.«

»Wer wir?«, hätte Mama geantwortet.

»Die arabischen Staaten können machen, was sie wollen, ihre eigene Bevölkerung ermorden und Andersdenkende ins Gefängnis werfen. Die schwedische Regierung schleimt sich trotzdem bei ihnen ein. Aber sowie die einzige Demokratie des Nahen Ostens versucht, sich zu verteidigen, hat sie die ganze Welt gegen sich. Und wisst ihr, warum? Na, weil wir eine unbedeutend kleine Wählergruppe sind. Zu wenige, um eine Bedrohung zu sein ...«

»... und genug, um als Sündenbock herhalten zu müssen«, hätte dann der Rest der Familie im Chor ergänzt, weil wir diese Argumentation schon so viele Male gehört hatten, dass wir sie im Schlaf runterbeten konnten.

Solche Standpunkte nahm man allerdings nur zu Hause ein. Draußen unter anderen Menschen schwieg man besser. Das war am sichersten. Vor allen Dingen, wenn man wie ich gerade mitten zwischen den lautesten Kritikern des israelischen Staates saß.

»Ich begreife nicht, wie die so böse sein können«, sagte Majas Freundin Elin und schielte zu einem älteren Typen hin, der auf der anderen Seite des Waggons mit einem Plakat saß, auf dem »Israelis = Mörder« stand.

»Ja, oder?«, stimmte ihre andere Freundin Lina zu. »Selbst sind sie von den Nazis verfolgt worden und jetzt machen sie das Gleiche mit anderen.«

Beide gingen zusammen mit Micke in eine Klasse. Er hasste sie. Meinte, sie seien falsch und eingebildet, was er immer behauptete, wenn Mädchen nichts mit ihm zu tun haben wollten.

»Der sieht ganz schön gut aus«, flüsterte Elin und nickte zu dem Typen mit dem Plakat. »Ob er wohl eine Freundin hat?«

»Das solltest du vielleicht mal checken«, flüsterte Maja zurück.

Mich hatten sie völlig vergessen, wie ich da eingeklemmt zwischen dem Fenster und einem verschwitzten Typen in Batikklamotten saß. Es war ein Fehler gewesen mitzugehen, so viel stand fest. Aber jetzt war es zu spät. Also blieb ich auf meinem Platz sitzen und träumte von Maja und wie sie eines Tages erkennen würde, dass ich fantastisch war. Und wie wir zusammenkommen und glücklich und zufrieden in einem Haus am Mittelmeer leben würden, das groß genug war, um unseren Freunden und zukünftigen Kindern Platz zu bieten.

Ich wurde aus meinen Tagträumen gerissen, als die Bahn an der nächsten Haltestelle anhielt und eine große Schar Demonstranten hereinströmte.

»Tariq!«, brach es aus Maja hervor und sie lächelte einen Typen mit dunkler Haut und kräftigem Stoppelbart an, der aussah, als wäre er mindestens zwanzig.

»Hallo, Maja«, sagte er und umarmte sie. Mehr hörte ich nicht, weil ihr Gespräch im Geschnatter der anderen Demonstranten unterging. Die waren echt aufgeregt, standen dicht gedrängt zwischen den Türen und redeten von der Besatzungsmacht und Übergriffen, während sie einander scharf abcheckten, um herauszukriegen, wer Single war. Nach einer Weile gingen Plastikflaschen mit Alkohol im Waggon herum. Die enthielten eine höllische Mischung aus Gin und irgendetwas, das Orangenlikör gewesen sein könnte. Es schmeckte schrecklich, aber ich würgte trotzdem ein paar große Schlucke herunter. Danach fühlte ich mich ein wenig ruhiger und das war auch gut so, weil die Demonstranten immer aggressiver wurden, je näher wir der Stadt kamen. Sie schrien Parolen darüber, dass man die israelische Davis-Cup-Mannschaft und verschiedene landwirtschaftliche Produkte boykottieren solle. Und eine Gruppe aus der sozialdemokratischen Jugend begann zu grölen, dass »der Zionismus zerschlagen« gehöre. Je aggressiver die Stimmung in der Bahn wurde, desto mehr Alkohol schüttete ich in mich hinein, und als wir am Hauptbahnhof ankamen, war ich ziemlich betrunken.

Ich konnte Maja nicht sehen, ging aber einfach hinter ihren Aktivistenfreunden her und folgte ihnen zum Sergels torg, einem der belebtesten Plätze in der Innenstadt. Dort trafen wir auf eine große Menschenmenge, die schrie und mit Flaggen wedelte. Außerdem gab es da eine Bühne, auf der diverse Politiker Reden hielten, während die Demonstranten unten Flaschen kreisen ließen und *We Shall Overcome* sangen. Ich griff mir eine Weinflasche und nahm ein paar Schluck. Und auf einmal stand ich einfach nur da und nahm alles auf – alle Lieder und Parolen und die aufgebrachten Stimmen. Aber vor allem schaute ich zu den Aktivistenmädchen. Sie waren so unfassbar hübsch, und wenn es stimmte, dass Gegensätze sich anziehen, dann hätten sie mich lieben müssen.

Ich muss ganz in Gedanken gewesen sein, denn als ich das nächste Mal wieder aufsah, war ich von einer Gruppe hochgewachsener Männer aus dem Nahen Osten umgeben. Sie sahen wütend aus und schrien etwas, was ich nicht richtig verstand, das aber wahrscheinlich von Juden handelte. Ich meinte nämlich das Wort »Yahudi« zu hören und dann etwas, was zumindest ein bisschen wie »töten« klang. Ich bekam einen Riesenschreck und das mussten die Männer gemerkt haben, denn plötzlich konnte ich geradezu spüren, wie sie mich anstarrten. Um die Situation zu retten, begann ich auch zu brüllen, dass man die Juden erschießen und steinigen und dahin zurückschicken solle, wo sie hergekommen waren. Und da verstummten die Männer und sahen mich an, als hätte ich nicht alle Tassen im Schrank, woraufhin ich die Gelegenheit ergriff und schnell davonschlich.

Da ich nirgends mehr die anderen von der Schule entdecken konnte, verließ ich die Demonstration und setzte mich auf dem Friedhof in der Nähe des Hauptbahnhofs auf eine Bank, wo ich die Flasche leerte. Dann fuhr ich mit der S-Bahn nach Hause. Ich stieg an unserer Station aus, pinkelte in einen Busch hinter dem Bahnhofsgebäude und torkelte zur Bushaltestelle, wo ich mich auf eine Bank fallen ließ. Dann muss ich eingeschlafen sein, denn das Nächste, woran ich mich erinnere, ist, dass mich jemand in die Seite pikte.
»Wach auf, David. Der Bus ist da.«
Es war die Dicke Cissi. Sie stand da und glotzte mich mit schmachtendem Blick an, als wäre sie Aschenputtel und ich ihr Prinz.
»Was?«, fragte ich.
»Willst du nicht mitfahren?«
»Doch«, antwortete ich, »klar.«
Cissi nahm mich am Arm und half mir auf. Dann umarmte sie mich. Das machte sie immer, wenn wir uns sahen, und zwar, weil sie in mich verliebt war. Darüber tratschen ihre Klassenkameradinnen schon seit Ewigkeiten. Das war so typisch: Jeder wollte genau den haben, den er nicht kriegen konnte. Ich wollte Maja, Elin, Lina und im Grunde genommen alle anderen im Einserjahrgang, die nicht direkt abstoßend waren. Und die Einzige, die mich haben wollte, war die Dicke Cissi.
Sowie wir im Bus saßen, begann sie zu quasseln. Redete davon, wie toll es doch war, mich zu sehen, was sie in der Stadt gemacht hatte und was sie machen würde, wenn sie mit dem Gymnasium fertig war. Reisen und Jura studieren. Ich starrte auf ihre Lippen, während die Worte in mein eines

Ohr hinein und aus dem anderen wieder heraus rauschten. Wenn ich so richtig verzweifelt war, dachte ich manchmal darüber nach, ob ich mit der Dicken Cissi schlafen sollte, einfach nur, um es hinter mir zu haben. Als eine Art Übung für den Tag, an dem ich die Chance bekommen würde, es mit einer zu tun, die ich mochte. Aber das war keine gute Idee. Einerseits, weil es gemein wäre, sie auszunutzen, und andererseits, weil sich alle über mich lustig machen würden, wenn das je rauskam. Aber trotzdem konnte ich nicht aufhören, darüber nachzudenken, als ich da neben ihr saß und ihre Lippen sich so nah vor meinem Gesicht bewegten. Ich konnte den Gedanken irgendwie nicht abschütteln. Er biss sich die ganze Fahrt über in mir fest und auch noch, als wir den Bus verließen und das letzte Stück nach Hause gingen. Und dann führte irgendwie eins zum anderen und plötzlich standen wir einfach da, vor Cissis Haus, und knutschten. Es war, als würde es ganz von selbst geschehen. Die Zunge, die in ihrem Mund herumwirbelte, und die Hand, die auf ihrer Brust landete. Ich dachte nicht einmal darüber nach, was ich da tat, so betrunken war ich. Erst als sie sich an mich drückte und ihren Mund auf mein Ohr presste, wurde ich aus meiner Trance geweckt.

»Es ist niemand zu Hause«, flüsterte sie. »Du kannst mit reinkommen. Ich weiß, wo Papa seine Kondome hat.«

Und da schlug die Panik zu. Ich riss meine Hand zurück, als hätte ich mich verbrannt, und machte einen schnellen Schritt rückwärts.

»Ich muss gehen«, sagte ich.

»Jetzt?«, fragte Cissi.

»Ich habe meinen Eltern versprochen, ihnen mit einer

Sache zu helfen. Meine Großeltern kommen morgen und wir müssen ...«

»Aber ...«, begann sie.

»Oh, verdammt!«, rief ich und sah auf die Uhr. »Ich hätte schon vor ein paar Stunden zu Hause sein sollen.«

Hastig wich ich von Cissi zurück und hinaus auf die Straße. Erst sah sie enttäuscht aus, aber dann lächelte sie mich aus ihrem großen, runden Gesicht an.

»Vielleicht können wir uns am Wochenende sehen?«, schlug sie vor. »Mama und Papa fahren am Sonntag weg.«

»Ich weiß nicht«, sagte ich. »Vielleicht.«

Und damit drehte ich mich um und rannte, so schnell meine betrunkenen Beine mich trugen.

Als ich nach Hause kam, saß Papa im Wohnzimmer und schaute die Spätnachrichten.

»Das kann doch wohl nicht wahr sein«, zeterte er. »Jetzt waren die Idioten wieder draußen unterwegs und haben protestiert. Haben rumgebrüllt, dass man Apfelsinen boykottieren sollte. Wissen die nicht, dass Israel inzwischen ein Technikstaat ist?«

Auf dem Fernseher liefen Bilder von der Kundgebung, auf der ich gewesen war. Ich stellte mich ein Stück entfernt hin, damit Papa nicht riechen konnte, dass ich getrunken hatte. Aber ich hätte mir keine Sorgen machen müssen. Er war so von den Nachrichten gefesselt, dass er nicht mal gemerkt hätte, wenn ich in Flammen aufgegangen wäre.

»Wo warst du eigentlich?«, fragte er, als der Beitrag vorbei war und der Wetterbericht folgte.

»In der Stadt.«

»In der Stadt! Wusstest du nicht, dass die demonstrieren würden? Dir hätte es übel ergehen können.«

»Hab nicht mehr dran gedacht«, antwortete ich. »Aber es war kein Problem.«

»Ganz schöne Idioten, was?«

»Ja«, erwiderte ich.

Und dann sahen wir schweigend die Vorhersage für die nächsten fünf Tage.

»Du«, sagte ich, »ich geh dann mal schlafen.«

»Bist du krank?«

»Nur ein bisschen müde. Bis morgen.«

Ich lief in mein Zimmer, legte mich aufs Bett und erst da begriff ich, wie betrunken ich wirklich war. Denn das Zimmer fing an, herumzukreiseln wie das übelste Kettenkarussell auf Gröna Lund. Und zwar nicht eins von denen, die Spaß machten. Das war wahrscheinlich meine Strafe dafür, dass ich »Erschießt die Juden« geschrien und der Dicken Cissi an die Brust gefasst hatte.

Es gelang mir, die Übelkeit unter Kontrolle zu halten, bis Mama und Papa sich auch schlafen gelegt hatten. Dann schlich ich vorsichtig hinaus ins Badezimmer, klappte den Klodeckel hoch und kotzte so leise, wie ich nur konnte.

Jüdische Mütter hören alles – peinliche Eltern – Micke und ich fantasieren – Antisemitismus laut Opa – die mieseste Minderheit der Welt

Als ich am nächsten Morgen aufwachte, stand ein gelber Plastikeimer neben meinem Bett, so ein billiger, bei dem immer der Griff abgeht. Mama musste während der Nacht reingeschlichen sein und ihn dort hingestellt haben. So war das mit jüdischen Müttern. Die hörten einfach alles und wachten schon vom Runterfallen einer Stecknadel auf. Es hätte mich nicht erstaunt, wenn sie vor der Tür gestanden hätte, mit dem Ohr am Schlüsselloch, um sich zu versichern, dass ich noch atmete. Ich gähnte laut, um Mama – falls dem so war – Zeit zu geben, sich davonzuschleichen. Dann stieg ich aus dem Bett und zog mich an. Als ich kurz darauf in die Küche kam, saßen sie und meine Schwester beim Frühstück.

»Geht es dir nicht gut?«, fragte Mama. »Ich hab mir richtig Sorgen gemacht, so wie du heute Nacht zugange warst.«

»Hab einfach ein bisschen Magenprobleme«, erwiderte ich. »Muss was Komisches gegessen haben.«

Meine Schwester grinste provozierend, um zu zeigen, dass sie genau wusste, was ich »gegessen« hatte.

»Hast du gestern jemand Bestimmtes getroffen?«, fragte Mama.

»Nein. Wieso?«

»Da hat vorhin ein Mädchen angerufen. Sie heißt Cecilia.«
Sie lächelte mir vielsagend zu, so wie jüdische Mütter es tun, wenn sie glauben, dass ihre Kinder Ärzte werden oder ein nettes Mädchen kennengelernt haben, das ihnen die süßesten Enkelkinder der Welt (die eines Tages Ärzte werden) schenken wird.

»Ich habe ihre Nummer auf den Block geschrieben«, fuhr Mama fort. »Sie schien wirklich dringend mit dir sprechen zu wollen.«

»Ach, das ist nur jemand, mit dem ich in der Schule zusammen Gruppenarbeit mache«, erwiderte ich.

»Wie nett«, sagte Mama und warf mir noch einmal diesen vielsagenden Blick zu, wie um zu zeigen, dass sie mich geradewegs durchschaute und genau wusste, was ich dachte. Das war ihre Superkraft und ein unsichtbares Band, von dem sie meinte, dass es zwischen Mutter und Sohn existierte. Doch diesmal schlug ihr Gefühlsradar falsch aus, denn ich war nicht im Geringsten froh darüber, dass Cissi angerufen hatte, sondern eher zu Tode erschrocken.

»Was hat sie gesagt?«, erkundigte ich mich.

»Nichts Besonderes. Sie wollte einfach nur mit dir reden. Und das kann man ja verstehen, so gut, wie du aussiehst.«

Meine Schwester steckte sich den Finger in den Hals.

»Nun hör schon auf, David zu ärgern«, sagte Mama. »Er sieht wirklich sehr gut aus. Aber es wäre natürlich nett, wenn du einmal eine deiner Freundinnen nach Hause einladen würdest, damit wir sie auch kennenlernen können.«

»Na klar«, antwortete ich.

Nur würde ich das niemals tun. Meine Eltern waren nämlich, was Peinlichkeiten anging, eine Klasse für sich. Vergesst alles, wofür sich normale Teenager so schämen, zum Beispiel, dass ihre Eltern darauf bestehen, dass man eine Mütze aufsetzt, oder dass sie anfangen, sich mit ihren Freunden zu unterhalten. Meine Eltern waren richtig peinlich, wenn auch auf ganz andere Weise. Mamas Taktik war, ununterbrochen davon zu reden, wie gut aussehend und klug ich sei, als ob sie mich meinen Freunden verkaufen wollte. Papa hingegen machte sich für gewöhnlich auf meine Kosten lustig, zum Beispiel, indem er die Unterhosen mit Spermaflecken erwähnte, die des Öfteren unter meinem Bett gefunden worden waren.

Das war so typisch. Bei einer normalen Familie würde es nicht einmal die Gelegenheit für einen solchen Witz geben, da man am Morgen eine Chance hätte, hinter sich aufzuräumen. Doch da jüdische Mütter so ziemlich rund um die Uhr putzen, ist derjenige, der Beweismaterial nicht unmittelbar beseitigt, selbst schuld.

»Du weißt schon, dass du deine Freundinnen mitbringen kannst, wann immer du willst«, versuchte Mama es erneut. »Sie sind jederzeit willkommen.«

»Wenn David eine Freundin hat, dann muss sie blind sein«, ätzte meine Schwester.

»Ganz und gar nicht«, widersprach Mama. »Sie hat sicherlich ausgezeichnete Augen.«

»*Falls* David eine Freundin hat. Vielleicht mag er ja gar keine Mädchen.«

»Doch, das tue ich«, sagte ich.

»Für mich spielt es keine Rolle«, sagte Mama. »Du kannst tun, was du willst, solange du glücklich bist.«

»Natürlich mag ich Mädchen.«

»Schade, dass sie dich nicht mögen«, entgegnete meine Schwester spitz.

»Scheiß auf dich«, erwiderte ich.

»Also, David!«, sagte Mama.

»Also, David«, äffte meine Schwester sie nach. »Willst du deine *Freundin* nicht mal zurückrufen, du, der Mädchen so gerne mag?«

»Willst du nicht mal *deinen* Freund anrufen?«, konterte ich. »Den aus der 9D, dessen Foto du die ganze Zeit im Jahrbuch deiner Schule anschmachtest? Der schon eine Freundin hat und noch nicht mal weiß, dass es dich gibt?«

So hätte ich genauso gut über mich selbst reden können, doch das wusste meine Schwester nicht und der Effekt war definitiv erstaunlich. Sekunden später sprang sie auf, rannte raus und knallte die Tür zu ihrem Zimmer zu. Ich blieb allein am Tisch zurück und aß in aller Ruhe mein Frühstück. Dann deckte ich ab, zog meine Sportschuhe an und ging auf den Asphaltplatz, um ein paar Schüsse reinzuknallen. Micke war schon dort. Er stand auf der einen Hälfte und drosch mit seinem Hockeyschläger auf einen Tennisball, dass die Planke hinter dem Tor dröhnte.

»Tach, Dawwe«, sagte er.

»Tach, Mickepicke«, sagte ich.

Micke kam immer hierher, um sich abzureagieren, wenn etwas Blödes passiert war. Und das schien der Fall zu sein, denn er wirkte verbissen und war schon rot im Gesicht. Aber ich sagte nichts. Es gehörte zu unserer stillen Übereinkunft, dass wir so taten, als wären wir keine Außenseiter.

»Hab gestern ein neues Mädchen kennengelernt«, sagte er und drosch auf den Ball. »Sie heißt Anna.«

»Aha«, gab ich zurück.

»Sie ist dreißig«, erklärte er und spielte mir den Ball zu. »Nicht so kindisch wie die Mädchen in unserer Schule. Die sind doch alle blöd.«

Ich dribbelte ein wenig vor und zurück und dann gelang mir ein richtig toller Schuss. Ich wollte nicht fragen, was die Mädchen in der Schule gemacht hatten, denn es war garantiert nicht nett gewesen. Sie legten Micke immer rein. Taten so, als wären sie seine Freundinnen, oder behaupteten, eine wäre verliebt in ihn, und wenn er schließlich den Mut zusammennahm und dieses Mädchen ansprach, dann lachten sie nur und sagten, er sei eklig.

»Und du?«, fragte er. »Hast du ein Mädchen?«

»Klar«, log ich. »Ich habe gestern eine getroffen. Als ich in der Stadt war.«

»Habt ihr gefickt?«

»Logisch«, sagte ich.

»Oder?«, erwiderte Micke. »Wozu sollte man sonst ein Mädchen haben?«

So redeten wir daher, wenn wir allein waren, fantasierten darüber, dass alles anders wäre, als es eben war. So hatten wir das schon früher gemacht. Es fing in der zweiten Grundschulklasse an, als wir diese Hütte im Wald bauten. Die wurde zu einer Freizone für uns, in die wir uns zurückziehen konnten, wenn uns alles zu viel war, wenn jemand Micke gemobbt hatte oder ich mich noch einsamer und unglücklicher fühlte als sonst. Dann gingen wir dorthin und versuchten, uns auf andere Gedanken zu bringen. Erfanden Geschichten davon, wie angesagt und beliebt wir in Wirklichkeit waren. Dass wir die Coolsten und Härtesten in der Klasse und die

Besten der ganzen Schule im Breakdance waren. Das war unsere Methode: Wir kehrten die Wahrheit um und verdrehten sie, um uns besser zu fühlen. Viele Jahre ging das so. Wir saßen stundenlang in der Hütte im Wald und versuchten, uns selbst und einander davon zu überzeugen, dass alles ganz anders wäre. Und dann, eines Tages, gingen wir nicht mehr hin. Aber die Fantasien spannen wir noch weiter. Auch wenn ich im Gegensatz zu Micke klug genug war, den Mund zu halten, wenn andere in der Nähe waren.

Ungefähr eine Stunde blieben wir noch auf dem Platz, dann ging ich nach Hause, weil Oma und Opa kamen. Sie waren die Eltern meines Vaters und besuchten uns fast jedes Wochenende, was immer mehr oder weniger auf dieselbe Weise ablief. Zuerst kochte Mama ein Mittagessen, von dem sie wusste, dass Opa es mochte, wie Gulasch oder Hackbraten. Sie war nämlich der Meinung, dass Omas Essen schrecklich schmeckte und Opa »sich mindestens einmal in der Woche satt essen können« musste. Dann aßen wir schweigend, danach genehmigte Oma sich einen Sherry und setzte sich in den Garten, um zu rauchen.

»Du solltest nicht rauchen!«, rief Mama stets. »Das ist schlecht für die Lunge.«

»Du solltest nicht meckern!«, brüllte Oma in der Regel zurück. »Das ist schlecht für die Ehe.«

Dann wies Mama für gewöhnlich darauf hin, dass Oma ein bisschen zu viel trank, und Oma erwiderte, dass Mama wohl etwas überspannt sei. Danach gab es Kaffee und Kuchen und Opa erzählte, wie schrecklich die Welt für Juden war.

»Die Nazis dürfen herummarschieren, wie sie wollen, ohne

dass jemand etwas unternimmt«, sagte er zum Beispiel gern. »Die Polizei schert sich nicht im Geringsten darum und die Politiker auch nicht. Es ist nur eine Frage der Zeit, bis es wieder Pogrome gibt.«

Mama glaubte, Opa würde so was sagen, weil er Angst hatte. Weil er während des Krieges so viel verloren hatte und weil seine Eltern in einem Konzentrationslager ums Leben gekommen waren. Papa fand die Sprüche seines Vaters vor allem anstrengend. Er wollte selbst gern der große Pessimist der Familie sein, aber gegen seinen eigenen Vater hat er keine Chance.

»David, weißt du, von wie vielen Orten unser Volk in den letzten zweitausend Jahren schon vertrieben worden ist?«, fuhr Opa dann gerne fort, wie um zu zeigen, dass Antisemitismus etwas grundsätzlich in der Welt Vorhandenes ist, was mit dem Holocaust weder anfing noch zu Ende ging.

»Ach, Papa«, seufzte Papa dann meistens.

»Weißt du das?«, beharrte Opa. »Wie oft wir aus unserer Heimat vertrieben und getötet worden sind?«

»Hör jetzt auf. Du machst dem Jungen Angst«, zischte Papa dann.

Doch nichts von alldem war neu für mich. Das sollte Papa wissen. Er sprach ja, solange ich denken konnte, schon über genau dasselbe: dass alle uns Juden hassen und es nur eine Frage der Zeit ist, ehe wir beschuldigt werden, eine Finanzkrise ausgelöst oder ein tödliches Virus verbreitet zu haben. So sei es am einfachsten, sagte Papa immer, wenn etwas Schlimmes passiert war. Da gäbe es immer Leute, die glaubten, hinter alldem würde ein arglistiger kleiner Jude stecken.

Das wusste sogar der blöde Olof aus meiner Klasse.

»Das kann doch kein Zufall sein, dass denen dauernd so üble Sachen passieren«, hatte er letzte Woche gemeint, als wir nach dem Sport duschten. Woraufhin ich ihm schnell den Rücken zudrehte, damit er nicht bemerkte, dass ich beschnitten war. Außer mir war das nämlich nur Micke. Bei ihm hatte man die Vorhaut entfernen müssen, weil seine Eichel zu groß war, aber damit konnte ich mich leider nicht rausreden, denn mein Pimmel war einer der kleineren in der Klasse.

»Mein Vater sagt, denen gehören alle Banken«, hatte Olof weitergemacht. »Wenn die nicht wären, dann könnten wir uns einen Pool kaufen.«

»Aber die sind schlau«, ließ Krille hören. »Haben den Holocaust erfunden, damit sie einem leidtun.«

»Genau«, warf Bengtsson der Hässliche ein. »Ist doch wohl klar, dass ihnen nicht dauernd so was passieren würde, wenn sie wirklich unschuldig wären.«

»Im Grunde ja«, stimmte ich zu, obwohl ich mich sonst eigentlich aus dem antisemitischen Gerede in der Umkleidekabine raushielt. »Aber dann müsste man auch sagen, dass es die Schuld der Schwarzen ist, dass sie versklavt wurden.«

»Spinnst du?«, kreischte Krille. »Das ist doch was ganz anderes! Die Juden haben schließlich die Macht. Bist du 'n Judenkuschler, oder was?«

»Nee«, beteuerte ich. »Ich hasse Juden.«

Denn das tat ich ja. Zumindest einige meiner Verwandten, wie zum Beispiel Mamas megaanstrengende Cousine aus Tel Aviv. Aber vor allem hasste ich es, selbst einer zu sein. Wir waren echt die mieseste Minderheit der Welt. Alle verabscheuten uns. Wirklich alle, von den Nazis über muslimische Fundamentalisten bis hin zu Spinnern und Linksextremisten.

Und trotzdem durften wir nicht mit Mitgefühl rechnen. Denn sowie man zu sagen versuchte, dass man sich ausgegrenzt fühlte, gab es immer irgendeinen Armleuchter, der meinte, man solle nicht quengeln, weil wir Juden ja trotzdem immer noch diejenigen wären, die die Welt beherrschten. Papa meinte, die Juden hätten sich sicher deshalb immer so angestrengt, sich anzupassen und mustergültige Bürger zu sein, um ihren Kritikern zu zeigen, dass sie sich täuschten. Auch wenn das, so man Opa glauben mochte, rein gar nichts gebracht hatte.

»Ich erinnere mich noch, als Hitler an die Macht kam und sie den Ariern allen Kontakt zu uns verboten haben«, sagte Opa bei solchen Gelegenheiten. »Wie unsere Freunde und Bekannten uns plötzlich den Rücken zukehrten. Menschen, die wir unser ganzes Leben gekannt hatten. Seit Generationen hatten wir dort gewohnt. Mein Vater hatte im Ersten Weltkrieg für Deutschland gekämpft und die Tapferkeitsmedaille bekommen. Und plötzlich war das nichts mehr wert.«

»Ja, aber das ist ja nun lange her«, entgegnete Papa in einem Versuch, das nachtschwarze Weltbild von Opa etwas auszugleichen.

»Das war damals genau dasselbe wie heute«, beharrte Opa. »Seit sie uns beschuldigt haben, wir hätten Jesus getötet, sind wir der Sündenbock der ganzen Welt. So sieht unsere Geschichte aus, von Haman zu Hitler über Alexandria, Konstantinopel, Granada, Bagdad und Barcelona. Ein zweitausend Jahre alter Kreislauf der Assimilierung, der Beschuldigungen, der Verfolgungen und des Mordes. Und jetzt war es beunruhigend lange ruhig.«

»Ach, Papa.«

»David, vergiss eins nicht«, sagte Opa dann und wandte sich mir zu. »Wer leben will, der muss immer bereit sein, seinen Koffer zu packen und zu gehen.«

Sobald Opa seine schlimmsten Befürchtungen losgeworden ist, machen wir meist einen Spaziergang und danach fahren Oma und Opa zurück in die Stadt. Der Rest des Wochenendes verläuft in der Regel ziemlich ruhig. Bis er am Montagmorgen die Zeitung liest, versucht Papa nämlich, den Pessimismus seines Vaters wettzumachen, und tut sein Bestes, uns den Eindruck zu vermitteln, dass wir dennoch in der besten aller Welten leben.

Ich für meinen Teil machte mir eigentlich weniger Sorgen, dass ich einem Vorortpogrom zum Opfer fallen könnte, als vielmehr über das, was mit Cissi passiert war. Vor allem, da sie am Sonntagnachmittag noch einmal anrief und Mama mir ohne Vorwarnung den Hörer reichte.

»Hallo«, sagte sie. »Ich wollte einfach nur hören, wie es so geht.«

»Gut«, antwortete ich. Dann wurde es still.

»Du«, sagte sie nach einer Weile, »bei mir ist sonst niemand zu Hause. Willst du rüberkommen?«

»Ähm, ich bin ziemlich beschäftigt. Muss lernen.«

»Hast du eine Prüfung?«

»Ja. Ja, genau.«

»Aber vielleicht können wir uns an einem anderen Tag sehen, nach der Schule?«

»Das ist im Moment ein bisschen schwierig«, erwiderte ich. »Bei mir ist die ganze Woche voll, echt.«

Sie schwieg. Nach einer Weile sagte sie mit einer mickrigen, kleinen Stimme: »Ach so ... und ich dachte ... Du willst also nicht?«

Ich schluckte. Hier bot sich eine erstklassige Möglichkeit, aus der Sache rauszukommen. Aber Cissi klang so traurig, dass ich ein schlechtes Gewissen bekam. Also sagte ich stattdessen: »Doch, schon, aber vielleicht geht es ja nächstes Wochenende?«

»Gerne«, sagte Cissi.

Und dann verabschiedete ich mich schnell und warf den Hörer hastig auf die Gabel. Ich begriff selbst nicht, warum ich mich so verhielt. Das bedeutete doch bloß, die Qual unnötig zu verlängern. Aber vermutlich war ich einfach nur feige.

»War das deine Freundin?«, wollte meine Schwester aus dem Nebenzimmer wissen.

»Stell dir vor, war sie nicht«, gab ich zurück.

Da begann meine Schwester zu singen: »David hat eine Freundin. David hat eine Freundin.« Und das machte mich so wütend, dass ich zu ihr hinrannte und sie gegen den Arm boxte.

»Was machst du denn?«, rief sie empört. »Das sage ich Mama.«

»Wenn du das machst, kriegst du noch eine.«

»Mama!«, schrie meine Schwester. »David schlägt mich. Nur weil er sich für seine Freundin schämt.«

»Halt die Schnauze«, sagte ich und boxte sie noch einmal.

»Au!«, schrie meine Schwester.

»Hast du eine Freundin?«, fragte Mama und steckte ihren Kopf ins Zimmer. »Wie nett.«

»Schau dir erst mal ihre Familie genau an, bevor du da zu

sehr reingezogen wirst!«, rief Papa aus dem Wohnzimmer. »Das hätte ich auch tun sollen.«

Woraufhin Mama einen kleinen Wutanfall bekam und sich alle schnell in ihre Zimmer verzogen, um dort den Rest des Sonntags zu verbringen. Also ein in jeder Hinsicht völlig normales Wochenende.

4

Geoutet – alles die Schuld von Jesus – Krilles großer Bruder – ich esse, also geht es mir gut – gezeichnet

Die nächste Woche begann damit, dass ich Maja und ihre Gang auf dem Korridor traf.

»Was ist denn am Freitag mit dir passiert?«, fragte sie.

Ich zuckte mit den Schultern.

»Wir sind mit Tariq und denen hinterher auf einem Fest gelandet«, fuhr sie fort. »Schade, dass wir dich verloren haben, sonst hättest du ja mitkommen können.«

Sie kicherte und sah ihre Freundinnen auf eine Weise an, die deutlich machte, dass sie nicht im Geringsten traurig war. Und dass außerdem auf diesem Fest das ein oder andere passiert war, was kleine Jungs wie ich sowieso nicht verstehen würden.

»Hast du mit ihm geschlafen?«, flüsterte Elin ihr zu.

Maja lächelte sie an.

»Die sind so erwachsen«, sagte sie. »Nicht wie die Jungs hier an der Schule.«

»Auf jeden Fall war es eine gute Demonstration«, sagte ich in dem Versuch, Majas Aufmerksamkeit zu gewinnen, doch weder sie noch eines der anderen Mädchen reagierte. Sie kicherten einfach weiter.

»Ja, dann. Wir sehen uns später«, sagte ich. »Sag Bescheid, wenn die nächste Demonstration ist, dann komme ich mit.

Wir müssen so viele Leute wie möglich für den Kampf zusammenkriegen.«

Doch niemand scherte sich um mich. Es war, als wäre ich unsichtbar. So fühlte ich mich oft: als wäre ich ein passiver Beobachter, der dastand und zuschaute, während um mich herum das Leben stattfand. Als gäbe es eine Glaswand zwischen mir und dem Rest der Welt, während ich, mit der Nase an die Scheibe gedrückt, verzweifelt versuchte hindurchzukommen.

Ich drehte mich um und ging Richtung Klassenzimmer zum Religionsunterricht. Im Flur begegnete ich Sport-Mats. Als er mich sah, hob er seine Kappe und sagte: »Mazel tov.«

»Was zum Teufel war das denn?«, hörte ich Krille hinter mir.

»Ich weiß nicht«, antwortete ich.

»Mazel tov?«, fragte Olof und holte mich ein. »Ist der Depp ein Jude?«

Er sah Krille an und grinste und dann streckten sie beide ihre Arme zum Hitlergruß aus und brachen in ein begeistertes »Sieg Heil!« aus.

»Ihr seid ganz schön kindisch«, sagte Karro, die von der anderen Seite des Flures herkam. »Hitler war schließlich ein Mörder. Stimmt's, David?«

»Hm«, brummte ich – erleichtert, weil sie nicht begriffen, dass Sport-Mats mich gegrüßt hatte. Und ich beschloss, nach dem Unterricht noch mal zu ihm zu gehen und ihm zu sagen, dass alles ein Missverständnis gewesen sei. Dass ich gelogen hätte, um nicht beim Orientierungslauf mitmachen zu müssen. Dann wäre die Sache erledigt und ich müsste mir keine Gedanken mehr darüber machen. Dachte ich. Aber da hatte ich natürlich nicht mit unserer Religionslehrerin gerechnet.

Sie begann den Unterricht wie gewöhnlich damit, von einem Detail aus der Bibel zu erzählen, das sie – und nur sie – faszinierte, und danach sprach sie eine Weile über Jesus und seine Güte. Wie nobel er gewesen sei, dass er für unsere Sünden gestorben war und wie er immer die andere Wange hingehalten hatte. Problematisch wurde es aber erst, als sie kurz vor der Pause von ihren Plänen für die kommende Minoritätenwoche berichtete.

»Am Montag wird einiges fahrendes Volk hierherkommen und tanzen und am Dienstag haben wir das Thema ›Samen‹ mit Joik. Das werdet ihr lieben. Und am Mittwoch dachte ich, dass du, David, uns ein bisschen erzählen könntest.«

»Was?«, fragte ich.

»Über das Judentum«, fuhr sie fröhlich fort, »und alle eure herrlichen Sitten und Bräuche. Das ist ja so eine faszinierende Religion.«

Ich konnte es kaum fassen. Das war der reinste Übergriff. Man stelle sich vor, sie hätte dasselbe mit jemandem gemacht, der schwul war. »Bitte, Pelle, kannst du nicht ein bisschen über Analsex berichten? Wo du doch homosexuell bist. Das ist ja so eine faszinierende Praktik.«

»Denn es wäre doch schade, wenn wir nicht ausnutzen würden, dass wir jemanden in der Klasse haben, der jüdisch ist«, plapperte sie weiter. »Sicherlich hast du viele wichtige Erfahrungen, die du mit uns teilen kannst. Natürlich nur, wenn du willst. Du musst nicht. So, das war alles für dieses Mal. Eine gute Zeit und bis bald.«

Es fühlte sich an, als würde sich der Boden unter mir

auftun, und ich wusste überhaupt nicht, was ich machen sollte. Also blieb ich nur in der Bank sitzen und starrte auf ein Bild im Religionsbuch von Jesus am Kreuz, während der Rest der Klasse aufstand und ging. Ich musste gar nicht hochgucken, um zu wissen, wen sie anstarrten. Ich konnte das Geflüster hören und spürte ihre Blicke. Ich beugte mich vor und studierte Jesus ein wenig eingehender. Wie ein verhungerter alter Hippie sah er aus, mit seinen langen Haaren, dem mageren Leib und seinem kleinen weißen Schurz um die Hüfte. Und all das hier war seine Schuld. Wenn er nicht angefangen hätte, von Liebe und Fischen und all dem Scheiß zu predigen, dann hätten die Römer ihn niemals ans Kreuz genagelt. Und dann müssten wir nicht zweitausend Jahre später noch die Schuld für seinen Tod tragen. Verdammter Jesus.

»Nun, David«, hörte ich die Stimme der Religionstante. »Ich würde das Klassenzimmer jetzt gerne abschließen, also kannst du vielleicht …«

»Warum haben Sie das gesagt?«, fragte ich und sah sie an. Die Alte musste krass dumm sein, denn sie schien überhaupt nicht zu kapieren, was ich meinte. Sie grinste mich einfach nur an. Strahlte übers ganze Gesicht.

»Aber du, es ist doch nur nett, wenn du deine Erfahrungen mit uns teilen kannst. Stell dir bloß vor, wie die Klasse davon profitieren wird.«

»Ich will nicht«, murmelte ich.

»Was hast du gesagt?«

»Ich bin nicht einmal Jude.«

»Was?«, fragte sie. »Aber ich dachte. Mats hat gesagt …«

»Warum haben Sie mich nicht zuerst gefragt? Begreifen

Sie nicht, was für einen Scheißärger ich jetzt kriegen werde?«

Doch das tat sie offensichtlich nicht.

»Ich finde, dass du jetzt überreagierst«, sagte sie stattdessen. »Ein bisschen Vielfalt ist doch einfach nur schön. Das finden wir hier in der Schule alle.«

Es war wie immer: Es bringt nix, einem was zu erklären, der nix begreift. Also ließ ich es bleiben. Stattdessen raffte ich meine Sachen zusammen und stand auf.

»Also, wenn ich das richtig verstehe, dann kann ich am Mittwoch nicht mit dir rechnen?«, fragte sie.

»Nein.«

»Wie schade. Na ja. Schabbat schalom für dich.«

»Es ist Montag, verdammt noch mal«, murmelte ich und ging.

Als ich runter zu den Spinden kam, warteten Olof und Krille auf mich.

»Bist du Jude?«, fragte Olof.

»Nein«, erwiderte ich. »Das hab ich nur erfunden, um nicht beim Orientierungslauf mitmachen zu müssen.«

»Du siehst nicht aus wie ein Jude«, bestätigte Krille und musterte mich von der Seite. »Auch wenn deine Nase von hier aus tatsächlich ziemlich groß wirkt.«

»Hörst du schlecht? Ich bin kein Jude«, wiederholte ich.

Einen Moment wurde es still und dann trat das Mobbingopfer der Klasse vor, der Kleine Håkan.

»Natürlich ist er das«, sagte er. »Deswegen hat er keine Vorhaut auf dem Pimmel. Und außerdem trägt seine Mutter einen Judenstern. Und als ich mal zu Hause bei denen war, da hatten die Bilder von Israel an der Wand und so ein Judending über der Tür.«

Ich starrte Håkan mit hasserfülltem Blick an, doch er reagierte nicht. Für ihn war das wahrscheinlich der Normalzustand. Er war ja sein ganzes Leben schon ausgegrenzt. Wurde jeden Tag gehänselt, gemobbt und von seinem Stiefbruder verprügelt. Konnte kaum lesen und hatte Eltern, die sich einen Dreck um ihn scherten. Als wir klein waren, hatte er Mama so leidgetan, dass sie ihn zu uns nach Hause eingeladen und mich gezwungen hatte, mit ihm zu spielen. Und so dankte er mir das jetzt. Mit einem Messer im Rücken. Dabei hoffte er doch bloß, dass die Mobber nun über mich herfallen würden statt über ihn.

»Bestimmt isst du nicht mal Schweinefleisch«, sagte er und grinste sein hässliches schiefes Grinsen.

»Halt die Schnauze, du Assi«, erwiderte ich.

Håkan schielte zu Olof und Krille, um zu sehen, ob sie ihn verteidigen würden. Das würden sie nicht, also wich er schnell zwischen die Spinde zurück.

»Er lügt«, sagte ich. »Und diese Reli-Tuss hat nicht alle Tassen im Schrank. Das wisst ihr ja.«

»Verdammt, ich glaub, dass es wahr ist«, sagte Krille.

»Nein, ist es nicht.«

»Das solltest du mal deinem Bruder erzählen«, schlug Olof vor.

»Ja«, sagte Krille. »Gute Idee.«

»Bist du irre?«, fragte ich. »Der würde mich totschlagen. Und es ist nicht einmal wahr. Bist du taub, oder was?«

»Hallöchen, jetzt sieht er aber ängstlich aus«, sagte Olof. »Scheißt du dich gleich ein, David?«

Man könnte meinen, Krille hätte den Jackpot im Lotto gewonnen, so zufrieden wirkte er. Er grinste breit und sagte etwas in der Art, dass er über die Sache nachdenken würde. Und dann gingen Olof und er weg, dicht gefolgt von Håkan. Ich nehme an, die kleine Missgeburt wollte nicht mit mir alleine gelassen werden, und das war sicherlich klug. Denn auch wenn ich mich nicht gerne prügelte, so hätte ich in dem Moment doch nicht das geringste Problem damit gehabt, ihm die Zähne so einzuschlagen, dass er daran erstickte.

An diesem Tag rannte ich mehr oder weniger nach Hause. Olof hatte recht: Ich hatte Angst. Und das mit gutem Grund, denn wenn Krille was ausplauderte, dann war ich so gut wie tot. Sein großer Bruder Mange war echt gefährlich. Schon im Kindergarten war er schwierig gewesen, hatte sich geprügelt und Krawall gemacht und niemand wusste, wie man mit ihm umgehen sollte. Als wir jünger waren, fuhr er eine Zeit lang auf einem gestohlenen Moped auf dem Schulhof herum und bedrohte kleine Kinder und schrie Lehrer an. Irgendwann ging er von der Schule ab und wurde Mitglied in einer Neonazi-Organisation und seitdem war er bereits wegen Körperverletzung und Volksverhetzung verurteilt worden.

Eigentlich wollte ich die ganze Sache vor meiner Familie geheim halten, doch meine Mutter merkte sofort mit ihrem verdammten Gefühlsradar, dass irgendwas nicht stimmte.

»Aber, mein kleiner Junge«, sagte sie, »was ist denn los?«
»Nichts.«
»Geht es dir nicht gut? Ist in der Schule alles in Ordnung? Ist was vorgefallen?«

»Nein«, erwiderte ich. »Warum sollte es?«

Es würde nichts besser machen, wenn ich von der Sache erzählte, sondern nur ihre Sorge befeuern und mir noch mehr das Gefühl geben, gescheitert zu sein.

Mama sah mich kritisch an und legte ihre Hand auf meine Stirn. »Aber du hast einen heißen Kopf«, sagte sie.

Das hatte ich zwar definitiv nicht, aber wenn ich krank war, dann könnte das erklären, warum ich nicht fröhlich aussah, was wiederum eine beruhigende Wirkung auf sie haben würde. Also spielte ich mit.

»Irgendwie fühle ich mich ein bisschen schlapp«, sagte ich.

»Möchtest du Hühnerbrühe?« Sie betrachtete mich mit ihrem typischen Mamablick. Wenn ich verhindern wollte, dass das hier total aus dem Ruder lief, gab es nur eins.

»Ja, gerne«, erwiderte ich. »Bitte eine große Schale.«

Und da entspannte sich Mama. Ich aß, also ging es mir gut.

Um nicht weiter verdächtig zu wirken, zwang ich zwei Schalen Brühe in mich hinein und ging anschließend ins Bett. Ich beschloss, den größtmöglichen Nutzen aus meiner eingebildeten Krankheit zu ziehen, und blieb ein paar Tage zu Hause. Tat so, als hätte ich Fieber und Magenschmerzen. Eine Weile dachte ich, ich könnte vielleicht eine ernste Krankheit vortäuschen und für den Rest des Halbjahres zu Hause bleiben, doch das war nicht darstellbar. Vor allen Dingen, da Mama, sowie sie von der Arbeit nach Hause kam, anfing, mich mit Fragen zu bombardieren, wie es mir ginge, im Allgemeinen wie im Besonderen. Am Ende hielt ich es nicht mehr aus, also beschloss ich, wieder in die Schule zu gehen und den Stier bei den Hörnern zu packen. Sicher war es nicht so schlimm, wie ich dachte, redete ich mir ein. Die Neos würden ja wohl nicht über mich herfallen, nur weil eine bekloppte Religionstante irgendwelchen Schwachsinn von sich gegeben hatte. Bestimmt machte ich mir unnötig Sorgen. Manchmal tat ich das. Redete mir ein, dass das Schlimmste, was passieren könnte, auch wirklich passieren würde. Wahrscheinlich habe ich das von meinen Verwandten geerbt, die den Holocaust überlebt haben, weil sie paranoid genug waren, Deutschland zu verlassen, als es noch möglich war. Also ging ich am Freitag wieder zur Schule und versuchte, mich wie immer zu benehmen. Eine Strategie, die genau so lange funktionierte, bis ich zu meinem Spind kam und den auf der Tür eingeritzten Davidstern sah.

5

Das Basketballspiel – die Kunst des Mobbens – das Hässlichste, was man tun kann – das Todesurteil

Erst versuchte ich mir einzureden, das wäre alles nur ein schlechter Scherz. Im Grunde war ja auf jedem zweiten Schrank irgendetwas eingeritzt: Anarchistenabzeichen, Hardrocksymbole und umgedrehte Kreuze. Doch das half nichts. Ich hatte nun mal einfach Angst. Aber ich tat mein Möglichstes, um es zu verbergen: Ich ging wie immer in den Unterricht, folgte still den Diskussionen und lachte, wenn Bengtsson der Hässliche seine üblen Witze riss. Aber unter der Oberfläche blubberte die Nervosität und ich rechnete jeden Moment damit, dass jemand in der Klasse die letzte Religionsstunde kommentieren oder etwas über den Davidstern auf meinem Schrank sagen würde. Aber das tat niemand. Der Erste, der die Sache erwähnte, war Micke, als wir draußen nach dem Mittagessen auf dem Hof saßen und darauf warteten, dass die klassenübergreifende Sportstunde beginnen würde.

»Ist es wahr, dass du Jude bist?«, fragte er.
»Was?«, erwiderte ich.
»Die sagen das.«
»Welche die?«
»Bist du das?«, fragte Micke. »Jude?«
Ich antwortete nicht. Saß einfach da und schaute zu Boden.

»Spielt für mich keine Rolle«, erklärte er. »Ich halte sowieso nicht zu Palästina. Aber es ist doch bestimmt nett, viel Geld zu haben und so.«

»Ich habe nicht viel Geld.«

»Nein, stimmt«, sagte er und begann zu erzählen, wie es war, als er das letzte Mal mit seiner erfundenen Liebhaberin zusammen gewesen sei. Wie er aus dem Schlafzimmerfenster hätte klettern müssen, weil ihr Mann just in dem Moment, als sie im Bett so richtig zugange waren, nach Hause gekommen war. Ich hörte aufmerksam zu und stellte ein paar Rückfragen, um nicht mehr über meine Religionszugehörigkeit reden zu müssen. Dann gingen wir in die Sporthalle. Weil die ganzen Geschichten von Micke so lange gedauert hatten, waren wir ein bisschen spät dran, und als wir aus dem Umkleideraum kamen, saßen alle in einem Kreis um Sport-Mats.

»Tja, verdammte Schwuchteln«, sagte Krille.

»Aber Kristian«, entgegnete Sport-Mats. »So etwas sagt man doch nicht.«

»Deshalb sind sie so spät dran«, fuhr Krille ungerührt fort. »Die haben sich gegenseitig in der Sauna einen geblasen.«

»Halt die Schnauze«, sagte Micke. »Ich bin nicht schwul.«

»Warum hast du dann Vaseline im Rucksack?«, fragte Olof.

»So«, mischte sich Sport-Mats voller Begeisterung ein und klatschte in die Hände. »Heute werden wir Basketball spielen. Cool, was? Die Westen liegen da. Ihr könnt euch selbst in Mannschaften einteilen.«

Olof war am schnellsten. Er sprang auf und riss drei blaue Westen für sich selbst, Krille und Bengtsson den Hässlichen an sich. Ich selbst landete mit Micke, Klein-Putte, Emma und Lottis in der roten Mannschaft. Es gab auch eine gelbe Mannschaft, da waren die drin, denen Sport komplett egal war.

»Wir fangen mit Rot gegen Blau an«, sagte Sport-Mats. »Wer zuerst zehn hat. Elin und Lina wechseln in der blauen Mannschaft ein. Die Gewinner bleiben auf dem Feld. Kristian und David fangen an.«

Er nahm den Ball und ging zum Mittelkreis.

»Wir werden euch fertigmachen«, sagte Krille. »Du und dein schwuler Kumpel, ihr habt keine Chance.«

»Wollen wir doch mal sehen«, erwiderte ich.

»Du bist ein verdammter Loser, David«, ätzte er weiter. »Das warst du schon immer.«

Ich weiß nicht, warum er so fies war, aber wahrscheinlich hatte es mit dem zu tun, was in unserer alten Mannschaft passiert war. Früher hatten wir zusammen gespielt. Er, ich, Olof, Micke und Bengtsson der Hässliche. Das ging mehrere Jahre so und wir waren regelmäßig im Frühjahr nach Göteborg gefahren, um beim Casino Cup mitzuspielen. Doch im letzten Jahr durfte Krille nicht mitkommen, weil unser Coach genug davon hatte, wie er sich benahm, und da waren er, Olof und Bengtsson der Hässliche abgesprungen und hatten in einer anderen Mannschaft angefangen. Und seither verhielt er sich so.

»Du glaubst wohl, du wärst supergut, was?«, zischte er. »Nur, weil du ein paar Freiwürfe kannst. Aber das bist du nicht. Du bist ein Loser.«

Wir wandten uns einander zu und Sport-Mats stellte sich mit dem Ball in der Hand zwischen uns.

»Jetzt spielt aber fair, Jungs«, sagte er.

»Du bist tot«, flüsterte Krille.

»Und los geht's!«, rief Mats und warf den Ball in die Luft. Ich sprang, so hoch ich konnte, aber Krille kam höher. Er spielte den Ball zurück zu Olof und boxte mich dann so auf die Brust, dass ich ein paar Schritte zurückstolperte und umfiel.

»Verdammt, Schiedsrichter!«, schrie Micke. »Pfeifen!«

Aber Sport-Mats merkte nichts davon. Er war damit beschäftigt, dem Ball nachzusehen, wie er von Olof zu Krille und wieder zurück zu Olof ging, und der machte dann zwei einfache Punkte. Ich rappelte mich auf, rannte und holte den Ball und warf ihn zu Micke. Er passte zurück, ich dribbelte ein paar Schritte und sah, dass Emma frei stand. Aber in dem Moment, als ich ihr gerade das Ding zuwerfen wollte, bekam ich einen neuen Stoß von Krille und verlor den Ball. Olof hob ihn auf und versenkte noch einmal zwei Punkte.

»Jetzt aber, Schiedsrichter!«, schrie Micke. »Das war ein Foul, verdammt noch mal!«

»War es überhaupt nicht«, entgegnete Krille. »Ist ja wohl nicht unsere Schuld, dass David schwach ist.«

»Er hat ihn gestoßen!«, schrie Micke. »Die spielen unfair.«

»Heul doch«, sagte Olof. »Das war kein Foul.«

»Das ist gut!«, schrie Sport-Mats von der Bank. »Gut, dass ihr kämpft!«

»Kommt jetzt«, sagte ich. »Wir spielen den Dreier.«

Das war eine eintrainierte Variante, bei der Micke mir den Ball zuwarf, einen Screen gegen meinen Verteidiger setzte und dann, so schnell er konnte, auf der entgegengesetzten Seite nach vorne sprintete und genau vorm Korb einen Pass bekam. Aber so weit kamen wir nicht, weil Bengtsson der

Hässliche mir in dem Moment, als ich den ersten Pass entgegennehmen wollte, seinen Ellbogen in die Seite rammte. Ich kriegte keine Luft mehr und sank auf dem Boden zusammen, woraufhin Bengtsson den Ball auffischte und ihn Krille zuwarf, der zwei weitere einfache Punkte machte.

»Jetzt pfeif doch, verdammt noch mal!«, schrie Micke dem Sport-Mats zu, der nichts mitbekommen hatte, weil er so damit beschäftigt war, der desinteressierten gelben Mannschaft die Schrittfehler-Regeln zu erklären.

»Jetzt komm mal ein bisschen runter«, sagte Krille. »Er hat ihn ja gar nicht berührt.«

»Natürlich hat er das«, entgegnete Micke. »Ich stand doch genau daneben.«

»Hör auf zu meckern, du Schwuchtel«, erwiderte Olof. »Sechs zu null für uns.«

»Ich bin nicht schwul.«

Ich rappelte mich auf und versuchte, den Rücken zu strecken, doch das tat so weh, dass es mir schwerfiel, aufrecht zu stehen.

»Sie, Herr Lehrer«, rief Krille. »Ich glaube, der David hat sich wehgetan. Der muss sich wahrscheinlich ausruhen.«

»Oje, oje«, sagte Sport-Mats und rannte auf das Spielfeld, um mir zu helfen.

»Ich bin okay«, sagte ich.

»Weißt du«, meinte er, »Kristian hat recht. Es ist wohl am besten, wenn du dich ein Weilchen auf die Bank setzt.«

Er legte den Arm um mich und führte mich vom Spielfeld. Während der Zeit nahm Micke den Ball, stellte sich unter unseren Korb und versuchte, jemanden zu finden, dem er zupassen könnte.

»Das ist unser Ball«, sagte Bengtsson der Hässliche.
»Ist es nicht«, entgegnete Micke.
»Du hast einen Schrittfehler gemacht«, sagte Bengtsson.
»Ihr habt einen Korb gemacht«, entgegnete Micke. »Das ist unser Ball unter dem Korb.«
»Jetzt mach mal nicht rum«, sagte Olof. »Das ist unser Einwurf.«
»Gib ihm den Ball«, sagte Sport-Mats.
»Nein, das werde ich nicht tun«, erwiderte Micke, der immer roter im Gesicht wurde. »Die sind es, die betrügen.«
»Jetzt musst du dich wirklich mal etwas beruhigen, Mikael«, sagte Sport-Mats.
»Genau«, sagte Bengtsson der Hässliche. »Oder sollen wir den Heuleimer holen?«
Das sagte er immer, wenn Micke drauf und dran war, die Kontrolle zu verlieren, und es funktionierte jedes Mal.
»Halt die Schnauze!«, schrie Micke und warf den Ball so fest zu Emma, dass sie ihn nicht fangen konnte, was Olof zwei weitere Punkte bescherte. Und während Micke dastand und fluchte, ging Krille hin und stellte sich vor Sport-Mats, damit er nicht sehen konnte, was auf dem Spielfeld passierte. Dann schlich Bengtsson der Hässliche von hinten zu Micke und zog ihm die Hosen runter, was so urkomisch aussah, dass alle anfingen zu lachen. Eine Weile stand Micke nur mit heruntergezogenen Shorts und Unterhosen da und wirkte, als würde er gleich explodieren. Bis er schließlich die Hosen wieder hochzog, den Ball an sich riss und ihn mit aller Kraft Richtung Bengtsson schmiss, der sich in seiner Eigenschaft als geübter Mobber duckte, sodass der Ball Elin am Hinterkopf traf. Es knallte richtig und einen kleinen Moment stand

sie da und schwankte wie ein Grashalm im Wind vor und zurück, ehe sie langsam auf dem Boden der Sporthalle zusammensackte.

»Was machst du denn, du Idiot?«, schrie Lina. »Was bist du bloß für ein verdammter Assi!«

»Das war nicht meine Schuld«, sagte Micke verzweifelt. »Das waren Krille und Bengtsson.«

»Also, ich habe keinen Ball auf Elin gedonnert«, verteidigte sich Krille.

»Das ist, weil er Mädchen hasst«, sagte Olof. »Er ist ja schwul.«

»Du ekliger, verdammter Mongi«, sagte Lina und wandte sich Micke zu. »Kein Wunder hassen dich alle.«

»Die waren schuld«, sagte Micke jetzt mit tränenerstickter Stimme.

»Aber Mikael«, sagte Sport-Mats, »jetzt musst du dich wirklich zusammenreißen und etwas beruhigen. Siehst du nicht, dass Elin sich wehgetan hat?«

»Sind Sie eigentlich blind?«, schrie Micke. »Verdammt, die haben mir die Hosen runtergezogen.«

»Du Idiot«, schniefte Elin vom Boden. »Ich habe dir nichts getan.«

»Jetzt musst du Elin aber um Entschuldigung bitten, Mikael«, sagte Sport-Mats.

»Das werde ich nicht tun.«

»Aber Mikael.«

»Lasst mich doch in Ruhe, ihr verdammten Fotzen«, schrie Micke und stampfte Richtung Umkleide. »Ich werde auf eine andere Schule wechseln. Eine, wo nicht alle total krank sind.«

Er stiefelte aus der Halle und schlug die Tür hinter sich zu. Sport-Mats nickte vor sich hin und wandte sich dann uns zu, die wir noch übrig waren. Ich war sicher, dass er jetzt mit uns über *sportsmanship* reden würde und wie man sich einander gegenüber verhalten sollte. Doch das tat er nicht. Vielleicht fand er, dass Jungs durch ein bisschen Mobbing abgehärtet werden mussten, damit sie zu richtigen Männern wurden. Entweder das oder er hatte überhaupt keine Ahnung von Fair Play.

»Okay«, sagte er stattdessen. »Wie steht es?«

»Acht zu null für uns«, sagte Olof. »Und die sind nur noch zu dritt auf dem Feld. David sitzt ja schließlich auf der Bank und heult.«

»Ich habe nur keine Luft mehr gekriegt«, sagte ich.

»Kannst du spielen?«, fragte Sport-Mats.

»Ja«, erwiderte ich.

»Gut. Dann machen wir weiter. Kann jemand aus der gelben Mannschaft bei den Roten einspringen? Jemand mit etwas Ballgefühl? Ja, Felix. Gut.«

Felix war ein großer, grober Kerl, der nirgends hineinpasste. Ein Moped liebendes Landei, das mit einem Snus-Beutelchen unter der Oberlippe herumstolzierte, uns anderen alle hasste und das erste Gymnasiumjahr mit einem Durchschnitt von knapp über null Punkten abschließen würde. Er schrieb nicht einmal mehr die Klassenarbeiten mit, sondern faltete die Blätter nur so oft zusammen, wie er konnte, warf sie dann aufs Pult und ging. Wir hatten noch kaum je miteinander geredet, aber jetzt war Krieg und ich brauchte alle Hilfe, die ich bekommen konnte.

»Wirf mir den Ball zu«, flüsterte ich ihm zu, »dann treibe

ich Krille zu dir. Und wenn er vorbei will, stellst du dich in den Weg.«

Fakt war, dass ich Basketball tatsächlich ziemlich gut konnte. Seit meinem zehnten Lebensjahr hatte ich in der Mannschaft gespielt, besaß eine gute Ballkontrolle und einen krassen Wurf. Wenn ich in Form war, konnte ich massenhaft Körbe hintereinander machen. Das Problem war nur, dass ich zu viel nachdachte und nervös wurde, wenn es Gegner gab, die mich stressten. Deswegen war ich bei einem Match noch nie zu voller Form aufgelaufen. Aber jetzt war ich so wütend, dass alle Unsicherheit von mir abfiel.

»Hier«, schrie ich Emma zu, die mit dem Ball unter unserem Korb stand. Sie warf ihn ein und ich nahm ihn entgegen.

»Her damit«, sagte Krille und begann, auf den Ball zu schlagen. Ich dribbelte in die eine Richtung, vollführte eine schnelle Drehung und rannte direkt auf Felix zu. Im letzten Moment wich ich aus, huschte an seiner linken Seite durch und konnte im Augenwinkel sehen, wie Krille direkt in Felix' ausgestreckten Ellenbogen donnerte. Ich lief weiter vor, legte Bengtsson den Hässlichen mit einer Finte lahm und setzte einen Korbleger.

»Was hängst du denn da rum?«, fragte ich, als ich an Krille vorbeirannte, der auf dem Boden lag und nach Atem rang. »Soll ich den Heuleimer holen?«

»Hast du dir wehgetan, Kristian?«, rief Sport-Mats von der Seitenlinie. »Dann ist es am besten, wenn du eine kleine Pause machst.«

Offensichtlich hatte Krille einen richtigen Schlag abgekriegt, denn er machte tatsächlich, was der Lehrer gesagt hatte. Das bedeutete, dass wir zahlenmäßig jetzt überlegen waren und die blaue Mannschaft unter Druck setzen konnten. Und als Olof den Ball für Bengtsson den Hässlichen einwerfen wollte, war ich schon da, schlug ihn aus seinen Händen und machte zwei weitere Punkte.

»Jetzt macht den kleinen Idioten fertig«, kreischte Krille von der Bank.

Und das versuchten sie wirklich. Erst boxte Olof mich, als er an mir vorbeilief, und sobald ich mich nach ihm umdrehte, schlich sich Bengtsson der Hässliche von hinten an mich ran, zog sein Knie hoch und traf die Rückseite meines Oberschenkels. Das tat so weh, dass ich aufschrie.

»Cooler Screen«, sagte Olof, woraufhin beide anfingen zu lachen, und zwar so ausgiebig, dass Bengtsson der Hässliche den Pass von Lina übersah, der auf ihn zugeflogen kam. Den fing stattdessen Felix, der ihn an Klein-Putte beförderte, der zwei weitere Punkte machte. Und während Bengtsson noch erstaunt zuschaute, was da an ihrem Korb passierte, schlich ich zu ihm, stellte mein Bein hinter seine Waden und rammte ihm den Ellenbogen in die Brust. Ich weiß nicht, was in mich gefahren war, ob es das Adrenalin war oder die Wut. Aber wie auch immer, er fiel um wie ein Baum und knallte mit dem Hinterkopf auf den Boden.

»Hoch mit dir, Dickerchen«, sagte ich und stupste ihn mit dem Fuß. »Wenn du nicht mehr spielen kannst, dann geh raus und zieh dich um.«

»Genau«, sagte Felix und grinste ein total wahnsinniges Massenmördergrinsen. »Setz dich auf die Bank, ehe ich dich totschlage.«

Bengtsson kroch vom Spielfeld. Im selben Moment kam Krille wieder rein, rasend vor Wut.

»Hört mal«, sagte Sport-Mats, »ich gehe mal schnell und schließe die anderen Bälle in den Schrank. So lange könnt ihr selbst Schiedsrichter sein.«

Alle sahen ihn erstaunt an. War Sport-Mats so bescheuert, nicht zu begreifen, dass diese Sache hier ohne seine Anwesenheit total aus dem Ruder laufen würde? Offenbar! Denn er nahm einfach den Sack mit den Bällen und ging pfeifend davon.

Sowie sich die Tür hinter Mats geschlossen hatte, kam Krille vor und boxte mich. Dann rannte er zu seinem Korb und nahm den Ball an. Ich folgte ihm, und als er sich umdrehte, war ich wie eine Klette an ihm dran. Ganz dicht, mit gebeugten Beinen, niedrigem Schwerpunkt und schnellen Füßen. Er versuchte, mich abzuschütteln. Dribbelte vor und zurück, um eine Lücke zu finden, aber ich machte sie immer wieder zu. In dem Versuch, mich wegzukriegen, nahm er den Ball hinter den Rücken, wechselte die Richtung und schlug ihn zwischen meine Beine. Doch just in dem Moment drückte ich die Knie zusammen und hatte ihn. Ich passte zu Felix, kriegte ihn zurück und startete so schnell wie möglich in Richtung auf ihren Korb. An der Straflinie nahm ich den Ball, um einen Zweier zu machen, doch in dem Moment, als ich abhob, knallten Olof und Krille von beiden Seiten gegen mich. Ich verlor das Gleichgewicht und donnerte auf den Boden. Und dann lag ich da und sah, wie der Ball hoch oben ein paar Drehungen über dem Ring machte und sich schließlich dazu entschied, ins Aus zu gehen.

»Freiwurf«, sagte Felix.

»Von wegen«, erwiderte Krille. »Der Idiot simuliert nur.«

»Es gibt einen Freiwurf«, sagte Felix und näherte sich Krille.

»Hör schon auf«, beharrte Krille. »Das war kein Foul.«

Felix packte Krilles Oberarme und drückte zu. Er sah so hasserfüllt aus, dass man meinen könnte, er wolle Krille den Kopf abreißen und in seinen Hals spucken.

»Du hast die Wahl«, sagte er. »Freiwurf oder ich breche dir die Arme.«

»Okay«, sagte Krille. »Immer mit der Ruhe. Dann halt Freiwurf, wenn es dir so verdammt wichtig ist. Er wird trotzdem danebenwerfen. Wie üblich.«

Ich stand auf und nahm den Ball. Stellte mich an die Freiwurflinie und versuchte, mich zu konzentrieren. Alles tat mir weh, aber das war mir egal. Ich würde das hier gewinnen, ganz gleich, wie viel die foulten und stressten.

»Jetzt wirf schon, du kleine Judenschwuchtel«, sagte Krille.

»Genau, wirf schon, du Fotze«, stimmte Olof ein.

Ich prellte den Ball zweimal, nahm ihn und setze zum ersten Freiwurf an. Und dann machte ich das, was die allerdreistesten Spieler im Fernsehen immer machten: Ich wandte den Kopf, und mit dem Blick fest auf Krille gerichtet, prellte ich, nahm den Ball und warf. Sowie ich den Ball losließ, wusste ich schon, dass er reingehen würde. Am Schlag im Handgelenk und dem letzten Touch der Finger, als der Ball davonsegelte, spürte ich es. Und als ich ihn dann im Netz rascheln hörte, grinste ich Krille breit an.

Während unsere Mannschaft zurückwich, kam Bengtsson der Hässliche von der Bank wieder rein. Er warf den Ball Olof zu, der auf Krille passte. Doch als der versuchte, weiter zu dribbeln, stand ich schon da. Er wollte mich mit der Schulter wegschubsen, doch ich hielt dagegen. Er versuchte eine Finte, kriegte sie aber nicht hin. Schließlich nahm er den Ball, passte zu Olof und rannte, so schnell er konnte, auf unseren Korb zu. Ich folgte ihm in voller Fahrt. Im Augenwinkel sah ich, wie Olof an seinem Verteidiger vorbeiging und zu einem Korbleger ansetzte. Der Ball segelte in einem langen schönen Bogen, traf den Ring und hüpfte wieder raus. Bengtsson der Hässliche war zu weit weg, um den Rebound zu übernehmen. Und Felix hielt Olof mit etwas, was nur ein Kopfschwinger genannt werden konnte, vom Korb fern. Also waren da nur noch ich und Krille. Wir gingen gleichzeitig in die Luft und eigentlich hätte er ihn kriegen müssen, denn er war länger und stärker als ich. Doch plötzlich war es, als würden die normalen Naturgesetze nicht mehr gelten. Ich segelte an ihm vorbei, höher als je zuvor, und riss den Rebound mit einem Brüller runter.

Und als ich dann mit dem Ball in meinen Händen dastand, Krille dicht hinter mir, machte ich das Mieseste, was man in einem Basketballspiel tun konnte: Ich fuhr die Arme auf Höhe des Gesichts aus, drehte den Oberkörper mit voller Kraft herum und knallte ihm einen Ellenbogen in die Fresse.

Krille fiel krachend um und ich stieg über ihn, dribbelte Bengtsson aus und legte den entscheidenden Punkt.

Im nächsten Moment kam Sport-Mats zurück.

»Oha«, sagte er und sah übers Spielfeld, »hier hat es ja wohl ein richtiges Match gegeben.«

»Sie«, sagte ich und ging Richtung Ausgang, »ich muss nach Hause.«

»Aha«, sagte er. »Verstehe. Schabbat schalom, David. Wir sehen uns nächste Woche.«

»Und für euch andere«, fuhr er fort und wandte sich zur

Bank, »ist es Zeit für das nächste Match. Die Blauen gegen die Gelben.«

»Das erzähle ich alles meinem Bruder«, hörte ich Krille hinter mir her schreien. »Dann bist du tot. Du und die andere Judenschwuchtel.«

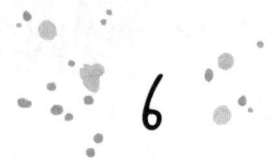

6

Wie sinnlos es ist, ein rassistisches Vergehen anzuzeigen – zu Hause bei der Dicken Cissi – nichts ist so schlimm, dass es nicht noch schlimmer werden kann

Während ich wegging, sanken in mir das Adrenalin und der Mut und wurden durch Angst ersetzt. Was ich getan hatte, war idiotisch gewesen. Anstatt vor den Mobbern zu kriechen, hatte ich sie gedemütigt. Anstatt mich zu unterwerfen, hatte ich zurückgeschlagen. Hatte revoltiert, so wie die im Warschauer Getto. Und man weiß ja, wie das endete: mit einer Schlacht. Was würde ich denn tun, wenn Krille sich wirklich bei seinem Bruder beschwerte? Mit meinen Eltern wollte ich darüber nicht sprechen und zur Polizei zu gehen würde auch keinen Unterschied machen. Das hatte Papa uns sicherlich schon tausendmal erklärt: Wenn es wirklich darauf ankam, durften wir mit keinerlei Unterstützung rechnen. Am allerwenigsten von der Polizei, die sich seiner Meinung nach darauf konzentrierte, den Nazis Genehmigungen für Demonstrationen *gegen* Juden zu erteilen. Ich hörte förmlich die Stimme meines Großvaters in meinem Kopf: *Wer leben will, muss immer bereit sein, seinen Koffer zu packen und zu gehen.*

Je länger ich lief, desto mehr wurde ich von meinen paranoiden Gedanken verschluckt. Nach einer Weile kreiselte so viel in meinem Kopf, dass ich kaum mehr darüber nachdachte, wohin ich meine Füße setzte. Ich meinte, per Autopilot auf dem sichersten Weg nach Hause zu sein, wo das Risiko, auf solche wie Krilles Bruder zu stoßen, minimal war. Doch noch ehe ich es merkte, fand ich mich plötzlich in den schicken Wohnvierteln wieder, in denen ich in der Woche zuvor herumgestolpert war, und das war natürlich ein Fehler. Was mir klar wurde, als plötzlich wie aus dem Nichts die Dicke Cissi ihren Kopf aus einer der Türen steckte.

»Ja, David«, sagte sie. »Hi!«

»Hallo«, erwiderte ich.

»Willst du mich besuchen?«, fragte sie. »Wie süß.«

»Na ja«, erwiderte ich. »Nicht wirklich. Entschuldige, ich hab es ein bisschen eilig, nach Hause zu kommen, und muss ...«

»Ja, so siehst du aus«, sagte sie. »Was ist denn passiert?«

»Nichts Besonderes«, meinte ich.

»Aber, mein Gott«, sagte sie und starrte mir ins Gesicht. »Was hast du denn gemacht?«

Ich zuckte mit den Schultern.

»Öh«, erklärte ich, »Krille und seine Gang haben mich nur im Sportunterricht in die Klammer genommen. Du weißt ja, wie die sein können.«

»Sind die über dich hergefallen, weil du Jude bist? Pfui Teufel, wie feige.«

»Was?«, fragte ich.

»Sie haben schon die ganze Woche darüber geredet. Wie sie es dem verdammten Juden zeigen werden. Ich dachte mir schon, dass du das bist.«

»Wieso hast du dir das gedacht?«

»Na ja, als wir in der zweiten Klasse waren, ist deine Mutter doch in die Schule gekommen und hat uns hebräische Lieder vorgesungen.«

Das hatte ich vergessen, aber Cissi besaß offensichtlich ein ungewöhnlich gutes Gedächtnis.

»Tut es weh?«, fragte sie.

»Nein, nicht doch«, erwiderte ich. »Kein Problem.«

Sie legte den Kopf schief und sah mich mit ihren großen freundlichen Augen an, dann nahm sie meine Hand und zog mich mit sich.

»Komm«, sagte sie, »wir waschen dir mal das Gesicht.«

Obwohl ich nicht wollte, ließ ich zu, dass sie mich zum Haus führte. Es war schön, einen Moment lang mal loslassen und jemand anders die Kontrolle übergeben zu können.

»Ja, komm schon, Lufsen. Du hast doch wohl keine Angst vor Hunden, oder?«, fragte Cissi und öffnete die Tür, woraufhin der Kopf eines großen schwarzen Labradors erschien.

Der Hund begann, ihr den Arm zu lecken, aber als ich meine Hand hinstreckte, zeigte er die Zähne und knurrte.

»Er ist ein wenig eifersüchtig«, erklärte Cissi.

Das war keine Übertreibung. Der Hund sah aus, als wolle er mich in Stücke reißen. Vielleicht spürte er, wie falsch ich im Grunde war.

»Hör schon auf, Lufsen«, sagte sie und schob den Hund zurück ins Haus. »Komm, dann kriegst du was zu fressen.«

Ich blieb in der Diele stehen, während der Labrador und sie in die Küche gingen. Überall an den Wänden hingen Bilder von Cissi, ihrer kleinen Schwester (genauso dick) und ihren Eltern (richtig dick). Es sah aus, als hätten sie es gut zusammen, denn sie lächelten und umarmten sich, wie sie dastanden und vor Segelbooten, Museen und ein paar langen Sandstränden posierten. Es gab auch einen Spiegel in der Diele, und als ich vorsichtig hineinschaute, wurde mir klar, warum sie bei meinem Anblick so schockiert ausgesehen hatte. Mein Gesicht war zum Teil mit getrocknetem Blut bedeckt und ich hatte einen großen blauen Fleck und eine Platzwunde direkt über dem einen Auge.

»Möchtest du heiße Schokolade?«, war aus der Küche zu hören.

»Nein«, sagte ich. »Ich muss nach Hause.«

»Jetzt sei doch nicht dumm«, entgegnete sie und schob den Kopf in die Diele. »Erst müssen wir dich waschen.«

»Das ist nicht nötig.«

»Doch, das ist es«, entgegnete sie mit unerwarteter Autorität. »Die Wunde könnte sich entzünden und das willst du nicht. Komm jetzt mit.«

Sie ging die Treppe hinauf und ich schlich gehorsam hinterher. Rauf ins obere Stockwerk und ins Badezimmer, wo sie Wasser in das Waschbecken einließ, einen Lappen nass machte und mein Gesicht abzuwischen begann.

»Das hier könnte ein wenig wehtun«, sagte sie, beugte sich vor und drückte ihre Brust gegen mich, während sie die Wunde auswusch.

»Das genügt«, sagte ich. »Jetzt fühlt es sich wirklich schon besser an.«

»Ein bisschen noch«, beharrte sie. »So, jetzt ist es gut.«

Sie lehnte sich zurück, betrachtete mein Gesicht eingehend und nickte zufrieden. »Viel besser. Nun musst du dich nur noch ein wenig ausruhen.«

»Ich muss nach Hause. Ich habe massenhaft zu tun.«

»Blödsinn«, sagte sie. »Du musst nach dir schauen. Komm

jetzt, David.« Sie nahm meine Hand und führte mich zu ihrem Zimmer. »Du kannst dich hier hinlegen.«

»Ich sollte wirklich gehen.«

»Leg dich ein Weilchen hin, ich gehe und erledige so lange ein paar Sachen.«

Cissi sah so entschlossen aus, dass ich nichts anderes wagte, als ihr zu gehorchen. Und sie hatte recht. Jetzt, da die Anspannung nach der Entladung in der Sporthalle nachgelassen hatte, war ich tatsächlich sehr müde. Also zog ich meine Jeans aus, legte mich unter die Decke und schloss die Augen. Dann musste ich eingeschlafen sein, denn als ich sie das nächste Mal aufschlug, war es dunkel und jemand lag neben mir und streichelte die Innenseite meiner Oberschenkel.

»Was machst du?«, brachte ich heraus.

»Ich will dich einfach ein bisschen besser kennenlernen«, sagte Cissi. Sie rutschte näher heran und schob die Hand langsam über meine Unterhose.

»Warte mal ...«, begann ich.

»Jüdische Männer sind so sexy«, unterbrach Cissi mich. »Die haben mehr als zwanzig Prozent aller Nobelpreise gewonnen, obwohl sie nur null Komma zwei Prozent der Weltbevölkerung ausmachen.«

Ich wollte etwas darüber sagen, was für ein kruder Rassismus das hier war, kriegte aber kein Wort heraus. So kurz nach dem Aufwachen war das alles viel zu verwirrend.

»Papa sagt, dass ihr deshalb so lange ausgestoßen wart. Weil ihr einen Blick von außen entwickelt habt und deshalb besser versteht, wie die Gesellschaft funktioniert. Er hält an der Universität Vorträge darüber.«

Weit entfernt hörte man, wie eine Tür sich öffnete und ein Mann rief: »Ist jemand zu Hause?«

»Ich bin in meinem Zimmer«, rief Cissi zurück. »Ruhe mich nur ein bisschen aus.«

»Das klingt aber schön«, antwortete der Mann.

»Das ist es, Papa«, erwiderte Cissi. »Superschön.«

Sie kicherte leise und zog mir dann die Unterhose herunter und begann meinen Pimmel zu massieren.

»Hör auf«, flüsterte ich.

Cissi hob den Kopf.

»Willst du nicht?«, fragte sie.

»Dein Vater ist hier.«

»Wenn wir leise sind, hört er nichts.«

Noch ehe ich protestieren konnte, beugte sie sich vor, nahm meinen Pimmel in den Mund und begann, daran zu saugen. Und da kriegte ich richtig Panik. Einerseits, weil es Cissi war, die das tat, und andererseits, weil es sich anfühlte, als wäre ich drauf und dran zu kommen. Ich packte ihr Gesicht und zog es hoch.

»Was ist denn?«, flüsterte sie.

»Ich glaube nicht, dass das hier eine gute Idee ist.«

»Warum denn nicht? Es fühlt sich zumindest so an, als wolltest du.«

Und ich wollte auch. Aber nicht mit ihr. Das war das Problem. Aber andererseits würden mich vielleicht bald die Neonazis totschlagen und da war sowieso alles egal.

»Ich gehe eine Runde mit dem Hund«, war unten aus der Küche zu hören. »Willst du mitkommen?«

»Später vielleicht«, sagte Cissi und zog sich die Unterhose aus. »Bin grade beschäftigt.«

»Okay. Tschüss, mein Liebes«, sagte der Vater.

»Tschüss, Papa«, rief Cissi und setzte sich rittlings auf mich.

Ich stöhnte und versuchte, sie wegzuschieben, aber das musste Cissi für eine Art ausgefeilter kabbalistischer Sextechnik gehalten haben, denn sie hielt einfach mit voller Kraft dagegen.

»Warte«, sagte ich und versuchte wieder, sie wegzuschubsen. »Wir müssen ein …«

»Oh, David«, sagte sie und drückte sich an mich, und da konnte ich nicht länger zurückhalten, sondern kam, direkt in ihr drin. Und das war so peinlich, dass ich überhaupt nichts vortäuschte, sondern einfach dalag, während die Dicke Cissi keuchte und schnaufte und ihre Brüste auf mein Gesicht drückte, sodass ich kaum Luft bekam.

»Ist es schön?«, fragte sie. »Ja?«

»Hm«, brummelte ich, während ich immer schlapper wurde und Cissi sich schneller und schneller auf und ab bewegte, bis sie ein letztes glückliches Piepen von sich gab und über mir zusammenbrach. Und da lag ich dann, eingeklemmt und in kaltem Schweiß gebadet, während die Panik angekrochen kam. Es war wirklich, wie sie sagten: Es gab nichts, was so schlimm war, dass es nicht noch schlimmer werden konnte.

»Oh, David«, sagte sie und legte den Kopf auf meine Schulter.

»Hm«, brummte ich.

»Das ist wie ein Traum, nicht wahr?«

»Hm«, brummte ich wieder.

Denn das war es. Ein Albtraum.

»Und es ging doch gut, oder?«
»Was denn?«
»Ich habe das noch nie gemacht. Ich hoffe, du fandest es schön. Ich habe in einer Zeitschrift gelesen, wie man es tut. Mit dem Mund und so.«

Ich erwiderte nichts, sondern schwitzte nur weiterhin vor Angst, während ich zu Gott betete, dass ich die Dicke Cissi nicht schwanger gemacht hatte.

»Weißt du, wie oft ich schon an das hier gedacht habe«, redete sie weiter, »dass du und ich es tun würden. Und dann passiert es einfach.«

»Ja«, sagte ich und wünschte, ich hätte einen anderen Weg nach Hause genommen und mich nicht mit Krille geprügelt und wäre so wie alle anderen auf den Orientierungslauf gegangen.

Einen Moment lang war es still und dann sagte Cissi:
»Du, David. Ich glaube, ich liebe dich.«

Wenn ich noch nie darüber nachgedacht hatte, mir ernsthaft das Leben zu nehmen, dann tat ich das jetzt. Ich wand mich aus ihrem Griff und stand aus dem Bett auf.

»Ich muss nach Hause«, sagte ich. »Die Verwandtschaft kommt zu Besuch.«

»Werdet ihr zusammen Schabbat feiern?«

»Was?«, fragte ich und zog mir die Hose an.

»Das ist so cool mit anderen Religionen. Wenn du noch ein Weilchen bleibst, dann kannst du mit Papa sprechen. Er ist Professor für Religionsgeschichte.«

»Ich muss gehen.«

»Du kannst doch wohl kurz Guten Tag sagen, wenn er vom Hundespaziergang nach Hause kommt.«

»Ich bin schon spät dran«, sagte ich. »Die fragen sich bestimmt, wo ich bleibe. Meine Eltern sind von Natur aus ziemlich ängstlich.«

Cissi wirkte enttäuscht und für einen kleinen Moment dachte ich fast, sie würde anfangen zu weinen, doch dann veränderte sich ihr Gesichtsausdruck und sie sah wieder so dämlichnett aus wie immer.

»Was machst du denn am Wochenende?«, fragte sie.

»Nichts Besonderes.«

»Sollen wir uns verabreden?«

»Weiß nicht«, erwiderte ich. »Ich habe ziemlich viel zu tun mit der Verwandtschaft und so.«

»Aber du kannst doch wohl anrufen, wenn du Zeit übrig hast?«

»Na klar«, sagte ich. »Das mache ich.«

Und dann schlich ich schnell weg, ehe der Hund zurückkam und mir meinen feigen, lügnerischen Leib in Stücke reißen würde.

7

Du sollst deine Eltern nicht enttäuschen –
einmal Sündenbock, immer Sündenbock –
ich werde sichtbar – heja, Palästina

Als ich nach Hause kam, saß die Familie beim Abendessen.
»Aber mein Junge«, rief meine Mutter erschrocken, »was ist denn passiert?«
»Ich bin vom Fahrrad gefallen.«
»Du hättest Winterreifen aufziehen sollen«, sagte Papa, »dann wärst du nicht gestürzt.«
»Niemand hat Winterreifen am Fahrrad«, entgegnete ich. »Ich hatte einfach ein bisschen Pech.«
Mama sah mich misstrauisch an, als würde sie ahnen, dass ich nicht ganz ehrlich war.
»Da war so eine hohe Bordsteinkante«, fügte ich hinzu, um meine Lüge glaubwürdiger zu machen. »Ich bin zu schnell gefahren und habe sie nicht gesehen. Das hätte jedem passieren können.«
Denn auf gar keinen Fall würde ich ihnen die Wahrheit erzählen. Sonst würde Mama sich solche Sorgen machen, dass sie nicht mehr schlafen könnte, und Papa wäre derart empört, dass er mehrere Monate lang ununterbrochen darüber klagen würde, wie schlecht die Welt ist. Ganz sicher würde er auch in der Schule anrufen. Aber weil die nicht einmal mit einem einfachen Fall von Mobbing umgehen konnten, würde

mich das alles nur noch mehr zum Opfer machen (und uns einen weiteren Achtsamkeits-Thementag bescheren). Ganz zu schweigen davon, dass ich wie immer voll der Versager wäre, weil ich – nach allem, was meine Verwandtschaft durchgemacht hatte, damit ich in Sicherheit leben konnte – wieder einmal den alten Hass auf mich gezogen hatte.

Um nicht weiter über die Sache reden zu müssen, aß ich schnell auf und ging anschließend raus auf den Hof, um ein bisschen Basketball zu spielen. Und nach einer knappen Viertelstunde tauchte schon Micke auf.

»Scheiße, wie siehst du denn aus?«, fragte er. »Haben sie dich dermaßen verprügelt?«

»Wenigstens habe ich Krille erwischt. Hab ihm einen Ellenbogen an den Schädel geknallt.«

Ich setzte einen Weitwurf ab, der über die Bande in den Korb ging. Dann holte ich den Ball und warf ihn Micke zu.

»Ich hätte den Arsch erschlagen können«, sagte er und begann zu dribbeln. »Ihm mit dem Luftgewehr einen Pfeil ins Auge rammen.«

Er prellte den Ball immer heftiger, als wolle er ihn kaputt schlagen.

»Die Schule hat meine Mutter angerufen und gesagt, ich hätte der blöden Fotze absichtlich eine Gehirnerschütterung verpasst. Kapieren die eigentlich gar nichts? Alle haben doch gesehen, was da passiert ist. Das war nicht meine Schuld.«

Aber so wie unser Volk hatte auch Micke die Rolle des Sündenbocks zugeteilt bekommen und aus der kam man bekanntermaßen nicht so leicht wieder raus.

»Das kriegen die zurück«, sagte er. »Und zwar wenn sie es am wenigsten ahnen.«

Er warf mir den Ball zu, ich vollführte eine Finte im Kreis und landete dann einen Korbleger von der Seitenlinie.

»Du hast also Krille genietet?«, fragte Micke und holte den Ball. »Das hätte man ja gerne mitangesehen.«

»Er hat gesagt, er würde es seinem Bruder erzählen.«

»Dem Nazi?«

Ich antwortete nicht. Micke dribbelte hinter der Drei-Punkt-Linie und setzte einen Wurf ab, der auf den Ring traf und raushüpfte.

»Du kannst mein Gewehr ausleihen«, sagte er dann.

»Was?«

»Ich habe auch ein Samurai-Messer. Und Nunchakus. Die kannst du mit in die Schule nehmen.«

»Nein«, sagte ich und ging, um den Ball zu holen. »Das will ich nicht.«

»Du musst dich verteidigen können«, sagte Micke. »Die werden dich totschlagen.«

»Glaubst du?«, fragte ich und fischte den Ball vom Boden.

»So wie dieser andere Typ, den sie sich gegriffen haben. Der dann in der Notaufnahme gelandet ist. Und der war nicht mal Jude oder schwul oder so.«

»Wer denn?«, erkundigte ich mich, während ich Micke den Ball zuwarf.

»Der aus der Achten in unserer alten Schule. Die haben ihn einfach nur zusammengeschlagen, weil er ihnen zugeguckt hat.« Er dribbelte eine Runde und versenkte den Ball im Korb.

»Hat der nicht gesagt, er hätte keine Ahnung, wer das war?«

»Ist ja wohl klar, dass er sich nur nicht traut, es zu erzählen.

Wir sollten sie töten, ehe sie Gelegenheit haben zuzuschlagen. Einfach hinschleichen und ihnen eine Kugel ins Hirn setzen. Die würde jedenfalls niemand vermissen.«

Ich holte den Ball, dribbelte zur Freiwurflinie und versenkte einen Hook.

»Cool«, sagte Micke. »Der übelste Kareem Abdul-Jabbar.«

»Vielleicht versucht er nur, mir Angst einzujagen«, meinte ich. »Also Krille.«

»Nimm halt das Messer mit. Sicherheitshalber.«

Er nahm den Ball auf und begann zu dribbeln.

»Übrigens«, sagte er, »hast du das von der Dicken Cissi gehört?«

»Was?«, fragte ich. »Was denn?«

»Die ist voll verknallt in dich. Will deine Kinder haben und so. Das hat Socke gesagt.«

Er lachte laut.

»Das ist so ein Vollpfosten«, fuhr er fort. »Die würde man doch nicht mal mit der Kneifzange anfassen.«

»Nein«, sagte ich.

»Oder?«, sagte Micke. »So verzweifelt ist ja wohl keiner.«

Nachdem am Wochenende jede Menge angstbesetzte Gedanken in meinem Kopf herumgekreist waren, kam ich am Montagmorgen voll angespannt in der Schule an. Ich lief schnell die Flure runter und schaute mich die ganze Zeit um, ob nicht Mange, Krille oder die Dicke Cissi irgendwo herumlungerten, um mich abzupassen. Und jedes Mal, wenn ich den Kopf drehte, starrte mich jemand mitleidig an. Das war echt unheimlich. Ich redete mir ein, dass alle sicher schon gehört hatten, was passiert war, und wussten, dass meine

Stunden gezählt waren. Dass ich wie eine alte, verletzte Antilope war, auf die sich der Löwe bald stürzen würde. Jemand, zu dem man besser Abstand hielt, wenn man nicht selbst auch gefressen werden wollte.

Deshalb war ich sehr überrascht, als ich den Blick doch mal etwas länger erwiderte und ein aufmunterndes Nicken von Erik aus meiner alten Basketballmannschaft erhielt. Und danach ein Lächeln von einem sehr süßen Mädchen aus der Parallelklasse, mit dem ich tatsächlich noch nie gesprochen hatte. Ich begriff gar nichts, lächelte und nickte aber zurück.

Dasselbe geschah, als ich zu meinem Spind kam. Leute, für die ich vorher immer unsichtbar gewesen war, grüßten und fragten, wie es mir denn gehen würde.

»Gut«, antwortete ich erstaunt und dachte zu meiner großen Erleichterung, dass ich mich vielleicht getäuscht hatte. Vielleicht war es keineswegs ein soziales Todesurteil, sich mit Krille angelegt zu haben, sondern im Gegenteil. Was noch offensichtlicher wurde, als ich in die Mensa ging. Normalerweise setzte ich mich an einen Tisch in der Ecke, in der Hoffnung, dass Micke auftauchen würde und ich nicht allein essen musste. Doch jemand anders war schneller.

»Hallo, David«, vernahm ich eine bekannte Stimme.

Als ich von meinem Teller aufsah, stand Maja mit einem Tablett da.

»Ist hier noch frei?«, fragte sie.

»Klar«, antwortete ich und versuchte so auszusehen, als wäre es meine eigene Entscheidung, allein zu sitzen.

Maja zog einen Stuhl heraus und setzte sich. Dann nahm sie ihre Gabel und stocherte im Essen herum, als würde sie ein Kunstwerk arrangieren.

»Du«, sagte sie schließlich, »warum hast du denn nichts gesagt?«

»Wie, gesagt?«

»Dass du Jude bist.«

»Also«, begann ich, »das ist ja wohl nichts, womit …«

»Ich finde das total stark. Für die Gerechtigkeit aufzustehen, auch wenn es bedeutet, dass du dich gegen dein eigenes Volk richtest.«

»Mein Volk?«, fragte ich.

»Tariq hat gesagt, du wärst falsch. Aber das glaube ich nicht.«

»Tariq?«

»Der von der Demo. Der glaubt, ich wäre mit ihm zusammen.«

»Bist du das denn nicht?«, fragte ich.

»Der will immer kontrollieren. So was kann ich nicht ab. Ich will frei sein.«

Maja nahm ein Stück Kartoffel und führte es zwischen ihre Lippen. Das war das Gefühlvollste, was ich je in meinem Leben gesehen hatte, und das, obwohl ich schon eine Menge in den Pornozeitschriften von Mickes Eltern gelesen hatte.

»Die wollen dich verprügeln«, sagte sie dann.

»Wer?«

»Tariq und die alle. Er glaubt, du wärest ein israelischer Spion.«

»Ich bin Schwede«, sagte ich.

»Exakt«, sagte sie. »Und du stehst schließlich auf unserer Seite. Das ist so verdammt mutig. Da kann der eifersüchtige Idiot glauben, was er will.«

Maja lachte. Im Augenwinkel konnte ich sehen, wie die an

den anderen Tischen uns verstohlen beobachteten. Hier wendete sich das Blatt ganz schön schnell. Grade noch unsichtbar, saß man im nächsten Moment da und lachte mit dem vierthübschesten Mädchen der Schule.

»Du«, sagte sie und nahm noch ein kleines Stück Kartoffel, »ist es wahr, was sie über die Juden sagen?«

»Was denn?«

»Dass sie länger können?«

»Was länger?«

»Im Bett. Weil sie keine Vorhaut haben.«

Das war definitiv nicht der Fall. Allein Maja diese Worte sagen zu hören, ließ mir fast einen abgehen. Aber das konnte ich ihr natürlich nicht verraten. Hier musste auf cool gemacht werden.

»Also«, begann ich, doch Maja sah mich an, als würde sie ein ungewöhnliches Tier in einem Zoo untersuchen.

»Was ist denn?«, fragte ich.

»Nichts. Du bist einfach ziemlich süß.«

Wäre Mama zugegen gewesen, dann hätte sie »Genau!« gerufen. Wäre Papa dabei gewesen, hätte er von den Unterhosen unter dem Bett erzählt.

»Du«, fuhr sie fort, »am Samstag treffen wir uns bei mir, um die nächste Demo zu planen. Du kannst gern kommen. Also, wenn du nichts anderes vorhast. Am Samstag dürft ihr eigentlich nichts arbeiten, oder?«

»Das ist nur so, wenn man orthodox ist«, erklärte ich. »Dann darf man andere die notwendigen Arbeiten für einen erledigen lassen. Früher haben Juden zum Beispiel die Christen dafür bezahlt, dass sie ihnen im Winter den Kamin anmachten, damit sie nicht froren.«

»Und Sex?«, fragte Maja.

»Was?«

»Wenn man einfach nur daliegt und jemand anders den Job machen lässt, darf man dann Sex haben?«

»Weiß ich nicht«, antwortete ich.

»Das kannst du doch bis Samstag mal nachlesen«, sagte sie mit einem Zwinkern. Sie, die einen total erwachsenen arabischen Freund hatte und glaubte, ich würde mich für das palästinensische Volk schlagen. Das war ja fast wie bei Romeo und Julia – wenn Romeo scheißfeige wäre, seine Seele dem Teufel verkauft und im Grunde die ganze Zeit gelogen hätte.

»Tschüss, David«, sagte sie und ging. »Wir sehen uns Samstag.«

»Heja Palästina«, erwiderte ich.

8

**Der Feigste in der Stadt –
romantisch-politische Fantasien – Gruß in der Dusche –
die haben es zu Hause ein bisschen schwer gehabt**

Trotz allem war die Lage keineswegs schlecht. Mein Outing und der Streit auf dem Spielfeld hatten mein Leben nicht wie befürchtet ruiniert. Und ich war auch nicht einsamer oder noch mehr ausgeschlossen. Tatsächlich war es so, als würden die Leute um mich herum zum ersten Mal bemerken, dass es mich wirklich gab. Der einzige Grund zur Sorge waren Olof und Krille, die mich ab und zu von ihren Plätzen ganz hinten im Klassenzimmer aus wütend beäugten. Aber das war auch schon alles. Sie fielen nicht über mich her, sondern hielten sich auf Abstand, als hätte ich mir, indem ich zurückgeschlagen hatte, ihren Respekt erworben. Schlimmer war es allerdings mit der Dicken Cissi, die versuchte ich, während dieser Zeit unter allen Umständen zu meiden. Ich unternahm Umwege um ihr Klassenzimmer herum, hielt mich von gemeinsamen Pausen fern, und wenn sie anrief, tat ich so, als wäre ich nicht da.

Meine Strategie hielt bis Donnerstagnachmittag. Ich war nach der letzten Unterrichtsstunde sofort nach Hause gegangen, weil Cissi zur gleichen Zeit aus hatte und ich nicht riskieren wollte, ihr zu begegnen. Doch sie musste meine Taktik durchschaut haben, denn ich hatte es kaum um die

Ecke des Schulgebäudes geschafft, da kam sie auch schon angewatschelt.

»Warte!«, rief sie. »Bleib stehen!«

Sie war hochrot im Gesicht und keuchte angestrengt, als wäre sie den ganzen Weg vom Klassenzimmer gerannt.

»Hallo«, sagte ich leise und schaute über die Schulter, um sicherzugehen, dass auch niemand sonst in der Nähe war.

»Wo warst du?«, fragte sie. »Ich habe die ganze Woche versucht, dich zu erreichen.«

»Ehrlich?«, fragte ich. »Hab ich gar nicht mitgekriegt.«

»Ich habe angerufen und deiner Mutter eine Menge Nachrichten hinterlassen.«

»Ach so?«, sagte ich. »Ja, sie ist ein bisschen vergesslich.«

»Sie war supersüß«, erzählte Cissi. »Hat gesagt, dass es so nett ist, dass endlich mal ein Mädchen anruft. Und dann hat sie von früher erzählt, als du klein warst. Dass du immer die Hände in den Hosentaschen gehabt und an deinem Pimmel gezupft hast.«

Hinter uns kamen jetzt die anderen auch aus der Schule und weil ich nicht mit Cissi zusammen gesehen werden wollte, nahm ich Kurs auf zu Hause.

»Warte auf mich«, sagte sie.

»Ich habe es eilig«, entgegnete ich und erhöhte das Tempo.

Eine Zeit lang glaubte ich, Cissi würde aufgeben, aber dann fing sie an zu rennen und holte mich schließlich ein.

»Sollen wir zu mir gehen?«, fragte sie. »Da ist grade niemand.«

»Das geht nicht«, sagte ich.

»Warum nicht?«

Ich blieb stehen und drehte mich zu ihr herum.

Jetzt kam es darauf an. Nun musste die Wahrheit raus. Der Stier bei den Hörnern gepackt und das Pflaster abgerissen werden.

»Nun«, begann ich, »es ist nämlich so, dass ...«

Und da sah ich Cissis Blick und mein schlechtes Gewissen übernahm. Es sah aus, als würde sie in Tränen ausbrechen. Als wüsste sie, noch ehe ich den Mund geöffnet hatte, genau was ich sagen wollte. Und so war es auch.

»Du magst mich nicht«, meinte sie. »Du findest mich dick und hässlich und eklig. Und das bin ich ja auch. Scheißeklig.«

»Nein«, log ich und schämte mich schrecklich dabei. »Es ist nur, dass alles so schnell geht. Ich bin das nicht gewohnt.«

»Papa sagt, man soll so sein, wie man ist, und das Innere ist wichtiger als das Äußere. Aber das ist bloß blödes Gerede. Niemand will mit einer hässlichen Dicken zusammen sein.«

»Ich finde nicht, dass du hässlich bist«, sagte ich. »Ich finde, du siehst gut aus.«

»Ehrlich?«, fragte sie.

»Ja«, log ich. »Und klug.«

Und jetzt hatte ich mich wirklich in eine Ecke manövriert. Ich weiß nicht, warum ich das machte. Ganz gleich, wie unbehaglich man es fand, jemanden zu verletzen, musste es doch irgendeine Grenze geben.

»Du hast das Gefühl, es geht zu schnell?«, fragte sie.

Ich nickte, woraufhin Cissi zum ersten Mal lächelte, seit wir angefangen hatten zu reden.

»Im Grunde«, sagte sie und kicherte, »hast du mir meine Unschuld auch fast sofort genommen.«

Zum Glück war niemand anders in der Nähe, denn sonst

wäre mein neu gewonnenes soziales Kapital wie ein Stein in der Ostsee versunken. Aber Cissi war zumindest wieder fröhlich und lächelte mich an, als wäre ich eine extragroße Schachtel Pralinen, die sie auf Gröna Lund gewonnen hatte.

»Ich muss los«, sagte ich. »Hab Mama versprochen, mit zu Oma zu gehen. Die ist total krank.«

»Oje, wie furchtbar.«

»Ja«, log ich. »Deshalb können wir uns eine Weile nicht sehen. Es ist alles so viel.«

»Melde dich aber, wenn es wieder ruhiger ist.«

»Na klar«, erwiderte ich und drehte den Daumen nach oben. Und dann fing ich an, so schnell zu laufen, dass Cissi nicht die geringste Chance hatte mitzukommen.

Den Rest der Woche fantasierte ich über den Samstag. Wie ich bei Maja als der rebellische Jude auftauchen würde, der die Gerechtigkeit über sein eigenes Volk stellte. Ich hatte die Szene in meinem Kopf so viele Male durchgespielt, dass ich sie auswendig konnte. Hatte den Dialog feingeschliffen, bis er wie fließendes Wasser kam. Was sie sagen würde und was ich antworten würde, um sie für mich einzunehmen. Nicht einmal, als ich nach der abschließenden Sportstunde am Freitag unter der Dusche stand, konnte ich aufhören, darüber nachzudenken. Wie ich einer mystischen, unwiderstehlichen Kraft gleich in das Treffen hineingleiten und ein paar tiefe Wahrheiten von mir geben würde. Und wie Maja dann, nachdem die anderen nach Hause gegangen waren, mich bei der Hand nehmen und mich in ihr Zimmer führen würde, wo wir leidenschaftlichen Schabbat-Sex haben würden (bei dem sie alle Arbeit machte und ich nicht kam, bevor sie mindestens zehn Orgasmen gehabt hatte). Und wie unsere Liebe danach nur noch wachsen würde. Wie wir erkannten, dass wir perfekt füreinander waren und Hand in Hand durch die Schule gingen, als wäre das die natürlichste Sache der Welt.

Und dann spulte ich *fast forward* vor zu unserer Hochzeit und der Rede, die ich da halten würde. Wie wir uns im Zusammenhang mit einer Demonstration kennengelernt hatten und Maja da noch gedacht hatte, ich sei pro-palästinensisch, während sie inzwischen aber eingesehen hatte, dass in diesem Konflikt nichts schwarz oder weiß war, und wir zu Hause niemals darüber stritten.

Ja, ich war so in meine romantisch-politischen Fantasien versunken, dass ich kaum merkte, wie Dusch- und Umkleideraum immer leerer wurden und sich die Stimmen meiner Klassenkameraden entfernten und durch einen taktfesten Rhythmus ersetzt wurden, der leise begann, aber immer stärker wurde.

Es klang wie das Stampfen von Stiefeln, wie eine kleine Armee auf Parade. Ich drehte das Wasser ab, sah auf und da begriff ich, was los war, denn in der Tür standen Olof und Krille und marschierten auf der Stelle.

»Bataillon halt!«, schrie Olof und knallte mit den Schuhsohlen auf die Kacheln, wie Militärs es in alten Filmen tun.

Ich riss das Handtuch an mich und hielt es vor mich.

»Hast du es eilig?«, fragte Olof.

»Ich muss nach Hause.«

Da grinsten sie beide so ein richtiges Perversengrinsen. Schließlich sagte Krille: »Du solltest dich erst noch ein bisschen mehr waschen. Um den Schmutz loszuwerden. Du musst keine Angst haben. In den Duschen hier ist kein Gas.«

Es war deutlich, dass er und Olof mir Angst machen wollten, aber ich hatte keine Angst mehr vor ihnen. Nicht nach dem, was in der Sportstunde passiert war. Und ich hatte auch nicht vor, mich weiterhin von ihnen provozieren zu lassen. Anstatt mit eingezogenem Schwanz wegzurennen, blieb ich in aller Ruhe dort und trocknete mich ab. Erst danach wand ich mir das Handtuch um die Hüften und ging in die Umkleide. Und da sah ich ihn: den riesigen Kerl mit rasiertem Schädel, der mit einem Baseballschläger in der Hand auf einer Bank saß. Krilles großer Bruder Mange.

»Und *dieser* Jude ist über dich hergefallen?«, fragte er.

»Ja«, antwortete Krille.

»Verdammt noch mal«, sagte Mange. »Bist du total hobbylos? Der ist doch pissklein.«

»Er hat mich reingelegt«, entgegnete Krille leise.

»Das tun die«, erwiderte Mange, »das liegt ihnen im Blut.«

Er sah bedächtig von seinem Bruder zu mir.

»Die sind wie Kakerlaken«, redete er weiter. »Kommen überall rein und sabotieren alles. Und irgendwann bleibt nichts mehr für die weiße Rasse. Deshalb muss man sie sich früh greifen, ehe sie sich vermehren können.«

Er schlug sich mit dem Schläger auf die Handfläche.

»Zurück in die Dusche, Jude«, sagte er.

»Gute Idee«, meinte Krille. »Da fühlt er sich zu Hause.«

»Halt die Schnauze, du Idiot«, brüllte Mange. »Sei froh, wenn du nicht auch eine Abreibung kriegst.«

»Ich hab doch gesagt, er hat mich reingelegt«, beteuerte Krille.

»Dich kann jedes Kindergartenkind reinlegen«, erwiderte

Mange und sah mich eindringlich an. »Hörst du schlecht, Junge? In die Dusche mit dir!«

Ich verzog keine Miene. Ich hatte solche Angst, dass mein Körper nicht gehorchte. Mange erhob sich und kam auf mich zu. Er war noch größer, als ich ihn in Erinnerung hatte. Sicher eins fünfundachtzig lang mit einem Gewicht von über hundert Steinen.

»Kapierst du nicht?«, schnauzte er und stampfte mit dem Baseballschläger auf den Boden. »Geh in die Dusche.«

In diesem leeren, ausdruckslosen Blick gab es keinen Funken Mitmenschlichkeit. Nur Hass.

»Ich bin kein Jude«, versuchte ich. »Krille hat sich das nur ausgedacht, weil ich ihn im Sport verprügelt habe. Weil er nicht alleine mit mir klargekommen ist.«

»Das ist nicht wahr«, sagte Krille. »Der Lehrer hat es auch gesagt.«

Plötzlich wirkte er unsicher und ich begriff, dass dies meine Chance war. Zu lügen und zu hoffen, dass Mange mir mehr glauben würde als seinem schwächlichen kleinen Bruder.

»Das hab ich mir doch nur ausgedacht, um nicht beim Orientierungslauf mitmachen zu müssen«, erklärte ich. »Ich hasse Juden.«

»Du lügst«, sagte Krille.

»Tu ich gar nicht.«

»Doch, das tust du«, beharrte Krille. »Was, Olof?«

»Ist doch klar«, sagte Olof.

»Und zwar so was von. Er lügt. Das sieht doch jeder. Sag ihm, er soll seinen Pimmel zeigen.«

»Ja«, sagte Mange. »Zeig deinen Pimmel.«

»Was?«, bekam ich heraus. »Nur weil man keine Vorhaut hat, ist man noch lange kein Jude. In Amerika sind alle beschnitten. Das ist nämlich viel hygienischer.«

Doch Mange scherte sich nicht um meine Argumente.

»Mach, was er sagt«, befahl er und drückte mir den Schläger an den Hals.

»Sein Schwulenkumpel Micke ist bestimmt auch Jude«, sagte Olof. »Der hat auch keine Vorhaut. Und reich ist er auch.«

»Sein Vater arbeitet bei der Bank«, sagte Krille.

»Zwei Juden in derselben Schule«, brummte Mange. »Igitt, wie widerlich. Kein Wunder, dass hier alles zum Teufel geht.«

An dieser Stelle hätte ich etwas sagen sollen. Hätte ihnen widersprechen sollen, erklären sollen, dass Micke keineswegs Jude war, und ihnen von seiner großen Eichel erzählen müssen. Doch das tat ich nicht. Ich weiß nicht, warum. Vielleicht weil das, was sie sagten, mir das Gefühl gab, weniger allein zu sein. Und so stand ich einfach nur schweigend da, als Krille kam und mir das Handtuch wegriss.

»Siehst du!«, rief er triumphierend.

»Und klein ist er auch noch«, sagte Mange. »Sollen wir den abschneiden?«

Er lachte grob und Krille und Olof ebenso, auch wenn sie nicht ganz so amüsiert aussahen.

»Mach die Dusche an«, befahl Mange, »dann können wir hinterher das Blut wegspülen.«

»Aber«, stammelte Krille, »wir wollten ihn doch nur ein bisschen erschrecken.«

»Bist du blöd?«, fragte Mange. »Du hast gesagt, du brauchst Hilfe, einen Juden fertigzumachen. Was hast du denn gedacht, was wir machen? Ihm Kekse geben? Dreh die Dusche auf. Dem sollen mal ein paar alte Erinnerungen kommen.«

Und damit verflog das letzte kleine Stückchen Würde, das ich noch besaß, im Wind.

»Hörst du schlecht?«, brüllte ich. »Ich bin kein Jude. Ich hasse Juden. Heil Hitler. Heil Hitler.«

Und ich begann mit dem Hitlergruß, wie ich da nackt vor ihnen im Duschraum stand. Und als das nichts half, fing ich an, um Hilfe zu rufen. Ich grölte wie ein Besessener, so laut ich konnte. Wieder und wieder, bis Mange mir mit dem Baseballschläger auf die Brust stieß und mich in die Dusche schob.

»Ihr seid wie Kakerlaken«, sagte er und drehte das kalte Wasser auf.

»Okay«, sagte Krille, »das genügt schon. Es könnte jemand kommen.«

»Ungeziefer, das sich überall hineindrängt.«

»Komm schon, Mange, wir gehen. Der hat seinen Denkzettel gekriegt.«

»Und Ungeziefer muss ausgerottet werden«, fuhr Mange fort und erhob den Schläger. Und da geschah das Wunder. Ich hörte, wie die Tür zur Umkleide aufging und jemand reingerannt kam.

»Was zum Teufel ist hier los?«

Es war der Wachmann der Schule. Ein großer und kräftiger Kerl, der es gewohnt war, in einen Streit in der Schule einfach reinzugehen. Er schaute sich um. Sah mich, der nackt und zitternd unter der Dusche stand, Krille und Olof, die sich ein Stück entfernt rumdrückten, und Mange mit seinem Schläger.

»Was hast du hier verloren, Magnus?«, fragte er.

»Mensch, Vesslan«, begann Mange, »lange nicht gesehen.«

»Leg das da weg«, erwiderte der Wachmann und zeigte vielsagend auf den Schläger.

»Ich bin nur hier und besuche meinen Bruder«, behauptete Mange. »Wir wollen Baseball spielen.«

»Leg das Ding weg«, wiederholte der Waschmann. »Sonst werde ich dich bei der Polizei anzeigen und dann fährst du wieder ein. Das weißt du.«

Gottseidank war der Wachmann nicht so ein Schwächling wie die anderen Erwachsenen in der Schule. Er ging gern in einen Konflikt rein und hatte auch kein Problem damit heimzuzahlen, wenn ein Schüler was gegen ihn unternommen hatte. Einige meinten sogar, er würde nur auf eine Gelegenheit warten, mal zuzuschlagen. Eine Angewohnheit, die ihm im Laufe der Jahre einige Ermahnungen wegen unpassenden Verhaltens beschert hatten. Und er war auch schon mal eine längere Zeit von der Schule freigestellt worden.

»Und ich dachte ja wirklich, wir wären dich los«, sagte er.

»Ich sag doch, ich bin nur zu Besuch«, beteuerte Mange.

»Die Besuchszeit ist zu Ende«, entgegnete der Wachmann. »Lass den Schläger hier und hau ab.«

»An deiner Stelle wäre ich ja verdammt vorsichtig mit dem, was ich sage«, hielt Mange dagegen.

»Wenn du nicht gehst, werde ich Anzeige erstatten. Verstanden?«

Mange schwieg für einen Moment, dann machte sich auf seinem hässlichen Gesicht ein höhnisches Grinsen breit. Er ließ den Schläger fallen, drängte sich am Wachmann vorbei und verschwand – dicht gefolgt von Krille und Olof.

»Tschüss, Vesslan«, sagte er. »Bis nächstes Mal. Vielleicht mal nachts in der Stadt.«

Damit knallte er die Tür zum Umkleideraum zu. Der Wachmann fischte das Handtuch auf und gab es mir.

»Bist du okay, Junge?«, fragte er.

»Ich glaube schon«, antwortete ich.

»Mach dir keine Sorgen. Die spielen sich nur auf, diese Kerle. Im Grunde sind sie ganz in Ordnung. Sie haben es nur zu Hause ein bisschen schwer gehabt.«

Ich sagte nichts. Ich war dem Wachmann für sein Eingreifen viel zu dankbar, als dass ich gewagt hätte, seine Theorie infrage zu stellen. Sicherlich lag auch ein Körnchen Wahrheit darin. Alle, die in der Jugendhilfe arbeiteten, sagten das auch immer. Dass die meisten Neonazis aus Familien mit gewalttätigen oder abwesenden Vätern kommen. Und dass die Jungs einem eigentlich leidtun müssten. Aber das konnten die leicht sagen, denn sie wurden ja nicht mit irgendwelchen Baseballprügeln überfallen.

»Ich verspreche dir«, sagte er, »du musst keine Angst vor irgendwelchen Skinheads haben.«

»Das haben sie damals auch gesagt«, murmelte ich.

»Was sagst du?«

»Ach. Nichts.«

9

Zu Hause bei Oma – ich erzähle alles – der jüdische Frauenverein – Androhung von Gewalt ist ihre beste Waffe

Ich musste mit jemandem über das reden, was passiert war, und beschloss, meine Oma zu besuchen, denn sie war die Einzige, die mit so etwas umgehen konnte, ohne auszuflippen. Genau wie meine anderen Großeltern war sie aus Deutschland geflohen und hatte Verwandte, die im Holocaust ermordet worden waren. Doch im Unterschied zu den anderen hatte sie mit ihrer Familie nach Schweden entkommen können und ihre beiden Eltern hatten überlebt. Sie waren etwas glimpflicher davongekommen – vielleicht war das der Grund, warum sie besser als die restliche Verwandtschaft über solche Sachen reden konnte. Oder vielleicht war das auch einfach ihre Natur. Es war geradezu eine Angewohnheit von ihr, Themen aufzugreifen, die alle anderen heikel fanden. Wenn meine Mutter schlechter Laune war, behauptete sie, Oma hätte sich einfach »ihr Feingefühl weggesoffen«. Aber mir war egal, was Mama sagte, ich mochte Oma. Sie war immer nett zu mir, hörte zu, wenn ich was sagte, und erzählte Dinge, von denen die anderen Erwachsenen fanden, dass Kinder sie nicht wissen sollten – zum Beispiel, wie man eine Frau dazu brachte, einen zu lieben (»Bring sie beim Sex zum Lachen.«).

Oma wohnte in der Stadt, also fuhr ich mit der S-Bahn hinein und ging die zwanzig Minuten vom Hauptbahnhof zur Wohnung von ihr und Opa zu Fuß. Obwohl es spät am Nachmittag war, öffnete sie im Morgenmantel.

»Ja, sieh nur einer an, wen die Katze reingelassen hat«, sagte sie und umarmte mich. Ich sog ihren Geruch ein. Sie roch nach Oma, Sherry und Zigaretten.

Ich betrat die Wohnung und hängte meine Jacke auf. Aus der Diele konnte ich Opa sehen, der im Wohnzimmer in seinem Lieblingssessel saß und las.

»Hallo, Opa«, rief ich.

»David«, sagte er und strahlte. »Was für eine Überraschung.«

Eigentlich sagte er »Überrrraschung«, denn obwohl er schon so lange hier war, sprach er immer noch mit deutschem Akzent. Offenbar rutschte die Sprache der alten Heimat zum Teil in die neue Sprache rein, wenn man nach der Pubertät fliehen musste.

»Komm«, sagte Oma und schob mich in die Küche. »Jetzt kriegst du erst mal was zu essen.«

Ich wollte schon meine Schuhe ausziehen, aber mir fiel noch rechtzeitig ein, dass Oma das nicht mochte. Sie stammte aus einer vornehmen Familie, die vor dem Krieg vermögend gewesen war und Dienstboten gehabt hatte, die den Schmutz aus der Diele auffegten. Ich fand das super, Papa nicht. Er ärgerte sich immer, wenn sie bei uns zu Hause mit Stiefeln reinmarschiert kam.

»Aber Mama, ich hab dir doch gesagt, dass du die Schuhe ausziehen musst«, sagte er dann.

»Wir sind ja wohl keine Bauern«, antwortete sie daraufhin.

»Glaubst du, dass sie in Wien ihre Schuhe ausgezogen haben?«

»Es wird aber so dreckig«, entgegnete Papa.

»Du musst doch nicht putzen«, erwiderte Oma.

»Nein«, meinte meine Mutter säuerlich, »das muss ich.«

»Eben«, entgegnete Oma.

Kein Wunder gerieten die beiden sich manchmal in die Haare. Aber mit Oma alleine war es entspannt.

»Na, und?«, fragte sie und stellte eine Schale mit Nüssen und Rosinen hin. »Wie geht es meinem Lieblingsenkel?«

»Geht so«, antwortete ich mit vollem Mund.

»Liebeskummer?«, erkundigte sie sich und zündete eine Zigarette an. »Erzähl.«

Ich wusste nicht recht, wie ich anfangen sollte, also nahm ich noch ein paar mehr Nüsse und versuchte, Mut zu sammeln, während ich kaute.

»Dafür musst du dich doch nicht schämen«, sagte Oma. »Wir waren alle mal Anfänger. Wenn du wüsstest, wie verlegen dein Großvater war, als wir uns frisch kennengelernt hatten.«

»Wovon redet ihr?«, war Opa aus dem Wohnzimmer zu vernehmen.

»Nichts Besonderes«, erwiderte Oma und schenkte sich und mir ein Glas Sherry ein. Das war auch etwas, was ich an ihr mochte. Sie ließ mich trinken, obwohl ich minderjährig war.

Ich nahm einen großen Schluck und ließ das süße Getränk einige Augenblicke im Mund herumwirbeln, ehe ich schluckte.

»Na ja«, sagte ich dann, »die Sache ist die, dass ich in Schwierigkeiten mit Neonazis geraten bin.«

»Was sagst du da?«, fragte Oma.

»Und heute sind sie in die Schule gekommen, um mich zu verprügeln. Oder, eigentlich war es nur einer. Der war allerdings sehr groß.«

»Was?«, war Opas Stimme zu hören. »Hat der Junge was von Nazis gesagt?«

»Nein«, antwortete Oma, »›gratis‹ hat er gesagt. Das Schulessen.«

Sie stellte ihr Glas ab und stand auf.

»Komm«, sagte sie, »wir gehen ein bisschen spazieren. Ich ziehe mir nur eben etwas an.«

Während Oma sich umzog, leistete ich Opa im Wohnzimmer Gesellschaft. Ich umarmte ihn und er gab mir mit seinen schlabbrigen Lippen einen nassen Kuss auf die Wange. Dann legte er das Buch weg, in dem er gerade las – eine fröhliche Schrift mit dem Titel *Die Geschichte des Antisemitismus* –, und begann das kostenlose Schulessen zu preisen, was seiner Meinung nach eine bedeutende Errungenschaft war. Schließlich kam Oma zurück, fertig angezogen, und nahm mich in die Diele mit.

»Wohin wollt ihr?«, fragte Opa und schlug in seinem Buch den Abschnitt über das Massaker in Granada auf.

»Nur einen kleinen Spaziergang machen«, sagte Oma und zog sich einen Mantel über. »Bleib du ruhig hier sitzen und lies.«

Wir traten ins Treppenhaus und machten die Tür hinter uns zu. Sobald sie ins Schloss gefallen war, konnte man hören, wie Opa drinnen schnell die Sicherheitskette vorlegte.

»Du weißt ja, wie er sich immer Sorgen macht«, sagte Oma leise. »Es ist besser, wenn wir allein über das hier reden.«

Wir verließen das Haus Richtung Wasser.

»Wohin gehen wir?«, fragte ich.

»Das sind ernste Dinge«, erwiderte Oma, »und da braucht man einen Drink.«

»Ich darf nicht trinken«, entgegnete ich.

»Blödsinn. Du bist doch fast erwachsen. Hast du deinen Eltern schon erzählt, was passiert ist?«

»Nein«, sagte ich. »Ich wollte erst zu dir kommen.«

»Warum?«

»Die kriegen immer gleich solche Panik und das würde alles nur schlimmer machen.«

»Ja«, sagte Oma, »da hast du wohl recht. Die sind nicht sonderlich gut darin, mit solchen Sachen umzugehen. Ich weiß auch nicht, warum. Aber deinen Vater zu verstehen, war natürlich noch nie leicht. Von deiner Mutter ganz zu schweigen. Die war schon immer etwas meschugge.«

Schweigend gingen wir weiter, an der Markthalle vorbei und dann runter zum Jüdischen Zentrum, um schließlich vor einer kleinen Bar stehen zu bleiben.

»Komm«, sagte Oma und schob mich durch die Tür. Es war eine halb leere kleine Kneipe mit gedämpfter Beleuchtung und ungefähr zehn Tischen.

»Ja, Netta«, sagte der Barkeeper, als er Oma sah, »lässt du dich wieder mal blicken? Und Gesellschaft hast du auch mitgebracht.«

»Guten Abend, Benjamin«, sagte sie zu dem Mann. »Das hier ist mein Enkel David. Er braucht ein Bier und ich auch. Gern etwas Tschechisches.«

»Wie alt ist er?«, fragte der Barkeeper und betrachtete mich misstrauisch. Er war um die dreißig, und nach seinem

Davidstern zu schließen, ebenfalls ein Mitglied der globalen Verschwörung. Etwas, das man hier in der Stadtmitte anscheinend offen zu zeigen wagte.

»Alt genug«, erwiderte Oma entschieden. »Gib uns auch jedem einen Whiskey. Einen doppelten.«

»Dann muss er mir seinen Ausweis zeigen.«

Oma seufzte demonstrativ und sah den Barkeeper mit ihrer besonders enttäuschten Miene an, die sie auch auflegte, wenn Mama oder Papa etwas unfassbar Bescheuertes getan hatten (wie sich ineinander zu verlieben oder ein Haus im Vorort zu kaufen).

»Du weißt ja wohl, dass ich damals in Berlin deinen Großvater kannte«, sagte sie.

»Trotzdem muss er seinen Ausweis zeigen. Die können mir die Lizenz entziehen, wenn wir Alkohol an Minderjährige ausschenken.«

»Der hat in den Zwanzigerjahren auf der Straße gegen die Nazis gekämpft«, fuhr sie unbeirrt fort. »Hat getan, was nötig war, ohne zu fragen, ob es erlaubt war oder nicht. Er war ein kluger Mann, der gesunde Vernunft über Regeln und Gesetze stellte.«

»Aber Netta«, gab der Barkeeper zu bedenken, »es ist ja wohl ein Unterschied, ob man gegen Nazis kämpft oder Alkohol an Minderjährige ausschenkt.«

»Der Junge ist heute von Neonazis überfallen worden«, sagte Oma. »Er braucht was Starkes.«

»Was?«, fragte der Barkeeper und wandte sich mir zu. »Ist das wahr?«

»Ja«, sagte ich. »Sie sind mit einem Baseballschläger in die Schule gekommen.«

»Nee, oder?«, sagte er. »Was für Idioten. Tut mir leid, Junge.«

»Nun gib ihm schon was zu trinken«, sagte Oma. »Übrigens siehst du deinem Großvater sehr ähnlich. Er war auch sehr gut aussehend. Aber das hast du sicherlich schon oft gehört.«

Oma lächelte den Barkeeper an und führte mich zu einem leeren Ecktisch und dann dauerte es nicht mehr lange, bis wir unsere Gläser vor uns hatten. Während wir tranken, erzählte ich, was passiert war. Es musste mir wirklich auf der Seele gelegen haben, denn als ich erst einmal begonnen hatte, strömte alles nur so aus mir heraus. Was ich versehentlich Sport-Mats erzählt hatte, wie die Reli-Lehrerin ausposaunt hatte, dass ich Jude bin, vom Davidstern auf der Spindtür und von der Schlägerei zwischen mir und Krille.

Oma war eine gute Zuhörerin. Sie unterbrach mich nicht, nickte nur ab und zu und bestellte mehr Alkohol nach, als wir ausgetrunken hatten.

»Wenn die Polizei kommt, muss sich der Junge auf der Toilette verstecken«, sagte der Barkeeper und stellte uns neue volle Gläser hin.

»Warum nicht auf dem Dachboden?«, entgegnete Oma scharf. »Wie Anne Frank.«

»Ich gehe hier tatsächlich ein sehr großes Risiko ein«, erwiderte er.

»Mit dieser Haltung wärst du als Erster im Zug nach Auschwitz gewesen. Mach deinen Großvater stolz und zeige ein bisschen Zivilcourage!«

Man merkte, dass Oma jetzt langsam betrunken war, und in dem Fall liefen die Dinge gerne mal aus dem Ruder. Doch der Barkeeper erwiderte nichts. Er nahm nur unsere leeren Gläser und ging.

»Nun«, sagte Oma, »wo waren wir stehen geblieben?«

Ich nahm einen Schluck Whiskey und erzählte weiter. Und nicht nur von dem, was mit dem Überfall selbst zu tun hatte, sondern alles andere auch noch. Bestimmt lag das am Alkohol. Wäre ich nüchtern gewesen, hätte ich definitiv niemals auch nur ein Wort über die schlimmsten Peinlichkeiten verloren. Zum Beispiel, dass ich mit auf die Palästina-Kundgebung gegangen war und mich in ein supersüßes Mädchen verliebt hatte, das glaubte, ich sei ein Israel hassender Jude. Oder dass ich aus Versehen mit der Dicken Cissi geschlafen hatte. Doch das alles erfuhr Oma, bis ich schließlich zu dem Teil der Geschichte kam, in dem Mange in der Dusche auftauchte, um mich zu erschlagen.

Als ich fertig war, saß Oma schweigend da und sah ratlos aus, und das war beunruhigend, denn ihr fiel sonst eigentlich immer etwas ein.

»Noch zwei«, sagte sie schließlich und hielt zwei Finger Richtung Bar hoch.

»Ich hab genug«, sagte ich.

»Noch zwei«, wiederholte Oma. »Von jeder Sorte.«

Der Barkeeper sah alles andere als glücklich aus, gehorchte aber und schenkte eine weitere Ladung Drinks ein.

»Das hier sind die Letzten«, sagte er, als er die Gläser vor uns hinstellte. »Danach müsst ihr gehen.«

»Danke, Liebling«, sagte Oma und warf ihm eine Kusshand zu. »Du bist wunderbar.«

Sie nahm einen kleinen Schluck und sah mich dann mit einem Blick zwischen Liebe und Resignation an.

»Manchmal bist du so ein verdammter Schmock«, sagte sie.
»Ja«, sagte ich, denn damit hatte sie natürlich recht.
»Hast du Angst?«
»Ja«, gestand ich.
Oma lehnte sich vor und legte ihre Hand auf meinen Arm.
»Das verstehe ich«, sagte sie. »Aber es kann durchaus sein, dass sie dir nur Angst machen wollen.«
»Ich weiß«, erwiderte ich. »Aber das macht es nicht angenehmer.«
»Versuch, es entspannt zu nehmen«, empfahl sie. »Es ist nicht mehr wie damals. Da waren sie in der Mehrheit. Heute sind sie das nicht. Und sie waren schon immer feige, wenn sie nicht die Macht auf ihrer Seite hatten.«
»Aber was soll ich dann tun? Einfach abwarten, was passiert?«
Oma zuckte mit den Schultern.
»Ich weiß nicht«, sagte sie. »Aber auf jeden Fall war es klug, deinen Eltern fürs Erste nichts davon zu erzählen. Die kriegen von so was Panik. Aber wenn es schlimmer wird, wenn noch mehr passiert, dann kannst du sie nicht mehr außen vor halten. Dann müssen wir etwas tun.«
»Was denn?«, fragte ich. »Papa sagt immer, dass es völlig egal ist, wenn man Anzeige erstattet.«
»Ja, sieh mal an, Netta«, war eine Stimme von der Tür zu hören. »Wie schön, dich zu sehen. Und feine Gesellschaft hast du auch dabei. Ist da ein Enkelkind zu Besuch?«
An der Tür stand eine ältere Dame und lächelte Oma an. Sie trug einen langen, eleganten Mantel und es umgab sie etwas, das mich an eine Königin denken ließ, die ihre Untergebenen empfing. Herrschaftlich und überlegen.

»Oh, Mist«, murmelte Oma. »Rita Goldman. Die muss aber auch immer zur falschen Zeit aufkreuzen. Trink aus.«

»Was?«, sagte ich.

»Schnell. Ehe sie hierherkommt.«

Oma leerte ihr Glas und ich folgte ihrem Beispiel. Als ihre Freundin unseren Tisch erreichte, war kein Tropfen mehr übrig.

»So, das hier ist also David, von dem wir schon so viel gehört haben«, sagte sie. »Der Stolz der gesamten Familie.«

»Guten Abend, Rita«, sagte Oma. »Wie schön zu sehen, dass du draußen unterwegs sein kannst. Sicher nicht leicht mit deiner Hüfte und alldem.«

»Ich habe meinen Sohn besucht, der wohnt ja hier am Strandvägen. Der Enkel ist auf Besuch aus China und da muss man die Gelegenheit nutzen. Heutzutage kriegen sie in der Botschaft ja nicht mehr so oft Urlaub.«

Sie ließ den Blick über die Gläser auf dem Tisch wandern.

»Feiert ihr etwas Besonderes?«

»Davids Zeugnis«, antwortete Oma. »Er war wieder einmal Klassenbester. So was ist schließlich wichtig, wenn man Arzt werden will.«

»Natürlich«, erwiderte Rita Goldman. »Mein Mick hat beim Abitur als Bester im ganzen Land abgeschlossen und jetzt ist er Chirurg. Und trotzdem hat er immer noch Zeit, anzurufen und mit mir zu plaudern, obwohl er doch so viel beschäftigt ist. Möchtest du dich auch spezialisieren, David?«

»Öh«, sagte ich.

»Natürlich möchte er das«, antwortete Oma. »Tatsächlich müssen wir jetzt nach Hause, um die Kursliteratur durchzusehen. David hat fast das komplette erste Jahr schon im Voraus studiert.«

»Im Medizinstudium?«, fragte Rita mit einem überlegenen Lächeln. »Da verstehe ich, dass ihr feiern wollt.«

Oma erwiderte das Lächeln und erhob sich langsam und vorsichtig vom Tisch, wie man es tut, wenn niemand mitbekommen soll, wie betrunken man ist.

»Schön, dich zu sehen«, sagte Oma in einem Ton, der das Gegenteil vermuten ließ.

»Danke, gleichfalls«, sagte ihre Freundin im selben Tonfall. »Schade, dass du nicht mehr zum Basar kommst oder im jüdischen Frauenverein hilfst. Aber vielleicht hast du ja zu viel zu tun?«

Rita schnüffelte ein wenig in der Luft, so als wolle sie Oma wissen lassen, dass sie den Geruch von Alkohol wahrgenommen hatte, dann verabschiedete sie sich und ließ sich etwas weiter an einem Tisch nieder.

Oma schaffte es, sich einigermaßen nüchtern zu benehmen, bis wir auf die Straße kamen, da schimpfte sie los.

»Pfui Teufel«, sagte sie und packte mich, um das Gleichgewicht nicht zu verlieren. »Eine grässlichere Angeberin muss man aber auch in den Sternen suchen.«

»Komm jetzt, Oma«, sagte ich und begann sie langsam zur Wohnung zurückzubugsieren.

»Nie im Leben werde ich noch mal bei diesem verdammten Frauenverein helfen. Nur eine Menge wichtigtuerischer, nölender Tratschtanten. Nicht einmal unter vorgehaltener Waffe setze ich noch mal meinen Fuß auf deren Basar.«

Ich hörte nur mit einem Ohr zu, weil ich mich darauf konzentrierte, sie nach Hause zu kriegen, ohne dass sie hinfiel und sich einen Oberschenkelhalsbruch zuzog. Es dauerte mehr als doppelt so lange, in die Wohnung zurückzukommen, als wir auf dem Hinweg gebraucht hatten. Aber nach vielem Hin und Her standen wir schließlich wieder vor ihrer Tür.

»Pass auf dich auf, Oma«, sagte ich. »Und steig vorsichtig die Treppen rauf.«

Sie beugte sich vor und gab mir einen nach Alkohol riechenden Kuss auf die Wange.

»Du bist ein guter Junge«, sagte sie. »Aber du machst viele Dummheiten.«

»Ich weiß«, antwortete ich.

»Und denk dran, was ich gesagt habe. Androhung von Gewalt ist die beste Waffe der Nazis. Lass dir von denen keine Angst machen.«

»Das ist leicht gesagt«, erwiderte ich.

»Nein«, entgegnete sie und küsste mich auf die andere Wange. »Glaub mir, David, das ist es nicht.«

Und dann torkelte sie wieder rauf zu Opa.

10

Das Aktivistentreffen – ich habe eiserne Prinzipien – Orangen aus Jaffa – wir räumen auf

Am Tag darauf war das Demonstrationstreffen bei Maja. Sie wohnte ungefähr einen Kilometer entfernt unten im Tal, in einer Gegend, die genauso aussah wie unsere: identische kleine Häuser, in langen Reihen mit jeweils einer Garage dazwischen angeordnet. Da die Straßen sehr ähnliche Namen hatten, dauerte es eine Weile, bis ich Majas Haus auf dem Linnévägen (der zwischen dem Linfrövägen und dem Lindvägen eingeklemmt war) fand. Ich lief die Auffahrt hinauf und klingelte, und als niemand öffnete, ging ich einfach rein. Das Haus wirkte warm und gemütlich und an den Wänden hingen eine Menge Bilder von Maja und ihrem großen Bruder. Die schienen so selbstsicher, wie sie da lächelten, winkten und sich durchs Leben lachten. Als ob die ganze Welt ihnen gehörte.

Ich zog die Schuhe aus und ging in die Küche. Da saß die ganze Aktivistengang um einen Tisch gedrängt und arbeitete an einer großen antiisraelischen Banderole.

»Da muss etwas mehr Rot hin«, sagte Lina und zeigte auf die Zeichnung von einem bombardierten Krankenhaus.

»Hallo«, sagte ich. »Das sieht aber nett aus.«

»Was willst du denn hier?«, fragte Elin.

Sie wirkte sauer. Richtig sauer.

»Was macht dein Kopf?«, erwiderte ich. »Schon besser?«
Elin antwortete nichts, sondern starrte mich nur zornig an.
»Ich will helfen«, erklärte ich. »Maja hat mich eingeladen.«
»Klasse«, sagte Henrik, der einen Bruder im Geiste erkannte, wenn er ihn sah. Er interessierte sich schließlich auch nicht im Geringsten für Politik, sondern war garantiert nur wegen der Mädchen hier. Und da hatte er natürlich meine ganze Sympathie.
»Hier«, sagte er und gab mir einen Filzstift. »Du kannst bei den Zeichnungen helfen.«
Ich ließ mich neben ihm nieder und begann, farbig auszumalen. Ich schaffte drei tote palästinensische Kinder, ehe Maja auftauchte.
»Haaallo«, sagte sie und umarmte mich. »Wie schön, dass du kommen konntest.«
»Ist doch klar«, meinte ich.
»Ihr kennt ja David, oder?«, fragte sie. »Er ist auf unserer Seite, obwohl er Jude ist. Ich finde das total stark, für die Gerechtigkeit einzutreten, obwohl man damit gegen sein eigenes Volk aufsteht.«
Elin wandte sich Lina zu und verdrehte die Augen.
»Wie finden die das denn?«, fragte sie dann.
»Wer die?«
»Dein Volk. Deine Familie.«
»Ach so, die«, erwiderte ich und lachte. »Ja, die sind nicht gerade superbegeistert. Aber sie lassen mich machen, was ich will. Man muss Israel nicht lieben, nur weil man Jude ist.«
Es war, wie Groucho Marx zu sagen pflegte: »Ich habe

eiserne Prinzipien. Wenn sie Ihnen nicht gefallen, habe ich auch noch andere.«

»Wer will Wein?«, fragte Maja. »Mein Bruder hat welchen gekauft.«

Natürlich wollten alle welchen, also ging Maja in ihr Zimmer, um die Flaschen zu holen. Kaum hatte sie die Küche verlassen, stürzte sich Elin wieder auf mich.

»Aha«, begann sie, »und was hältst du von den Siedlungen?«

»Nicht gut«, sagte ich. »Ich finde, die sind nicht gut.«

»Nicht gut?«, erwiderte sie empört. »Das ist Apartheid, verdammt noch mal. Die Israelis sind genau wie die Nazis.«

»Aha«, sagte ich.

»Was heißt hier: Aha? Davon distanzierst du dich ja wohl, oder?«

»Na klar«, entgegnete ich.

Doch Elin schien nicht überzeugt. Um ihr Misstrauen zu zerstreuen, begann ich, einen israelischen Soldaten auszumalen, der gerade einem palästinensischen Kind ein Organ rausschnitt.

»Ich finde, man sollte sie boykottieren«, warf Henrik ein. »Um ein Exempel zu statuieren.«

»Das finde ich auch«, sagte Lina. »Orangen gibt es schließlich auch in Spanien.«

Ich war drauf und dran, etwas in der Art zu sagen wie, dass wir nicht mehr in den Fünfzigerjahren lebten. Es gelang mir aber, das runterzuschlucken, und ich konzentrierte mich stattdessen auf das Ausmalen. Und dann kam Maja mit ein paar Flaschen Wein zurück, die wir öffneten und direkt aus der Flasche tranken, wie richtige Revolutionäre.

Da nun der Wein rumging, wurden die Diskussionen immer intensiver. Ich stimmte an den richtigen Stellen zu und nickte aufmunternd. Bald hatte ich sowohl das eine wie auch das andere verurteilt und, weil ich schon mal in Schwung war, eine Banderole mit dem Text »Israel raus aus der Eurovision« angefertigt. Zu dem Zeitpunkt waren alle außer mir und Elin nach Hause gegangen und wir standen mit Maja draußen im Garten und rauchten. Ich sagte nicht viel, sondern hörte nur zu, wie die Mädchen über all das redeten, was sie machen würden, wenn sie erst mal aus der Schule raus wären. Wichtige und sinnvolle Sachen, wie Menschen in armen Ländern zu helfen. Dann klingelte das Telefon und Maja ging ins Haus, um ranzugehen.

Sowie sie verschwunden war, legte sich Schweigen über den Garten, und um die Stimmung ein wenig aufzuheitern, sagte ich: »Es ist doch schön, etwas von Bedeutung zu tun. Nicht nur an sich selbst zu denken.«

Elin nahm einen Lungenzug und blies mir den Rauch ins Gesicht. Den Blick, den sie mir zuwarf, musste man als reine Abscheu beschreiben.

»Mich legst du nicht rein«, sagte sie.

»Was?«

»Ich habe durchaus gesehen, wie du reagierst, wenn jemand ein böses Wort über Israel sagt. Du hast ja fast gekichert, als Henrik davon redete, Jaffa-Orangen zu boykottieren.«

»Einfach nur, weil Israel kein Bauernstaat mehr ist. Das ist doch witzig.«

»Die bringen Leute um. Was ist denn daran witzig?«

»Ja, aber das wird doch nur ein symbolischer Boykott«,

versuchte ich. »Wenn es richtig sein soll, dann müssten wir aufhören, eine Menge Sachen zu benutzen, von denen wir abhängig sind, wie zum Beispiel Datentechnik und Krankenhausausstattungen.«

Das war Papa, der hier mit meiner Stimme redete. All die Argumente, mit denen er mich so viele Jahre lang vollgestopft hatte, kamen jetzt heraus.

»Du findest also, Israel ist gut?«, fragte sie.

»Ich finde, es hat ein Recht zu existieren.«

»Es sagt ja wohl keiner was anderes«, erwiderte sie und da konnte ich mich nicht länger beherrschen.

»Das ist doch das Ziel der Hamas«, erklärte ich. »Den israelischen Staat zu vernichten.«

»Das ist es überhaupt nicht. Die verteidigen sich nur.«

»Wogegen?«

»Gegen all die israelischen Übergriffe.«

»Die haben aber doch angefangen«, entgegnete ich. »Die Hamas begeht ständig Terroranschläge.«

Und da bekam Elins Blick etwas Triumphierendes, als hätte sie genau auf das hier die ganze Zeit gewartet.

»Ich wusste es«, sagte sie. »Du stehst überhaupt nicht auf unserer Seite. Ich werde Maja erzählen, wie falsch du bist.«

»Das ist nicht wahr«, sagte ich. »Ich stehe zu hundert Prozent hinter euch. Schwör.«

»Manchmal kapiert sie gar nichts«, fuhr Elin fort. »Ich meine, wenn sie jemanden wie dich mag, dann muss sie doch total bescheuert sein.«

Elin nahm einen letzten Zug, schnippte die Kippe auf den Rasen und marschierte ins Haus zurück. Ich blieb draußen stehen und wartete. Hörte, wie die Eingangstür zufiel.

Kurz darauf kam Maja in den Garten. »Die war ja sauer«, sagte sie.

»Elin?«, fragte ich.

»Wahrscheinlich ist sie eifersüchtig.«

»Eifersüchtig?«

»Auf dich. Manchmal ist sie das. Aber ich finde es auf jeden Fall cool, dass du gekommen bist.«

»Ich auch«, sagte ich und schluckte. Wir standen eine Weile da und sahen uns an und dann beugte sich Maja vor, als würde sie mich küssen wollen. Und da klingelte das Telefon wieder.

»Verdammt«, sagte Maja.

Sie lief nach drinnen, um ranzugehen.

»Ja, hallo ... hallo ... Was, ehrlich? Wie schön ... Nein, nichts Besonderes. Ich chille so rum ... Ja, dann sehen wir uns gleich.«

Sie warf den Hörer auf die Gabel und fluchte laut vor sich hin.

»Was ist denn?«, fragte ich.

»Mama und Papa sind in einer halben Stunde hier. Verdammter Mist. Sie sollten eigentlich erst morgen kommen. Ich werde es nicht schaffen, hier aufzuräumen.«

»Ich helfe dir«, sagte ich wie ein Ritter in glänzender Rüstung, der einer Dame in Not zur Hülfe eilte.

»Das schaffen wir nie.«

»Doch«, entgegnete ich. »Ich sammle den Müll in der Küche zusammen und staubsauge und wische und du übernimmst den Garten und den Rest des Hauses. Das kriegen wir in zwanzig Minuten hin.«

Mich erstaunte selbst, wie sicher ich klang. Genau wie

Mama, wenn aufgeräumt werden musste, ehe die Verwandtschaft kam. Könnte ihre Putzmanie auch eine Superkraft sein? Das war mir noch nie in den Sinn gekommen.

»Was sollen wir mit denen hier machen?«, fragte ich und zeigte auf die Plakate, die auf dem Küchentisch lagen.

»Roll sie zusammen und versteck sie unter meinem Bett«, sagte Maja. »Meine Eltern können so was nicht leiden. Die sind in der konservativen Volkspartei. Begreifen gar nichts. Sie hassen das, was ich mache, und sagen, ich sei nur mit Tariq zusammen, um sie zu provozieren.«

»Hast du nicht gesagt, du wärst nicht mit ihm zusammen?«

»Sie glauben es.«

»Und er?«, hakte ich nach.

»Ja, er wahrscheinlich auch«, gab Maja zu. »Zum Glück weiß er nicht, dass du hier bist, er ist nämlich krass eifersüchtig.«

Maja lächelte, als ob Tariqs Eifersucht etwas Gutes wäre, und ich fragte mich, ob sie sich so ihre Kicks holte. Indem sie Araber datete, um die Eltern zu provozieren, und mit Juden abhing, um Araber zu provozieren. In dem Fall musste man sich fragen, was ihr nächster Schritt sein würde. Nazi werden, um mich zu provozieren?

Doch bei meinem eigenen höchst zweifelhaften Verhalten hatte ich kaum das Recht, ein moralisches Urteil über jemand anders zu fällen.

Jedenfalls half ich Maja aufzuräumen, und als wir zwanzig Minuten später den ganzen eingesammelten Müll in die große Tonne in der Einfahrt warfen, waren alle Spuren des Protesttreffens beseitigt. Das Haus war sauber und schön und im Garten lag keine einzige Kippe mehr.

»Danke, David«, sagte sie und warf den Deckel der Mülltonne zu. »Ich lege mich jetzt schnell ins Bett, damit sie nicht merken, dass ich betrunken bin. Und wahrscheinlich ist es am besten, wenn du gehst.«

»Okay«, sagte ich.

»Du«, sagte sie noch. »Hast du so einen Judenhut?«

»Was?«

»Ein Käppchen. Das solltest du mit zur nächsten Demonstration bringen.«

»Nein«, sagte ich.

»Doch. Das ist sexy.«

Sie beugte sich vor und gab mir einen Kuss auf die Wange.

»Wir sehen uns in der Schule«, sagte sie.

»Na klar«, erwiderte ich und wanderte glücklich und verwirrt nach Hause. Der Geruch von Maja hing auf meiner Wange und ihre Stimme hallte in meinem Kopf wider: *Du bist ziemlich süß, aber ... hast du so einen Judenhut ... das ist sexy.* Und mit einem Mal wusste ich, was ich tun würde, um sie zu beeindrucken und gleichzeitig die Dicke Cissi loszuwerden.

11

Die Verwandlung – meine Familie erlaubt das nicht – die Rache meiner Schwester

Ich wartete, bis meine Eltern ihren Sonntagsspaziergang unternahmen. Dann holte ich die Schachtel aus Papas Schrank, in der alle möglichen Arten von Jarmulke oder Kippa genannten Kopfbedeckungen lagen: alte, zerschlissene, bunte und solche, die – innen mit dem Namen des Paares und dem Hochzeitstag eingedruckt – auf Hochzeiten verschenkt wurden. Es waren nicht wirklich modische Dinger, aber am Ende fand ich eine dunkelblaue Variante mit besticktem Rand, die nicht vollkommen hässlich war. Ich setzte sie auf den Kopf und ging in mein Zimmer, um meinen alten Davidstern herauszusuchen, den ich von meinem Opa mütterlicherseits zu meiner Bar Mitzwa bekommen hatte. Es dauerte eine Weile, aber am Ende fand ich die Kette ganz hinten in der untersten Schreibtischschublade.

Ich hängte sie mir um den Hals und schaute in den Spiegel.

»Was machst du denn?«, fragte meine Schwester, die gerade den Kopf hereinsteckte.

»Nichts Besonderes.«

»Du siehst aus wie ein Superjude. Fängst du jetzt beim Hillel an?«

»Nein, tu ich nicht.«

»Oder machst die Aliya und wanderst ins Heilige Land aus? Heiratest eine hässliche Orthodoxenbraut mit Perücke?«

»Willst du Prügel?«, fragte ich.

Ehe sie noch mehr sagen konnte, klingelte das Telefon. Meine Schwester ging ran.

»Ja, hallo«, war ihre Stimme zu hören. »Welche Cecilia? Davids Freundin. Ja, klar. Warte kurz.«

Im nächsten Moment tauchte sie wieder in der Tür auf, diesmal mit einem hässlichen Grinsen auf den Lippen.

»Die Dicke Cissi ist am Telefon«, verkündete sie.

»Sag, ich wäre nicht zu Hause«, flüsterte ich.

Meine Schwester nickte und ging zum Telefonapparat zurück.

»Ja, natürlich«, sagte sie. »Er ist zu Hause. Klar möchte er mit dir sprechen. Er redet schon die ganze Zeit von nichts anderem.«

Sie hielt mir den Hörer triumphierend hin. Ich nahm ihn mit der einen Hand und haute ihr mit der Faust der anderen auf den Arm.

»Aua«, sagte sie. »Idiot.«

Ich hob den Hörer ans Ohr.

»Ja, hier ist David.«

»Hallöchen«, gurrte Cissi. »Ich bin es.«

Ich schaute meine Schwester drohend an und zeigte auf die Treppe ins obere Stockwerk. Sie glotzte zurück, fuhr sich mit der Hand über ihren schmerzenden Oberarm, streckte mir dann die Zunge raus und ging.

»Was gibt es?«, fragte ich, als meine Schwester außer Hörweite war.

»Na ja«, sagte sie, »ich habe dich ja eine Weile nicht gesehen und ich vermisse dich sehr.«

Sie klang so erwartungsvoll und sehnsüchtig, dass ich sofort wegen allem, was ich zu tun vorgehabt hatte, ein schlechtes Gewissen bekam.

»Und ich bin richtig erleichtert«, fuhr sie fort. »Ich war nämlich wirklich supernervös.«

»Wieso denn?«

»Ich habe meine Tage nicht gekriegt und du bist ja in mir gekommen. Da bin ich fast sicher. Hinterher war alles so klebrig.«

Es war, als hätte mein Gehirn einen Kurzschluss. Mir fiel überhaupt nichts ein, was ich sagen könnte, also stand ich nur schweigend mit dem Hörer ans Ohr gedrückt da, während mich die Panik überspülte.

»Aber dann habe ich sie heute gekriegt«, fuhr sie fort. »Mein Gott, ich bin so froh. Stell dir vor, ich hätte das Mama und Papa erzählen müssen.«

»Ja«, sagte ich.

»Wir müssen nächstes Mal vorsichtiger sein. Ich habe jetzt Kondome gekauft. Ich weiß nicht, ob es die richtige Größe ist, aber sie sollten eigentlich passen. Man kann sie ja unterschiedlich lang ausrollen. Ich habe es schon an einer Banane ausprobiert.«

Sie war einfach nicht zu bremsen. Und ich erkannte, dass ich das hier beenden musste, ehe es noch viel schlimmer wurde.

»Nun«, begann ich, »ich weiß nicht recht, wie ich das jetzt sagen soll ...«

»Ist doch klar, dass du auch erleichtert bist«, unterbrach

sie mich. »Das verstehe ich gut. Jetzt, wo alles in Ordnung ist, dachte ich, wir könnten es vielleicht noch mal probieren. Wenn du willst, kannst du gleich rüberkommen.«

»Also, es tut mir leid«, sagte ich. »Aber es geht nicht.«

»Morgen vielleicht?«

»Wir können uns nicht mehr sehen. Meine Familie erlaubt das nicht.«

»Was?«, sagte sie. »Warum nicht?«

»Ich habe ihnen von uns erzählt und da waren sie sehr enttäuscht. Ich hätte nicht gedacht, dass sie so reagieren würden. Ich hatte vorher noch nie eine Freundin.«

Ich legte eine ordentliche Schippe drauf und nannte sie Freundin, um den Ernst unserer Beziehung zu demonstrieren, ehe ich das Henkersbeil fallen ließ.

»Aber wenn ich angerufen habe, waren sie doch supernett.«

»Sie dachten, du wärst Jüdin«, log ich weiter.

»Was spielt denn das für eine Rolle? Ihr seid doch nicht orthodox.«

Es klang nicht, als würde sie mir glauben, also tat ich, wovon Hitler in *Mein Kampf* immer rumschwadroniert hatte: Ich log, und zwar nicht in kleinem, sondern in großem Stil.

»Papa ist im Sommer in Israel gewesen und ultraorthodox geworden. Er bildet sich jetzt zum Rabbiner aus. Liest die ganze Zeit die heiligen Schriften. Und Mama soll sich die Haare abrasieren.«

»Was?«, fragte sie entsetzt.

»Jetzt darf ich erst mal noch in die Schule gehen«, erklärte ich, »aber nur, wenn ich mich von Shiksen fernhalte.«

»Shiksen?«

»Nicht jüdischen Frauen. Papa sagt, wenn ich mit so einer zusammen bin, dann arbeite ich für Hitler.«

»Jetzt machst du aber einen Witz, oder?«, fragte sie.

»Ich muss meine Eltern ehren. So steht es im Zweiten Buch Mose.«

Und da war es, als würde der Groschen fallen, und Cissi kapierte, dass wir nie zusammenkommen würden.

»Aber ich liebe dich, David«, sagte sie und begann zu weinen. »Ich liebe dich so sehr.«

Ich sagte nichts, weil mir echt nichts einfiel. Wenn es darum ging, Frauen zu trösten, die einen liebten und die man angelogen hatte, waren von Hitler nämlich überhaupt keine guten Ratschläge zu erwarten. Also schwieg ich und wartete, während Cissis Schluchzer langsam in Schniefer übergingen, um dann ganz zu verstummen.

»Lebe wohl, David«, sagte sie dann. »Du wirst immer mein Erster sein.«

Nachdem wir aufgelegt hatten, ging ich in mein Zimmer und legte mich aufs Bett.

Es dauerte nur wenige Minuten, bis meine nervige Schwester wieder in der Tür auftauchte.

»Warst du mit der Dicken Cissi im Bett?«, fragte sie und sah dabei so zufrieden aus wie ein Fuchs, der sich gerade Zugang zum Hühnerhaus verschafft hatte.

»Nein, das war ich nicht«, sagte ich.

»Oh, David«, äffte sie Cissis Stimme nach, »das war so klebrig, als du in mir gekommen bist.«

»Verdammt. Hast du mitgehört?«

»Deshalb also staffierst du dich hier aus«, sagte sie. »Weil du dich nicht traust, Schluss zu machen. Damit du es auf Mama und Papa schieben kannst. Wie feige ist das denn?«

»Alle anderen schieben es ja auf uns«, versuchte ich. »Warum kann ich das nicht auch tun?«

Meine Schwester sah mich mit einem verächtlichen Blick an.

»Aber so gehst du jedenfalls nicht in die Schule«, sagte sie.

»Was? Wieso denn nicht?«

»Bist du völlig neben der Spur? Dann begreifen doch alle, dass wir Juden sind.«

»Und was für eine Rolle spielt das? Unsere Schulen liegen doch total weit auseinander.«

»Die wissen genau, dass du mein Bruder bist.«

»Ich hätte ja nicht gedacht, dass du so feige bist«, erwiderte ich in dem Versuch, den coolen großen Bruder zu spielen. Doch darauf ging sie nicht ein. Sie kannte mich schließlich.

»Und außerdem wirst du jetzt für einen Monat meinen Spüldienst übernehmen und mein Zimmer aufräumen«, sagte sie.

»Vergiss es.«

»Sonst werde ich allen erzählen, dass du die Dicke Cissi flachgelegt hast.«

»Hör auf!«

»Oh, David«, zwitscherte sie. »Du wirst immer mein Erster sein.«

Nachdem ich das Zimmer meiner Schwester aufgeräumt und zu Abend gegessen hatte, legte ich mich aufs Sofa im Wohnzimmer und dachte nach. Es war ein verdammt anstrengendes Wochenende gewesen, dennoch hatte ich nicht das Gefühl, völlig gescheitert zu sein. Und weil die Nazis bereits wussten, dass ich Jude war, spielte es überhaupt keine Rolle, ob ich in der Schule eine Kippa trug oder nicht. Denn das hatte ich vor zu tun, ganz gleich, wie meine Schwester das fand. Es würde die Sache ja schließlich nicht schlimmer machen.

12

Minoritätenwoche – lieber mobben als gemobbt zu werden – wir tanzen Hora – Statuserhöhung – dieselbe Stimme wie, als Palme ermordet wurde

Meine Schwester hätte sich keine Sorgen machen müssen. Niemand scherte sich darum, als ich am Montagmorgen mit der Kippa auf dem Kopf in die Schule schlich. Es war ja schließlich Minoritätenwoche und ich war nicht der Einzige, der sich verkleidet hatte. Unser Studiendirektor zum Beispiel trug samische Kleidung und die Werklehrerin huschte in einem riesigen schwarzen Samtrock herum.

Der Erste, der die Sache kommentierte, war mein neuer Bruder im Geiste, Henrik, auf den ich im Flur stieß.

»Cooler Hut«, sagte er und schlug mir auf den Rücken, als wären wir alte Freunde.

»Ja«, sagte Ankan, die an seiner Seite auftauchte. »Irgendwie siehst du älter aus.«

Ankan hieß eigentlich Annika und war eines der schweigsameren Mädchen in Majas Gang. Sie war oft das fünfte Rad am Wagen und hielt sich meist im Hintergrund.

»Du, hör bloß nicht auf die«, sagte sie und legte mir eine Hand auf den Arm.

»Was?«, fragte ich. »Auf wen?«

»Elin und Lina. Die reden einfach Blödsinn. Ich finde, du bist mutig.«

»Danke«, sagte ich.

»Gerne«, erwiderte sie und lächelte. Dann senkte sie ihren Blick und wurde rot, als wäre ihr irgendetwas peinlich. Das Ganze war sehr verwirrend. Ich war solche Aufmerksamkeit überhaupt nicht gewohnt. Aber vielleicht war es wie bei der Ketchupflasche: Wenn was rauskommt, dann alles auf einmal.

Keineswegs so beeindruckt waren Krille und Olof, die bei unseren Spinden rumhingen.

»Was zum Teufel hast du denn auf?«, fragte Krille.

»Du siehst aus wie ein verdammter Spast«, sagte Olof.

»Aber ist ja gut, dass man dich schon von Weitem erkennt«, sagte Krille. »Das wird mein Bruder mögen.«

Krille lachte laut los, auf diese demütigende, höhnische Weise, die er so gut beherrschte. Aber schließlich war mein neuer Fanclub dabei, da wollte ich nicht zeigen, wie viel Angst ich in Wirklichkeit hatte.

»Hast du vor, deinen Nazibruder in das hier reinzuziehen?«, fragte Ankan. »Bist du total bekloppt?«

»Woher hast du denn plötzlich Sauerstoff?«, meinte Krille. »Fahr zur Hölle.«

»Fahr selber zur Hölle«, erwiderte Ankan.

»Ja«, mischte sich Henrik ein. »Fahr nach Hause in die Dreißigerjahre, du kleiner Nazi.«

Mein Mitbruder grinste breit, offensichtlich sehr zufrieden mit seinem Beitrag zu der Debatte.

»Hast du dir einen neuen Lover angeschafft?«, fragte Krille.

»Oder du vielleicht?«, entgegnete Ankan und sah bedeutungsvoll zu Olof.

»Halt die Schnauze«, sagte Krille. »Ich bin nicht schwul.«

»Das ist doch gar nicht schlimm«, sagte Ankan. »Du kannst

Sex haben, mit wem du willst, solange du dich von mir fernhältst.«

»Und von mir«, schob Henrik fröhlich ein.

»Warum sollte ich mit dir Sex haben wollen«, sagte Krille zu Ankan, »so verdammt hässlich wie du bist.«

»Das sagt der Richtige«, erwiderte Ankan, »der so tragisch dran ist, dass keiner in seine Nähe kommen will. Ja, außer Olof.«

Und da wurde Krille dermaßen sauer, dass er sie schubste.

»Was machst du?«, fragte Ankan. »Schlägst du jetzt auch schon Mädchen?«

»Du bist kein Mädchen«, sagte Krille. »Du hast ja kaum Titten.«

»So wie Olof«, ergänzte Henrik.

Krille öffnete den Mund, um etwas zu sagen, doch es kam kein Wort heraus. Wahrscheinlich war es ungewohnt für ihn, mal selbst gemobbt zu werden.

»Äh«, sagte er. »Wir hauen ab.«

Er nahm seine Sachen und ging los. Nach ein paar Schritten drehte er sich um und brüllte: »Fahr zur Hölle, du verdammte Lesbe.«

»Geh und fick deinen Bruder«, gab Ankan zurück.

»Ja«, rief Henrik, »so was mögen die Nazis doch.« Er drehte sich zu Ankan und sagte: »Nicht, dass das irgendwie schlimm wäre.«

Wir fingen alle drei an zu lachen und ich war dankbar, dass sie meine Partei ergriffen hatten. Das war wirklich mutig gewesen, doch die beiden schienen nicht im Geringsten ängstlich, sondern eher aufgekratzt.

»Tschüss, David«, sagte Ankan. »Wir sehen uns nachher.«

»Tschüss«, erwiderte ich. »Und danke für die Hilfe mit den Idioten.«
»Äh«, sagte sie und wurde rot. »Da nicht für.«

Die nächste Stunde war Religion und unsere Lehrerin strahlte wie der Stern von Bethlehem, als ich mit der Kippa auf dem Kopf das Klassenzimmer betrat.
»Sieh mal einer an, David«, sagte sie, »hast du deinen kleinen Hut mitgebracht? Wie schön. Möchte sonst noch jemand vielleicht einen haben?«
Sie hielt eine Schachtel mit Kippot hoch und sah erwartungsvoll in die Klasse, doch das Engagement war, gelinde gesagt, schwach. Erst nach einer ganzen Weile meldeten sich zögerlich die Leute, die gute Noten in Religion haben wollten.
»Herrlich«, sagte sie und teilte die Kippot aus. »Wisst ihr, warum die Juden so etwas haben? Nicht? Dann kannst du es uns ja vielleicht erzählen, David.«
Noch vor einer Woche wäre ich bei dem bloßen Gedanken, auf diese Weise in den Mittelpunkt gestellt zu werden, im Erdboden versunken. Doch jetzt war es mir egal.
»Um etwas zwischen sich und Gott zu haben«, sagte ich.
»Genau«, ergänzte sie. »Ganz anders als im Christentum. Da nimmt man in der Kirche ja den Hut ab. Apropos, sei bitte so nett und nimm die Kappe ab, Kristian.«
»Warum denn?«, fragte Krille.
»Nun komm«, sagte die Religionstante, »darüber haben wir doch schon geredet. Es ist respektlos.«
»David hat auch seinen Judenhut auf, verdammt noch mal.«
»Das ist etwas völlig anderes. Das verstehst du ja wohl.«

Krille nahm die Kappe ab und starrte mich wütend an. Ich grinste zurück. Dieses Ding, religiös zu sein, gefiel mir immer besser. Und womöglich würde ich dabei auch noch eine sehr gute Zensur in Religion bekommen.

»Und nun«, sagte sie, »werden wir den jüdischen Hochzeitstanz tanzen. Stellt euch hin, schiebt die Tische beiseite und nehmt euch an den Händen. Das wird so einen Spaß machen.«

Sie schaltete den Kassettenrekorder ein und *Hava Nagila* dröhnte aus den Lautsprechern. Das erinnerte mich daran, wie es zuging, wenn die verrückten Alten in der jüdischen Gemeinde versuchten, die Kinder zum Tanzen zu bewegen. Die Reaktion der Klasse war nämlich exakt dieselbe – soll heißen, höchst widerwillig.

»Jetzt kommt schon«, rief die Religionstante behände. »Legen wir los. Du auch, Kristian. Stell dich hin und nimm Fredriks Hand.«

»Nein, das werde ich nicht tun«, sagte Krille.

»Du musst. Alle müssen mitmachen.«

»Warum bleibt dann David sitzen?«, fragte er. »Der ist doch verdammt noch mal Jude.«

Der Punkt war, dass ich durchaus vorgehabt hatte zu tanzen, mir aber jetzt eine noch viel bessere Idee kam. Eine, die Krille auf die Palme bringen würde.

»Ich darf nicht«, sagte ich. »Meine Religion lässt es nicht zu. Tanzen darf ich nur mit Männern und nur auf einer Hochzeit.«

»Oje«, sagte die Religionstante. »Ist das wahr? Ja, natürlich, so wird es sein. Entschuldige bitte, David. Und danke, dass du mir etwas Neues beigebracht hast.«

»Er lügt«, sagte Krille. »Guckt euch den Idioten doch an.«
Aber es gab nichts zu sehen, denn ich schaute *so* enttäuscht drein. Und die Lehrerin fiel darauf rein. Sie war schließlich so eine, die dermaßen viel Respekt vor anderen Religionen hatte, dass sie mich kaum zwingen konnte, gegen die kulturellen Sitten meines Volkes zu verstoßen. Das wäre ja rassistisch gewesen.

»Jetzt komm schon, Kristian«, sagte sie stattdessen. »Hoch mit dir und jetzt wird getanzt.«

»Verdammt, ich hab ihn schon selbst im Sport tanzen sehen.«

»Aber Kristian«, sagte die Religionstante. »Jetzt beruhige dich bitte.«

»Ich werde nicht tanzen.«

»Doch, das wirst du. Andernfalls kannst du zum Rektor gehen.«

»Werde ich verdammt noch mal nicht machen.«

Er stand auf.

»Du, Kristian«, begann die Lehrerin.

»Fahr zur Hölle«, sagte Krille und trat den Stuhl weg. Und dann ging er davon. Wir Übrigen tanzten *Hora*. Ich auch. Ich sagte der Lehrerin, dass ich noch mal nachgedacht hätte und dass es durchaus möglich sei, die Tora auf eine solche Weise zu interpretieren, dass ich doch mitmachen konnte. Und es machte richtig Spaß. Alle lachten und johlten und zerrten und zogen aneinander, während wir in einem einzigen, langen Kreistanz durchs Klassenzimmer rannten. Wenn ich gewusst hätte, dass es so einen Spaß machte, Jude zu sein, dann hätte ich mich schon längst geoutet.

Nach dem Unterricht war Mittagspause und ich traf Maja und ihre Gang in der Cafeteria.

»Hallo, David«, sagte sie und umarmte mich. »Wie geht es dir? Annika hat gesagt, die anderen wären gemein zu dir gewesen. Aber du würdest irgendwie da drüberstehen.«

»Das war so würdevoll«, sagte Ankan und sah mich mit strahlendem Blick an. Und dann erzählte sie, was abgegangen war, als wir Krille und Olof bei den Spinden getroffen hatten. Aber sie musste Mythomanin sein oder ein verzerrtes Bild von der Wirklichkeit haben, denn plötzlich waren es nicht sie und Henrik, die alle furchtlosen Sachen gesagt hatten, sondern ich. Und Henrik nickte nur und stimmte ein. Vielleicht, weil er mit ihr schlafen wollte.

»Ihr wart die Mutigen«, sagte ich, als sie ihre Geschichte fertig erzählt hatte.

»Äh«, sagte Henrik, »nicht der Rede wert.«

»Das ist so stark«, sagte Maja und lächelte mich an. »Für das einzustehen, was man ist.«

»So wie Tariq und Palästina«, murmelte Elin leise.

»Es muss schon etwas Besonderes sein, zu einer Minderheit zu gehören, die einen zwingt, für das, was man glaubt, Stellung zu beziehen«, fuhr Maja fort. »Ihr müsst eurer selbst irgendwie sehr sicher sein.«

»Wie die Palästinenser«, schob Elin ein, und diesmal hörte Maja sie.

»Genau«, sagte sie. »Und deshalb ist das, was David tut, so mutig. Weil er sich trotz seiner Herkunft für sie einsetzt.«

»Genau«, sagte Ankan und sah so aus, als wolle sie mich mit Blicken verschlingen.

»Ich bin ein Achtel Same«, sagte Henrik, der offensichtlich

auch etwas Minoritätenglanz abhaben wollte. »Morgen werde ich eine Trommel mitbringen. Wie die Schamanen sie haben.«

»Die Samen mussten nämlich eine Ewigkeit darum kämpfen, ihre Kultur behalten zu dürfen«, sagte ich in dem Versuch, Henrik seine Großzügigkeit zu vergelten.

Es war ja nicht so, dass wir in Konkurrenz treten mussten. Es gab so viele Protestmädchen, dass es für uns Minoritäten reichte. Natürlich waren sie mehr als wir, das sagte das Wort ja schon.

Für den Rest der Pause saßen wir in der Cafeteria und quatschten belangloses Zeug, und als Elin und Lina nach ein paar weiteren herablassenden Kommentaren gegangen waren, setzte Maja sich auf meinen Schoß. Ich war so baff, dass ich nicht wusste, was ich tun sollte. Sollte ich nun eine Hand auf ihr Bein legen oder so tun, als wäre nichts? Aber ich saß einfach nur da und versuchte, cool zu sein. Was hier passierte, war mir völlig schleierhaft, und wahrscheinlich ging das allen anderen in der Schule ganz genauso. Denn ich sah, wie sie bei unserem Anblick erstaunt stutzten, als würde irgendwas nicht richtig stimmen. Doch dann schien sich ihr Weltbild zu verschieben und sie akzeptierten das Ganze einfach. Mehr Zeit als das war nicht nötig, einen sozialen Status zu verändern.

Natürlich war ich trotzdem vorsichtig. Nahm auf dem Nachhauseweg die Kippa ab, um keine allzu offenbare Zielscheibe zu sein, und verbrachte alle Pausen mit Maja und der Aktivistengang. Und je mehr Zeit verging, desto mehr fühlte es sich an, als würde sie mich wirklich mögen. Denn sie benutzte weiterhin meinen Schoß als Sitzplatz, nahm manchmal meine Hand, wenn wir durch die Schule gingen, und als wir am Freitag Tschüss sagten, gab sie mir einen Kuss und meinte, sie wäre am Samstag alleine zu Hause und ich solle doch vorbeischauen. Kein Wunder also, dass ich an diesem Tag gut gelaunt aus der Schule nach Hause kam.

»Hallo!«, rief ich, als ich die Tür öffnete. »Jemand zu Hause?«

»Wir sind in der Küche«, hörte ich Mamas Stimme.

Ich zog meine Jacke aus und ging rein.

Drinnen saß der Rest der Familie um den Tisch und aß ein frühes Abendessen.

»Wie gut, jetzt etwas essen zu können«, sagte ich.

Niemand antwortete, was ein bisschen seltsam war. Normalerweise redeten sie fast die ganze Zeit.

»Was ist los mit euch?«, fragte ich. »Ist jemand gestorben?«

»Nein«, sagte Papa.

Ich nahm die Deckel von den Töpfen und lud mir ein bisschen von Mamas Hackbraten und ein paar Kartoffeln auf. Dann setzte ich mich und begann zu essen.

»Aber es ist etwas passiert, das wir dir erzählen müssen«, fuhr er fort. Offensichtlich war es nichts Gutes, denn er benutzte seine ernsteste Stimme, wie damals, als Olof Palme ermordet worden war.

»Auf unserem Spaziergang heute sind wir Mickes Eltern begegnet.«

»Ja?«, sagte ich.

»Er liegt im Krankenhaus«, erzählte Mama.

»Was?«, fragte ich. »Warum das denn?«

»Er ist verprügelt worden«, fuhr sie fort.

»Direkt hier«, erklärte Papa, »im Fußgängertunnel. Sie haben ihn überfallen und von hinten niedergeschlagen.«

»Was?«, fragte ich noch einmal. »Wer denn?«

»Das ist so schrecklich«, schluchzte Mama, »dass so was hier passieren kann. Es hätte genauso gut einer von euch sein können.«

Ihr Blick flackerte nervös zwischen mir und meiner Schwester hin und her.

»Wie geht es ihm?«, fragte ich.

»Seine Eltern meinten, es wäre nicht so schlimm«, sagte Papa. »Aber er hätte Glück gehabt. Wenn die Tritte nur ein bisschen höher gezielt gewesen wären, hätte das Nasenbein ins Gehirn raufgeschoben werden können.«

»Igitt«, sagte ich.

»Ja«, meinte Papa. »Das wäre es dann gewesen.«

13

Geänderte Pläne – Autofahrt mit Mickes Mutter – ein Jude für einen anderen – der Stolz der Familie – ein richtiger Volksparteiler

Ich lag die halbe Nacht wach und dachte – nein, nicht an den armen Micke, sondern an Maja. Ich war so nervös, wie sie mich finden würde. Schließlich war sie gewohnt, mit voll erwachsenen Araberhengsten von Männern zu schlafen, die sicherlich stundenlang durchhalten und ihr Hunderte von Orgasmen auf einmal bescheren konnten. Da war es doch unmöglich, sich wie eine schüchterne kleine Jungfrau anzustellen.

Um meine Chancen, einen guten ersten Eindruck im Bett zu hinterlassen, zu steigern, hatte ich eine Flasche Kirschlikör von Papa gestohlen, denn ich hatte gelesen, dass Alkohol einen betäubt, sodass man nicht zu früh kommt. Ich hoffte, damit den sexuellen Anforderungen eher gewachsen zu sein. Das hier war unerforschtes Terrain für mich und da ging man am besten methodisch und wissenschaftlich vor.

Mein Plan stand fest. Am Samstagnachmittag würde ich in den Wald gehen und gerade genug Likör in mich reinschütten. Dann würde ich warten, bis der Alkohol ins Blut gegangen war, den Geschmack mit Mundwasser wegspülen und zu Maja nach Hause gehen. Alles danach lag in der Hand der Götter. Der Gedanke, dass ich vielleicht Micke besuchen könnte, war mir nicht gekommen, bis das Telefon beim Mittagessen klingelte. Mama ging ran.

»Ja, hallo«, sagte sie. »Wirklich? Ja, sicher. Einen Moment, ich frage eben.« Sie steckte den Kopf in die Küche.

»Da ist Mickes Mutter. Sie fährt zum Krankenhaus und fragt, ob du mitkommen willst. Und natürlich willst du.«

»Ja«, erwiderte ich. »Obwohl, eigentlich hatte ich vor, ihn morgen zu besuchen.«

»Er braucht deine Unterstützung«, sagte Mama. »Immerhin ist er dein bester Freund. Stell dir vor, das Ganze wäre dir passiert.«

»Ich weiß«, begann ich, »aber ich hatte irgendwie ...«

Ich verstummte, denn Mama hatte genau den Blick auf mich gerichtet, von dem man das schlechteste Gewissen bekam. So benahm man sich nicht, nachdem sich die eigene Familie derart für einen aufgeopfert hatte. Und schon hörte ich Großvaters Stimme im Hinterkopf: »Ist die Hälfte meiner Verwandtschaft wirklich dafür im Konzentrationslager gestorben? Dass du jetzt bumsen gehst?«

»Selbstverständlich«, sagte Mama ins Telefon. »Er kommt. Wir müssen nur eben noch fertig essen.«

Da konnte man nichts machen. Ich hatte die Flasche in ein Handtuch gewickelt und steckte sie und die Kippa in meinen Rucksack, sodass ich nach dem Krankenhausbesuch sofort zu Maja abhauen könnte. Dann rannte ich schnell zu Mickes Haus. Seine Mutter stand auf der Garagenauffahrt und wartete neben dem Auto. Sie hatten einen nigelnagelneuen Saab, von dem Micke behauptete, er würde ihn bekommen, sobald er den Führerschein hatte.

»Hallo, David«, sagte sie.

»Hallo«, antwortete ich.

Ich hatte ein bisschen Angst vor Mickes Mutter und war immer total angespannt, wenn sie in der Nähe war, weil sie einen jederzeit aus heiterem Himmel ausschimpfen konnte. Sie war so Typ Sauertopf. Das fand sogar Micke.

»Spring rein, dann fahren wir los«, sagte sie.

Ich ging um das Auto herum und stieg auf der Beifahrerseite ein. Mickes Mutter startete den Wagen, setzte auf die Straße zurück und fuhr los. Sie fuhr schnell und ruckartig, trat auf geraden Strecken aufs Gaspedal und bremste abrupt, wenn wir an eine Ampel oder eine Kreuzung kamen. Ungefähr das Gegenteil von dem, wie Papa immer sagte, dass man fahren sollte.

»Ich hoffe, es geht ihm heute besser«, meinte sie und blieb in allerletzter Sekunde an einem Stoppschild stehen.

»Ja«, entgegnete ich und sah verschreckt auf die Autos, die in voller Fahrt auf der Straße vor uns vorbeirauschten.

»Ich verstehe das nicht«, sagte sie und fuhr mit quietschenden Reifen in eine Lücke hinaus. »Micke ist doch so nett. Er kann keiner Fliege etwas zuleide tun. Und trotzdem hat er immer so ein Pech.«

Sie sah mich an, als müsste ich etwas sagen, aber was sollte das sein? Dass sie recht hatte? Dass irgendwas an Micke die Mobber anzog und dass es schon immer so gewesen war? Das musste sie inzwischen ja selbst gemerkt haben, so oft, wie sie in all den Jahren in die Schule gekommen war, um Kinder auszuschimpfen, die ihn fertiggemacht hatten.

»Wie können Menschen so böse sein?«, fragte sie. »Er

hatte doch nichts getan. War nur draußen und ging mit dem Hund.«

Plötzlich sah sie aus, als würde sie gleich anfangen zu weinen, und das war echt unangenehm. Deshalb begann ich einfach zu reden, um sie auf andere Gedanken zu bringen.

»Was ist denn passiert?«, erkundigte ich mich.

»Rufus ist alleine nach Hause gekommen. Wir dachten, er hätte sich losgerissen und dass Mikael bald auftauchen würde. Als er das nicht tat, haben wir angefangen, uns Sorgen zu machen. Also sind wir raus und haben nach ihm gesucht. Und dann haben wir ihn da liegen sehen. Ich dachte, er wäre tot.«

»Aber das war er nicht«, entgegnete ich in dem schwachen Versuch, sie die Sache in einem helleren Licht erscheinen zu lassen.

»Was ist das nur für eine Gesellschaft, in der ein Kind mitten in einem Wohngebiet misshandelt wird, ohne dass jemand eingreift?«

Sie beschleunigte, sodass wir jetzt fast vierzig Stundenkilometer über der Geschwindigkeitsbegrenzung lagen, und nahm die Kurven so schnell, dass ich es mit der Angst bekam.

»Ich habe die Leute, die direkt in der Nähe wohnen, gefragt, ob sie irgendetwas bemerkt hätten, und einige von denen haben Schreie gehört. Trotzdem ist keiner rausgegangen, um nachzusehen. Was ist eigentlich mit diesen Menschen los?«

Jetzt liefen ihr wirklich Tränen die Wangen herunter. Das war superunbehaglich. Erwachsene sollten nicht weinen. Sie sollten die Dinge unter Kontrolle haben und eine Antwort auf alles wissen. Deshalb sagte ich nicht, wie es war: dass die Menschen feige sind und Angst um ihre eigene Haut haben. Das behaupteten jedenfalls Papa und Großvater immer, wenn das Thema zur Sprache kam. Solange es nichts kostet, können sich die Menschen über Zivilcourage und Mut heiser reden, aber sowie sie damit auch nur das Geringste riskieren, schweigen sie. So war es in Nazideutschland, sagte Großvater. Da hatte niemand auch nur ein Wort gesagt, als die Fenster der Familie eingeschmissen wurden, ihr Geschäft boykottiert wurde und man sie auf der Straße anspuckte. Stattdessen taten alle so, als wäre nichts. Sogar alte Freunde, und das lange bevor es strafbar wurde, sich mit Juden abzugeben.

»Merk dir eins«, sagte Großvater immer. »Erst nachdem ein Mensch geprüft worden ist, weiß man, was für einer er ist. Und die meisten sind nicht viel. Der Mensch ist ein egoistisches Wesen. Vergiss das nicht, David.«

Doch nichts von alldem sagte ich zu Mickes Mama. Stattdessen saß ich still da und hörte ihr beim Weinen zu, bis wir endlich im Krankenhaus ankamen.

Micke hatte ein eigenes Zimmer und lag auf dem Bett ausgestreckt. Es sah aus, als hätte er gerade eine Runde gegen Muhammad Ali geboxt. Sein Arm war eingegipst, er war im Gesicht genäht worden und total blau geschlagen.

»Tach«, sagte er.

»Tach«, erwiderte ich.

»Ich gehe mal und versuche, einen Arzt zu erwischen, so lange könnt ihr in Ruhe plaudern«, meinte Mickes Mutter.

Sie verließ das Zimmer, um über den Krankenhauskorridor zu wuseln.

»Du, Mama!«, rief Micke ihr nach.

»Ja?«, antwortete sie.

»Kannst du am Kiosk Eis kaufen? Cornetto.«

»Na klar!«, rief sie zurück.

Micke warf mir einen Blick zu, als wollte er sagen: »Mein Gott, wie spießig sie ist«, und lächelte schräg. Ich erwiderte das Lächeln, wusste aber nicht, was ich sagen sollte.

»Ich muss die ganze nächste Woche nicht in die Schule und die Krankenschwestern hier sind verdammt süß«, erzählte er. »Ich bin ziemlich dicht an einer dran, die nachts kommt. Sie sieht genauso aus wie Agnetha. Du weißt schon, die von ABBA.«

»Ist das wahr?«, fragte ich, denn jetzt waren wir auf vertrautem Gebiet unterwegs. Ich wusste schließlich, wie man am besten über Mickes Möchtegern-Freundinnen redete.

»Die reibt immer ihre Brust an mir, wenn sie meine Wunden wäscht. Scheint verdammt geil zu sein. Heute Abend kommt sie wieder, bis dahin musst du also Mama hier weggekriegt haben.«

»Kein Problem«, sagte ich. »Übrigens siehst du krass cool aus, wie ein Boxer.«

»Ich weiß«, sagte Micke. »Deswegen habe ich die Typen, die mich überfallen haben, nicht verprügelt. Ich wollte ein paar *battle scars* haben.« Er fuhr sich mit dem Finger über die Stiche am Kinn und an der Wange und dann saßen wir einen Moment lang schweigend da und hörten zu, wie der Alte im Nachbarzimmer Schleim raushustete.

»Hast du gesehen, wer es war?«, fragte ich.

»Wie wer?«

»Die dich niedergeschlagen haben.«

»Nein, die haben mich von hinten überfallen. So verdammt feige. Ansonsten hätten sie ja keine Chance gehabt. Und sie waren auch ziemlich viele. Mindestens zehn. Da waren sicher ein paar Stockholmer Gangster dabei.«

»Glaubst du? Was haben die im Fußgängertunnel gemacht?«

»Bestimmt irgendwas mit Drogen. Ich habe nicht richtig gehört, was sie gesagt haben. Sie haben geschrien und so viel Lärm gemacht. Irgendwas über Kakerlaken, glaube ich. Und dann was wie ›verdammter Jude‹.«

»Was?«

»Glaube ich zumindest. Es war schwer zu hören, weil sie so auf mir herumgedroschen haben. Seltsam war das aber auf jeden Fall. Aber diese Gangstergangs nennen vielleicht alle, die sie nicht mögen, Juden.«

»Glaubst du?«, fragte ich unsicher, denn mit einem Mal wurde mir klar, was hier passiert war. Das war doch genau, was Krille und Olof in der Dusche zu Mange gesagt hatten. *Sein Schwulenkumpel Micke ist sicher auch Jude.* Und ich hatte aus lauter Angst nicht widersprochen. Außerdem hatte es sich weniger schlecht angefühlt, nicht der Einzige zu sein, auf den sie es abgesehen hatten. Und jetzt hatten sie Micke niedergeschlagen.

»Wahrscheinlich haben sie sich getäuscht«, meinte Micke. »Ich sehe ja ziemlich hart aus.«

»Ja«, sagte ich. »Das tust du wirklich.«

Dann fing Micke wieder an, von der Nachtschwester zu reden, und kurz danach tauchte seine Mutter mit zwei

Eistüten auf und fragte, ob ich noch bleiben und einen Film schauen wollte, während sie einkaufen ging. Das wollte ich natürlich nicht, was ich so jedoch nicht sagen konnte. Vor allen Dingen nicht jetzt, da ich wusste, dass alles meine Schuld war. Also endete das Ganze damit, dass wir einen Fernseher und einen Videoapparat aus dem Gemeinschaftsraum reinrollten und die *Rocky*-Filme aus der VHS-Bibliothek des Krankenhauses raussuchten. Und dann saßen wir auf dem Bett und schauten zu, wie Sylvester Stallone von Apollo Creed zusammengeschlagen wurde, während der Nachmittag verging. Wir konnten den ganzen ersten Film gucken und vom zweiten alles bis auf den Schluss, bevor Mickes Mutter wieder auftauchte. Zu dem Zeitpunkt war es sechs Uhr und Maja garantiert tierisch sauer, weil sie unnötig hatte rumsitzen und warten müssen. Das machte man vielleicht mit der Dicken Cissi und richtig hässlichen Mädchen, aber nicht mit dem vierthübschesten der Schule.

»Hast du Süßigkeiten gekauft?«, fragte Micke seine Mutter.

»Hier«, sagte sie und reichte eine große Tüte rüber.

»Möchtest du?«, fragte er und drückte sich eine Handvoll Gummiratten in den Mund.

»Nein, danke«, antwortete ich.

»Der Arzt sagt, alles sieht gut aus und du kannst in ein paar Tagen nach Hause kommen«, sagte seine Mutter.

»Hast du kein Lakritz gekauft?«, fragte Micke.

»Entschuldige, das habe ich vergessen. Das mache ich nächstes Mal.«

»Okay«, sagte er. »Kannst du jetzt gehen? Ich muss noch ein paar Sachen mit David besprechen. Das ist privat.«

»Aha«, meinte seine Mutter. »Klar, das kann ich. Also,

dann sehen wir uns morgen. Ich bringe Lakritz mit. Ja, tschüss dann, Liebling.«

Micke wartete, bis sie das Zimmer verlassen hatte, dann sagte er leise: »Wenn in der Schule jemand fragt, kannst du erzählen, dass ich drei von ihnen niedergeschlagen habe, bevor sie mich gekriegt haben? Und dass sie Waffen dabeihatten.«

»Na klar«, versprach ich. »Das haben Gangstergangs ja schließlich. Ich sage, dass du einem von ihnen mit einem Roundkick die Pistole aus der Hand geschlagen hast.«

»Super«, sagte er. »Danke, David.«

»Kein Problem«, erwiderte ich und folgte seiner Mutter nach draußen.

Auf dem Weg nach Hause sagten wir nicht viel. Mickes Mutter saß in ihre eigenen Gedanken versunken und ich in meine. Erst als wir vor ihrem Haus vorfuhren, begann sie wieder zu reden.

»Danke, dass du mitgekommen bist«, sagte sie.

»Keine Ursache«, erwiderte ich und öffnete die Tür. Mein Plan war, so schnell ich konnte zu Maja zu rennen und sie möglichst dazu zu bringen, mir zu verzeihen. Vielleicht, indem ich erzählte, wie edel ich war, der ich meinen Freund im Krankenhaus besucht hatte.

»Du weißt, wie schwer Micke es hat, oder?«, fragte sie.

»Was?«, sagte ich.

»Er hat ja nur dich. Ansonsten ist er völlig einsam.«

»Nur mich?«, begann ich. »Aber ...«

»Wir sind so dankbar, David. Weil du ein so guter Freund bist. Ich weiß nicht, was er sonst tun würde.«

Aber ich. Nicht von Neonazis misshandelt werden, zum Beispiel.

»Ich hoffe, deinen Eltern ist klar, was für einen feinen Sohn sie haben«, sagte sie. »Wir jedenfalls wissen es.«

Ich nickte, schluckte einen großen Klumpen Scham herunter, der sich im Hals festgesetzt hatte, und stieg aus dem Auto. Dann ging ich langsam bis zur Ecke, danach fing ich an zu rennen. In dem Versuch, effektiv zu sein, schüttete ich unterwegs etwas Likör in mich hinein, damit ich nicht allzu nervös und schnell wäre, wenn die Dinge heiß wurden. Es war ekelhaft, im Laufen zu trinken, aber es gelang mir, die Übelkeit zu unterdrücken und das Tempo hoch zu halten, und exakt um halb acht Uhr stand ich vor Majas Tür.

Ich setze die Kippa auf den Kopf und klingelte. Es dauerte nur wenige Momente, dann wurde die Tür geöffnet und ein älterer Mann in weißem Hemd stand vor mir. Das musste Majas Vater sein. Jedenfalls sah er so aus wie ein richtiger Volksparteiler.

»Ist Maja zu Hause?«, fragte ich.

Der Mann betrachtete mich von Kopf bis Fuß, bis sein Blick schließlich bei der Kippa hängen blieb.

»Wer bist du?«, fragte er und schnüffelte ein wenig in der Luft, wie Rita Goldmann es bei Oma gemacht hatte.

»Ich war mit Maja verabredet, bin aber etwas verspätet. Ein Freund von mir ist im Krankenhaus.«

»Im Jüdischen Krankenhaus?«, fragte er.

»Was? Nein. Doch, genau«, sagte ich und rückte die Kippa zurecht. »Im Jüdischen Krankenhaus.«

»Aha«, sagte er. »Nein, leider ist Maja nicht zu Hause. Sie

ist vor einer Stunde gegangen. Wollte irgendwelche Freunde treffen. Ich weiß nicht, wie lange sie wegbleiben wird.«

»Aha«, sagte ich wieder. »Ja, dann tschüss.«

»Fröhlichen Schabbat«, sagte der Mann und schlug die Tür zu.

Ich falle in den neunten Kreis – die andere Gefahr – Jungs sind so verdammt dumm

Den ganzen Sonntag über versuchte ich, Maja zu erreichen, doch jedes Mal, wenn ich anrief, sagte ihr Vater, sie sei nicht da. Und als ich sie am Montag in der Schule traf, war sie stinksauer.

»Wo warst du am Samstag?«

»Na ja«, begann ich, »das ist ein bisschen witzig, es war nämlich so, dass …«

»Papa hat gesagt, am Abend sei ein besoffener Typ mit Kippa vorbeigekommen«, unterbrach sie mich. »Aber da hatte ich schon den halben Tag rumgesessen und gewartet.«

»Ich war nicht besoffen«, beteuerte ich. »Ich hatte nur ein paar Weinbrandpralinen gegessen.«

Maja sah mich an, als wäre sie Staatsanwältin und ich ein Tatverdächtiger, den sie wegen Mordes festnageln wollte. Hier gab es nur eine Strategie: zu Kreuze kriechen.

»Entschuldige«, sagte ich. »Es war keine Absicht, dass ich so spät gekommen bin. Ich musste ins Krankenhaus.«

»Warum denn? Ist was passiert?«

Mit einem Mal sah sie ehrlich besorgt aus und das war natürlich erfreulich.

»Es ging um Micke«, erklärte ich. »Er ist zusammengeschlagen worden.«

»Micke?«

»Micke aus der Parallelklasse. Der mit den Pickeln.«

»Das Ekel? Kennst du den?«

»Na ja, wie man's nimmt«, sagte ich.

»Der ist sicherlich einen Monat lang hinter Ankan hergerannt. Hat die ganze Zeit hechelnd an ihrem Spind rumgehangen und so. Der ist dein Freund?«

Man war nicht besser als die Leute, mit denen man sich umgab, so viel hatte ich während meines kleinen Augenblicks im Glanz der Sonne schon gelernt. Hier musste ich mich wieder entscheiden: die Wahrheit sagen und sozialen Ausschluss riskieren oder versuchen, mich aus der Situation herauszulügen.

»Seine Mutter glaubt das«, sagte ich. »Sie wollte, dass ich mitfahre, und meine Mutter auch. Und plötzlich saß ich einfach da im Auto.«

»Machst du immer alles, was deine Mutter sagt?«

»Nein«, beeilte ich mich zu sagen, »das kam einfach so.«

Maja sah nicht beeindruckt aus.

»Mich glotzt er auch an«, sagte sie.

»Was?«

»Garantiert geht er hinterher nach Hause und holt sich einen runter. Genau so sieht er aus. Wie einer, der sich andauernd einen runterholt.«

Um ehrlich zu sein, stimmte das wahrscheinlich so ziemlich, aber das sagte ich natürlich nicht. Schließlich hatte ich versprochen, Micke als einen Helden darzustellen.

»Er ist von einer Gangstergang aus Stockholm überfallen worden«, sagte ich. »Hat drei von denen niederschlagen können, ehe sie sich auf ihn gestürzt haben.«

»Das geschieht ihm recht«, sagte Maja. »Er hat Elin einen Ball an den Hinterkopf geworfen. Sie hätte eine Gehirnerschütterung kriegen können.«

»Ja«, gab ich zu, »aber Krille und Olof hatten angefangen.«

»Was? Ergreifst du jetzt auch seine Partei?«

Sie sah aus, als würde sie gleich wieder wütend werden, und da erlitt ich eine Gehirnohnmacht und der letzte kleine Fetzen Würde, den ich noch besaß, löste sich in Luft auf.

»Ich mache nur Witze«, sagte ich. »Dieses Ekel hat genau gekriegt, was er verdient.«

Und dann begann ich in dem Versuch, mich gut darzustellen, von Mickes seltsamen kleinen Eigenheiten zu erzählen, von seinen Fantasien über verheiratete Frauen und den lächerlichen Lügen, die er erfand, um cool zu wirken. Je mehr ich redete, desto mehr fühlte ich mich wie Judas, der Jesus für dreißig Silberlinge verkaufte, oder wie Brutus, als er das Messer in Caesar rammte.

»Oh nee«, sagte Maja, nachdem ich fertig war, »was für ein verdammter Loser.«

»Ja«, sagte ich und versuchte, nicht daran zu denken, wie seine Mutter sich bei mir bedankt hatte. *Er hat ja nur dich.*

»Du«, sagte Maja.

»Ja«, antwortete ich.

»Deine Kippa sitzt schief.«

Sie rückte sie zurecht und gab mir einen Kuss auf die Wange.

»Ich muss jetzt in den Unterricht«, sagte sie. »Sehen wir uns später?«

»Ja«, sagte ich. »Gerne.«

So tief war ich gefallen. Den ganzen Weg hinab zu den anderen Verrätern im neunten Kreis in Dantes Inferno. Aber das würde Micke niemals erfahren. Von jetzt an würde ich einfach nur nett zu ihm sein. Ich würde ein guter Freund sein, immer seine Partei ergreifen und zu niemandem ein böses Wort über meinen Sandkastenfreund sagen. Immerhin hatte er ja die Schläge für mich eingesteckt, was wiederum bedeutete, dass ich jetzt vielleicht in Sicherheit war. Zumindest war Mange vermutlich zufrieden. Er hatte einen Juden prügeln wollen und das hatte er bekommen, meinte er jedenfalls. Vielleicht war es gar nicht so wichtig, um wen es sich handelte. Denn die waren ja doch alle gleich. Die gleiche Art hinterhältiges, gieriges Ungeziefer. Zumindest versuchte ich mir einzureden, dass die Gefahr jetzt vorüber war. Doch das funktionierte nicht wirklich. Ich hatte trotzdem Angst. Schließlich war jetzt offenbar, dass die Nazis es wirklich ernst meinten.

Also schaute ich mich weiterhin gründlich um, wenn ich nach Hause ging, um sicher zu sein, dass mir niemand folgte. Und wenn ich bei unserem Haus angelangt war, blieb ich für den Rest des Tages dort. Die einzige Gelegenheit, zu der ich das Gefühl hatte, aus der Deckung kommen zu können, war, wenn ich in der Schule mit Maja und ihrer Gang zusammensaß.

Und vielleicht erkannte ich deshalb die andere Gefahr nicht. Die marschierte eines Tages gegen Ende der Woche aus entgegengesetzter Richtung in die Cafeteria, als wir gerade dasaßen und über Freiheitskampf redeten.

»Sieh mal an, wer hier ist«, sagte Elin.

»Ach du Scheiße«, sagte Maja.

Von hinten im Korridor kam ein Mann auf uns zu. Es

dauerte eine Weile, bis ich ihn von der Demonstration her erkannte, weil er so erwachsen aussah. Sicherlich eins fünfundachtzig groß mit so einem Dreitagebart, wie die Models von Boss und Armani ihn hatten.

»Hallo, Maja«, sagte er.

Maja sah nicht einmal auf. Stattdessen rückte sie näher an mich heran und nahm meine Hand.

»Komm, wir gehen«, meinte er. »Wir müssen reden.«

»Nein«, sagte sie.

»Doch«, beharrte er und packte sie. »Das tun wir. Und nicht hier zwischen all den Vierzehnjährigen.«

Er versuchte, sie hochzuziehen, aber Maja sträubte sich. Sie klammerte sich so an mir fest, dass ihre Fingernägel sich in meine Haut bohrten.

»Verdammt, was machst du?«, fragte sie. »Lass mich!«

»Genau«, sagte Henrik. »Was soll das eigentlich?«

Tariq ließ los, scheinbar unsicher, was er tun sollte. Eine Weile stand er nur da und sah uns an. Elin, die höhnisch grinste, und Henrik und Ankan, die ihn wütend ansahen. Und dann landete sein Blick auf mir.

»Ein kleiner Vogel hat mir gezwitschert, dass du mit jemandem rummachst«, sagte er. »Aber ja wohl nicht mit dem hier, oder?«

»Das geht dich nichts an«, sagte Maja.

Er machte einen Schritt vor und legte seine Hände auf ihre Schultern.

»Jetzt komm schon«, sagte er. »Ich hab keine Lust mehr auf das hier. Wir gehen.«

»Rühr mich nicht an«, sagte sie. »David, sag ihm, dass er aufhören soll.«

Maja warf mir einen vielsagenden Blick zu und ich erkannte, dass es jetzt an der Zeit war, mich als würdig zu erweisen.

»Lass sie los«, sagte ich und stand auf. Ich reichte ihm kaum bis zum Kinn.

»Bitte, Maja«, meinte er. »Jetzt zick mal nicht rum. Komm, wir gehen.«

»Lass sie in Ruhe«, sagte ich.

»Hör schon auf, Kleiner«, entgegnete er. »Sie spielt mit dir. Das ist dir ja wohl klar, oder?«

»Er redet nur Mist«, sagte Maja. »Lass mich los, du elender Faschist.«

»Ich bin Palästinenser, verdammt noch mal.«

»David ist Jude, aber er unterstützt trotzdem euren Kampf. Er ist doppelt so viel Mann wie du.«

Und da ließ Tariq sie los, woraufhin Maja sich schnell an mir vorbeidrückte und hinter mich stellte.

»Sag ihm, dass er abhauen soll«, flüsterte sie.

»Hau ab«, sagte ich.

»Reicht das nicht, was ihr im Westjordanland macht?«, fragte er. »Willst du jetzt auch noch mein Mädchen besetzen?«

»Sag ihm, er soll zur Hölle fahren«, flüsterte Maja.

»Fahr zur Hölle«, sagte ich.

»Hör schon auf«, erwiderte Tariq und schlug mir die Kippa vom Kopf.

»Das ist respektlos«, warf Henrik ein.

»Genau«, pflichtete Ankan ihm bei.

»Zeig's ihm, David«, sagte Maja. »Sonst wird er es nie begreifen.«

»Ja«, meinte Elin und grinste breit und sehr gemein. »Schlag ihn, David.«

Abgesehen von ein paar missglückten Prügeleien in der zweiten Klasse (die damit geendet hatten, dass ich in die Dornenbüsche geschubst worden war), hatte ich nicht die geringste Erfahrung im Prügeln. Aber ich hatte nicht vor, jetzt zurückzuweichen. Vor allen Dingen, da Maja so nah bei mir stand und in mein Ohr atmete.

Also machte ich es wie Rocky. Ich zog den Arm zurück, drehte meinen Körper und schlug zu. Im nächsten Moment landete meine Faust auf Tariqs Wange. Er fiel nicht zu Boden wie im Film, sondern stand nur da und glotzte mich an, als könnte er seinen Augen nicht trauen. Und dann bekam er so etwas Finsteres im Blick und im nächsten Moment lag ich niedergeschlagen auf dem Boden. Es war, als hätte ich einen Ziegelstein an den Kopf bekommen. Mein ganzer Schädel fühlte sich lose an und alles drehte sich.

»Wenn du noch mal mein Mädchen anfasst, dann schlage ich dich tot«, sagte er.

»Komm, Maja, wir gehen jetzt.«

»Spinnst du?«, fragte sie. »Hau ab.«

»Hey Mädel, hör mal auf zu spielen«, sagte Tariq.

Sie beugte sich zu mir herab.

»Armer David«, meinte sie, »du blutest ja.«

Sie legte ihre Hand auf meine Wange und sah mich liebevoll an. Ganz entgegen dem, was sie einem im Kindergarten beibrachten, lohnte sich Prügeln durchaus.

»Ich gehe jetzt«, verkündete Tariq. »Wir sehen uns.«

»Nein, das tun wir nicht«, sagte Maja.

»Wollen wir wetten?«, fragte er und verschwand.

Tariq hatte eben die Schule verlassen, da kam der Wachmann angerannt. Es schien sein Ding zu sein, direkt vor oder nach einer Schlägerei aufzutauchen.

»Ich habe gesehen, was passiert ist«, sagte er ganz außer Atem. »Ist er okay?«

Er beugte sich zu mir herunter.

»Du schon wieder, Junge?«, fragte er erstaunt. »Du scheinst wirklich ein Händchen dafür zu haben, in üble Sachen reinzugeraten.«

Ich versuchte, etwas zu sagen, doch es kam kein Wort raus.

»Kanntet ihr den?«, wollte der Wachmann wissen.

»Wen?«, fragte Maja.

»Den großen Kanaken, der ihn niedergeschlagen hat. Wisst ihr, wer das war?«

»Also«, begann Ankan. »Das ist ja Majas ...«

»Keine Ahnung«, fiel Maja ihr ins Wort. »Der ist einfach aufgetaucht und hat angefangen zu stressen. Ich habe ihn noch nie gesehen. Sicher irgend so ein Stockholmgangster. Armer David.«

Sie fuhr mir mit der Hand durchs Haar, dann den Nacken hinunter und begann, meine Schultern zu streicheln. Wenn sie nicht petzen wollte, dann würde ich es auch nicht tun, zumal das, was da passiert war, mindestens genauso auf mein Konto ging.

»Ich werde dem Rektor von dieser Sache Bericht erstatten«, versicherte der Wachmann. »Und du solltest eine Anzeige bei der Polizei aufgeben. Das sollte man bei rassistisch motivierten Verbrechen immer tun.«

Ich erwog kurz, etwas darüber zu sagen, dass Tariq es vielleicht zu Hause schwer gehabt hatte und eigentlich ein guter Kerl war, doch das ließ ich bleiben. Augenscheinlich war der Wachmann Skinheads gegenüber toleranter als Einwanderern.

»Sagt Bescheid, wenn er zurückkommt«, mahnte er. »Ihr müsst keine Angst haben. Ich weiß, wie man mit solchen Typen umgeht.«

Dann läutete es, aber anstatt in den Unterricht zu gehen, verschwanden Maja und ich auf die Behindertentoilette. Sie setzte sich auf den Boden und ich legte den Kopf auf ihren Schoß.

»Was für ein verdammter Idiot«, sagte sie.

»Du meinst, der Wachmann?«

»Tariq.«

Sie nahm ein Stück nasses Papier und wischte etwas Blut von meiner linken Wange.

»Hm«, brummte ich. »Scheint, als würde er immer noch glauben, dass ihr zusammen seid.«

»Ja«, sagte sie und grinste. »Jungs sind so verdammt dumm.«

15

Ich werde Kriegsheld – mein Besuch beim Rektor – das rassistische Herz des Wachmanns

Das Gerücht über das Geschehene verbreitete sich schnell.
»Ist das wahr?«, fragte Bengtsson der Hässliche, als ich tags darauf in die Schule kam.
»Was denn?«, sagte ich.
»Dass du von einer Kanakengang überfallen worden bist?«
Er sah überhaupt nicht provozierend aus wie sonst. Eher ein wenig beunruhigt.
»Nein«, antwortete ich. »Es war nur ein Typ.«
»Ein Glück, dass sie dich nicht erstochen haben. Das machen die nämlich immer.«
»Er hatte kein Messer.«
»Die hassen nämlich die Schweden. Und die Juden. Du hast ganz schön Glück, dass du noch lebst.«
»So schlimm war es nicht«, entgegnete ich. »Eigentlich.«
Bengtsson nickte ernst und sah mich respektvoll an, als wäre ich ein gerade von der Front zurückgekehrter Kriegsheld, der nicht über Kleinigkeiten klagen wollte. Um uns herum begann der Rest der Klasse ins Zimmer zu huschen. Sie hatten auch von der Sache gehört.
»Das ist ja voll fies«, meinte Socke. »Dass die einfach hier reinkommen und jemanden dermaßen zusammenschlagen können.«

»Ja«, sagte Karro. »Ich hab jetzt echt total Angst.«

»Zum Glück hat es ihn nicht schlimmer erwischt«, betonte Bengtsson. »Die hatten ja schließlich Messer und waren ganz schön viele.«

»Nein«, entgegnete ich. »So war es überhaupt nicht.«

»Aber David war so verdammt schnell«, schob Bengtsson nach. »Hat einfach ausgeteilt, als die sich auf ihn gestürzt haben. Pang, bumm, einfach so.«

Er kreiselte herum und begann, zu treten und in die Luft zu schlagen, um zu zeigen, wie ich im Kampf gegen den übermächtigen Feind vorgegangen war.

»Echt jetzt?«, fragte Karro.

»Deshalb haben sie ihn nicht getötet«, sagte Bengtsson. »Weil sie plötzlich Respekt vor ihm hatten. So was ist für Einwanderergangs wichtig.«

Hier hätte ich am liebsten mal »Stopp« gerufen und erklärt, was wirklich passiert war, aber Karro sah mich so bewundernd an, dass ich es nicht über mich brachte. Vielleicht weil ich so lange unsichtbar gewesen war. Dann ergriff man wohl die Chance, ein Held zu werden, mit beiden Händen, wenn sie sich ergab.

Abgesehen davon, dass es unter meinen Klassenkameraden die Runde machte, verbreitete sich das Gerücht auch bis in die Erwachsenenwelt der Schule. Das wurde mir klar, als Sport-Mats vor dem Unterricht am Donnerstag zu mir sagte, ich solle zum Rektor kommen.

»Es geht um den Überfall«, sagte er. »Er möchte dich ein paar Dinge fragen. Wenn du willst, kannst du dir für den Rest des Nachmittags freinehmen.«

Das Rektorenzimmer lag am anderen Ende des Gebäudes. In diesem Teil der Schule war ich erst ein einziges Mal gewesen, nämlich als wir uns bei der Schulschwester hatten impfen lassen müssen. Er war wie eine eigene kleine Welt: ein langer Flur, der von Türen gesäumt war, die in kleine Zimmer führten, wo Leute, die man sonst nie zu sehen kriegte, saßen und arbeiteten. Zum Beispiel gab es einen Berufsberater, dessen einzige Aufgabe zu sein schien, uns zu erzählen, wie langweilig und sinnlos alle Jobs waren. Und einen Berater, mit dem man reden konnte, wenn man nicht in den Unterricht wollte. Und dann war da das Büro des Direktors, ein Eckzimmer ganz am Ende des Flures. Ich ging hin und klopfte.

»Herein«, war eine Stimme zu hören.

Der Rektor saß hinter einem Schreibtisch. Er war ein langer, schmaler Mann mit dünnem Schnurrbart und Seitenscheitel, der mich an so einen mechanischen Spielzeugvogel erinnerte, der wippte und in ein Glas Wasser pickte. Den Eindruck machte er jedenfalls regelmäßig, wenn er auf der Bühne der Aula eine Rede hielt und dabei heftig vor und zurück schwankte.

»Sieh an, David«, sagte er und warf einen schnellen Blick auf meine Kippa. »So heißt du doch, oder?«

»Ja«, bestätigte ich.

»Sehr schön, sehr schön«, entgegnete der Rektor. Doch es sah überhaupt nicht so aus, als würde er das auch wirklich meinen, eher das Gegenteil.

»Nun«, fuhr er fort. »Du weißt sicher, warum du hier bist. Es geht um das, was unlängst passiert ist. Wie fühlst du dich?«

»Gut«, sagte ich. Der Rektor lächelte. Das sah aus, als sei er es nicht gewohnt und versuche jetzt angestrengt herauszufinden, wie man das machte.

»Nun«, begann er und räusperte sich. »Lasse möchte, dass wir bei der Polizei Anzeige erstatten. Doch bevor wir solche drastischen Maßnahmen ergreifen, möchte ich erst einmal deine Seite der Geschichte hören.«

»Lasse?«

»Lars. Unser Schulwachmann. Er sagt, wenn wir hier nicht hart gegen hart setzen, dann wird die Einwanderergang die Schule übernehmen. Wird anfangen, Drogen zu verkaufen und unsere Schüler zu erpressen.«

»Es war keine Gang«, erklärte ich.

»Ehrlich?«, erkundigte sich der Rektor. »Aber Lasse hat erzählt ...«

»Es war ein Missverständnis. Sie müssen keine Anzeige bei der Polizei erstatten.«

Der Rektor sah eindeutig erleichtert aus und jetzt lächelte er richtig. Er wusste also doch, wie man das machte.

»Bist du sicher?«, fragte er nach. »Lasse war sehr empört.«

»Ja«, antwortete ich.

Denn ich konnte ja wohl nicht Majas Ex anzeigen. Das würde garantiert alle Chancen, die ich bei ihr hatte, ruinieren.

»Wie schön!«, sagte der Rektor und begann, ein paar Papierstapel zu sortieren, die auf dem Tisch lagen. »Ja, dann ist ja alles aufgeklärt. Oder habe ich irgendetwas übersehen?«

Und mit einem Mal sah er wieder aus wie so ein Vogel, der nur kurz aufgetaucht war, und jetzt einfach nur in seine Papiere zurücktauchen wollte. Aber ich wollte noch was sagen.

»Doch«, sagte ich. »Da ist noch eine Sache.«
»Ja?«, meinte Direktor.
»Ich bin von Neonazis bedroht worden. Einer von ihnen hat versucht, mich nach dem Sportunterricht zu verprügeln.«
»Oje«, sagte der Rektor. »Das klingt schlimm. Aber waren das nicht die, die dich kürzlich überfallen haben?«
»Nein«, gab ich zurück. »Das waren nicht die.«
»Schön, schön«, sagte Direktor. »Und sehr gut, dass du davon berichtest. Denn du musst wissen, dass du immer hierherkommen kannst, wenn du über etwas sprechen möchtest. Dafür sind wir da.«

Jetzt sah er wieder so angestrengt aus, als würde er in Wirklichkeit das Gegenteil meinen.

»Okay«, sagte ich.

»Und wenn du dir Sorgen machst, dann könntest du vielleicht ausprobieren, das mit dem Jüdischen ein bisschen runterzudimmen. Lass die Kippa zu Hause. So was kann manche Leute provozieren.«

»Zum Beispiel die Neonazis?«, fragte ich.

»Ich sage ja nicht, dass es eine gute Idee ist. Ich denke nur, dass es manchmal vernünftig sein kann, den Ball etwas flach zu halten. Aber das machst du natürlich so, wie du selbst meinst.«

Als ich kurz darauf aus dem Rektorenzimmer kam, sprang mich der Wachmann an. Ich hatte ihn bisher noch nie aus der Nähe gesehen, bemerkte jetzt aber, dass er geplatzte Adern im Gesicht und auf der Nase hatte, wie bei den Alkis, die am Bahnhof rumhängen.

»Was hat er gesagt?«, fragte er.

»Wer?«

»Der Rektor. Wird er sie anzeigen?«

»Nein«, sagte ich. »So schlimm war es wirklich nicht. Und es war auch meine Schuld.«

Der Wachmann war ganz klar unzufrieden. Er murmelte etwas vor sich hin und dann sagte er: »Du musst dir nicht selbst die Schuld geben, Junge. Es ist nicht deine Schuld, dass die Juden das Westjordanland besetzen. Wir leben verdammt noch mal in Schweden und hier war es ruhig und friedlich, bevor all die Kanaken kamen. So wie die sich vermehren, wird es bald keinen richtigen Schweden mehr geben. Die sind ja wie die Ratten.«

Ich war erstaunt, wie ungezwungen er mir sein rassistisches Herz öffnete. Als würde er selbstverständlich annehmen, dass wir auf derselben Seite standen.

»Ich kann ein paar Journalisten anrufen und erzählen, was passiert ist, wenn der Rektor sich nicht traut«, fuhr er fort. »Sag mir einfach Bescheid.«

»Das mach ich«, meinte ich. »Versprochen.«

»Gut«, sagte der Wachmann und klopfte mir auf die Schulter. »Denn, weißt du, irgendjemand muss ja den Kampf gegen die Einwanderer aufnehmen, ehe sie dieses Land übernehmen. Dann wird es nämlich wie in Saudi-Arabien. Das ist etwas, was die meisten Menschen nicht kapieren. Dass wir uns im Krieg befinden.«

16
Die Geschichte verbreitet sich und mutiert – wenn es schlimmer wird, dann ziehen wir weg – Micke und ich schießen mit dem Luftgewehr

Dank der Fantasie von Bengtsson dem Hässlichen gingen die Geschichten über das, was mir passiert war, durch die Decke. Erst waren es nur wenige Personen, die mich überfallen hatte, dann waren es zehn mit Messern. Erst hatten sie mich sofort niedergeschlagen, dann wiederum hatte ich heldenmutig gegengehalten, bis der Widerstand übermächtig geworden war. Selbst bestätigte oder dementierte ich nichts, sondern nickte nur cool, wenn die Sache zur Sprache kam. Das war vielleicht moralisch nicht in Ordnung, aber da ich jetzt auch Tariq zum Feind hatte, konnten ein paar zusätzliche Unterstützer vielleicht nicht schaden. Dass die Anekdoten über den angeblichen Überfall sich auch außerhalb der Schule verbreitet hatten, davon hatte ich keine Ahnung. Das wurde mir erst klar, als ich am Samstagmorgen zusammen mit meiner Familie beim Frühstück saß.

»Das ist doch schrecklich«, sagte Papa und sah von seiner Zeitung auf. »Dass es immer zurückkommt. Was man auch tut.«

»Was denn?«, fragte Mama.

»Der Antisemitismus. Hier auf Seite sieben. Eine Gang hat in einer Vorortschule einen Jungen überfallen, der zu einer

Minderheit gehört. Ist doch klar, dass damit ein Jude gemeint ist. Was sollte er sonst sein? Ein Same?«

»Steht da, um welche Schule es sich handelt?«, fragte Mama.

»Nein«, antwortete Papa, »aber so was passiert doch immer irgendwo in Stockholm. Sicherlich sind das dieselben Gangster, die auch auf dem Nordfriedhof Hakenkreuze gesprüht haben.«

Er nahm die Zeitung wieder auf und las weiter. Blätterte ein paar Seiten und schob dann erneut den Kopf heraus, wie ein Schnorchler, der auftauchte, um Luft zu holen.

»Hat es in euren Schulen auch Ärger gegeben?«, fragte er.

»Nein, nein«, sagte ich.

»Nein, nein«, sagte meine Schwester.

»Gut, denn sonst würde ich hingehen und mal Tacheles mit denen reden«, erklärte Mama und schnitt ein paar Scheiben Brot ab.

»Und was willst du gegen zehn Araber mit Messern ausrichten?«, meinte meine Schwester.

»Was?«, fragte ich.

»Das stand im *Aftonbladet*«, fuhr sie fort. »Also nicht direkt, dass es Araber waren. Aber da wurde angedeutet, dass das, was passiert war, eine Verbindung zu irgendwelchen weltpolitischen Ereignissen habe. Und außerdem handelte der Artikel gleich daneben von Israels Übergriffen in Palästina.«

»Was hat das denn mit der Sache zu tun?«, fragte Papa.

»Und außerdem haben die angefangen.«

»Danke fürs Essen«, sagte ich. »Ich gehe eine Runde raus.«

Ich stellte Teller und Besteck in die Spülmaschine, zog

meine Jacke an und ging los, die Zeitung kaufen. Es gab tatsächlich einen Artikel, der beschrieb, was meine Schwester erzählt hatte. Darin äußerte sich eine anonyme Quelle auf ähnliche Weise zu dem Vorfall, wie unser Wachmann es getan hatte.

Das fühlte sich unfassbar seltsam an. Zu hören, wie das Gerücht in der Schule die Runde machte, war eine Sache, aber davon zu lesen, war etwas völlig anderes. Es schien, als wären die Lügen irgendwie Wahrheit geworden. Und damit nicht genug. Am Abend wurde der Überfall zu einem Thema in den Fernsehnachrichten und am nächsten Tag stand auf den Aushängen vorm Kiosk, wie eine bewaffnete Gang Schüler im Gymnasium terrorisierte. Die Schlagzeile lautete: »Das kann auch Ihrem Kind passieren.« Und wenn ich nicht gewusst hätte, was wirklich vorgefallen war, hätte ich mir sicherlich Sorgen gemacht, denn laut dem Artikel war das Opfer so schwer misshandelt worden, dass es auf der Intensivstation gelandet war und eine Zeit lang zwischen Leben und Tod schwebte. Doch trotz der zahlreichen Unwahrheiten war, abgesehen von dem kleinen weltpolitischen Kommentar des *Aftonbladet*, in den Zeitungen nichts Konkretes über den Hintergrund der Täter. Und das muss den Wachmann so richtig wütend gemacht haben, denn ich nahm an, dass er genau deswegen eigentlich Kontakt zur Presse aufgenommen hatte. Damit die Leute kapierten, wie die Einwanderer sich benahmen. Das hatte er schließlich zu mir gesagt. Jetzt würde es *wir gegen die* heißen.

Besorgt waren hingegen Mama und Papa, die den Nachrichtenverlauf mit wachsender Nervosität verfolgten. Bei jedem kleinen Detail, das dazukam, wurden sie noch aufgewühlter und am Sonntagnachmittag fing Papa sogar an, davon zu reden, nach Israel auszuwandern, und Sachen zu sagen wie: »Wenn es noch schlimmer wird, dann ziehen wir weg.«

Doch das würde nie passieren. Es gab nämlich niemanden, der Schweden mehr liebte als mein Vater. Er wollte ja nicht einmal im Urlaub ins Ausland fahren. Und nachdem er es keine paar Stunden mit Mamas Cousine aus Tel Aviv aushielt, wie sollte er da mit mehreren Millionen Israelis klarkommen? Trotzdem konnte er nicht aufhören, davon zu reden, wie judenfeindlich Schweden geworden war und wie wir nur in Israel nicht verfolgt sein würden. Und am Ende wurde es so anstrengend, sich all das anzuhören, dass ich es nicht mehr zu Hause aushielt. Am liebsten hätte ich mich mit Maja getroffen, doch es nahm niemand ab, wenn ich anrief, und ich wollte nicht unangemeldet auftauchen und riskieren, mich noch einmal zu blamieren. Also ging ich stattdessen runter zu Micke, um zu sehen, ob er aus dem Krankenhaus zurück war.

Ich fand ihn auf der Rückseite des Hauses. Er hatte eine Sammlung Miniaturfiguren auf einem Regal vorm Schuppen aufgestellt, auf die er mit einem Luftgewehr schoss.

»Wann bist du nach Hause gekommen?«, fragte ich.

»Mittwoch. Hatte aber keine Lust auf Schule, deshalb habe ich so getan, als hätte ich Schmerzen. Meine Mutter ist sofort drauf eingegangen. Man kann sie so verdammt leicht reinlegen.«

Er hielt das Luftgewehr an die Schulter, zielte und drückte ab. Im nächsten Moment flog der Baby-Schlumpf vom Regal.

»Hast du ein neues Gewehr?«, fragte ich.

»Papa hat es gekauft, als ich nach Hause kam. Das hat ein krass gutes Visier.«

Seit Grundschulzeiten schon hatten wir bei Micke mit dem Luftgewehr geschossen. Das war so gut an ihm. Dass er so viele krasse Sachen besaß und seine Eltern die ganze Zeit arbeiteten und keine Ahnung hatten, was er so trieb.

Micke klappte das Luftgewehr auseinander, stopfte eine neue Patrone rein und schlug den Lauf hoch.

»Pass auf«, sagte er, »Batman in die Eier.«

Er drückte ab und die Batman-Figur flog in die Luft.

»Schicker blauer Fleck übrigens«, sagte er und reichte mir das Gewehr. »Ich habe gehört, dass du auch überfallen worden bist. Von einer Menge Einwanderern mit Messern.«

»Nein«, sagte ich. »Das denkt sich Bengtsson nur aus.«

»Vielleicht war es dieselbe Gang, die über mich hergefallen ist. Die haben auf jeden Fall nach Knoblauch gerochen. Weil die so viel Keeebab essen.«

So sprach er es aus, mit einem langen »e«.

Ich zielte auf eine Legofigur, drückte ab und verfehlte.

»Es war keine Gang«, sagte ich und gab ihm das Gewehr zurück. »Es war Majas Typ oder ihr Ex-Typ. Ich glaube, er war eifersüchtig.«

»Auf dich?«, fragte Micke. »Warum das denn?«

»Also«, begann ich, »wir haben sozusagen …«

»Was?«

»Na ja, du weißt schon …«

Eine Weile lang sagte Micke gar nichts. Er sah total geschockt aus.

»Jetzt hör aber auf«, brach es schließlich aus ihm heraus. »Du und sie, ihr habt? Habt ihr …?«

Ich antwortete nicht, sondern nickte nur wieder so cool, wie um zu zeigen, dass ich all das getan hätte, was er sich vorstellte, aber keine große Sache daraus machen wollte. Vielleicht wollte ich Micke beeindrucken. Und er war beeindruckt. Das merkte man. Bestimmt ärgerte es ihn auch irgendwie, denn sonst redete er ja immer von Mädchen und ich hörte zu.

Und jetzt war es plötzlich umgekehrt. Ganz zu schweigen davon, dass es Maja wirklich gab.

»Weißt du«, sagte er und setzte das Auge ans Visier, »ich mag ihre Freundin.«

»Elin?«, fragte ich. »Ich dachte, die kannst du nicht leiden.«

»Nein. Annika.«

»Ankan?«

»Die ist irgendwie nett. Kannst du mir nicht helfen? Wo du jetzt Maja kennst. Die beiden hängen doch immer zusammen rum. Kannst du nicht ein gutes Wort für mich einlegen? Ich bin immer so schüchtern, wenn sie in der Nähe ist.«

»Im Ernst?«, fragte ich. »Wo du doch mit so vielen Mädchen zusammen warst.«

Ich sagte das ganz ernst, damit Micke nicht dachte, ich würde mich über ihn lustig machen. Aber plötzlich schien es, als wäre es ihm egal, ob ich seine Lügen durchschaute oder nicht.

»Ach«, sagte er, »das hier ist was ganz anderes. Es fühlt sich irgendwie echt an. Aber erzähl es niemand, okay?«

Micke drückte ab und der Schlaubi-Schlumpf flog im hohen Bogen durch die Luft und schlug dumpf auf dem Rasen auf. Während Micke nachlud, tat ich mein Bestes, damit er mir die Scham und die Schuld, die ich empfand, nicht ansehen würde.

»Na klar«, beteuerte ich. »Wenn ich sie das nächste Mal sehe, werde ich ein richtig gutes Wort für dich einlegen.«

17

Liebt mich oder liebt mich nicht? – die Dicke Cissi rennt – der unangenehme Tonfall

Ich sah Maja weder am Montag noch am Dienstag und allmählich bekam ich den Verdacht, dass sie mir aus dem Weg ging. Bestimmt fand sie es lächerlich, dass ich von ihrem Ex umgehauen worden war. Mädchen wie sie wollten schließlich einen Sieger. Ich hatte genügend Highschool-Filme gesehen, um zu wissen, dass dem Verlierer bei einer Schlägerei nicht das Herz des schönen Mädchens zuflog. Außerdem wusste Maja schließlich, dass ich überhaupt nicht so tapfer und heroisch war, wie es das auf dem Schulhof kursierende Gerücht behauptete. Wahrscheinlich war das Einzige, was sie an mir mutig fand, dass ich eine Kippa trug, also machte ich – egal, was der Rektor sagte – damit weiter. Doch nicht einmal ich selbst fiel noch darauf rein. Ich wusste schließlich, was für ein Schisser ich in Wirklichkeit war, und je mehr Zeit verging, desto überzeugter war ich davon, dass auch Maja das begriffen hatte. Und am Mittwoch dann war ich so nervös, dass ich keine andere Möglichkeit sah, als zu Elin und Lina zu gehen, die in der Cafeteria saßen, um sie auszufragen.

»Hallo«, sagte ich. »Habt ihr Maja gesehen?«

Keine von beiden antwortete. Lina sah in eine andere Richtung und Elin warf mir einen raschen, verächtlichen Blick zu und begann, ihre Fingernägel zu untersuchen.

Ich nahm ein Paket Kaugummi aus der Tasche und streckte es ihnen hin.

»Wollt ihr?«

»Okay«, sagte Lina.

»Nein«, antwortete Elin und schlug Linas Hand weg. »Wir wollen dein blödes Kaugummi nicht.«

Zum Glück sollte ich Micke nicht mit der verkuppeln, denn Elin sah so aus, als würde sie mir am liebsten das Herz aus dem Leib reißen.

»Was ist denn los?«, fragte ich.

»Zuerst schleichst du dich in unsere Gang rein, indem du so tust, als wärst du für uns, und dann wirst du ein Held, obwohl alles gelogen ist. Wir waren schließlich dabei, verdammt noch mal. Wir haben gesehen, was passiert ist.«

»Ich kann doch nichts dafür, was andere reden«, erwiderte ich leise.

Ich hoffte, mein Tonfall würde auch Elin dazu bringen, die Stimme zu senken, sodass die Leute um uns herum nicht alles mithörten. Und es funktionierte. Sie wurde leiser, aber nicht freundlicher.

»Du glaubst wohl, dass diese Kippa dich wahnsinnig cool macht, was?«, sagte sie. »Aber du kapierst gar nichts. Maja macht das immer so. Sie spielt mit den Leuten.«

»Nein, so eine ist sie nicht«, entgegnete ich.

Elin lachte überlegen, als wüsste sie so viel mehr über all das hier als ich.

»Du glaubst ja wohl nicht, dass sie dich ernsthaft will, was?«, fragte sie. »Sie hat doch einen Freund.«

»Die haben Schluss gemacht.«

»Bist du blöd, oder was? Maja war die ganze Woche mit

Tariq zusammen. Sie wollte ihn nur eifersüchtig machen. Das hast du aber ja hoffentlich kapiert.«

Ich wusste nicht, was ich sagen sollte, aber ich bereute definitiv, ihnen Kaugummi angeboten zu haben.

»Wenn du mir nicht glaubst, dann frag sie selbst«, sagte Elin. »Da kommt sie.«

Und wirklich. Ein Stück entfernt den Flur entlang kam Maja. Als sie uns sah, blieb sie stehen und winkte.

»Komm, Lina. Wir hauen ab«, sagte Elin und stand auf. »Ich hab keinen Bock auf das hier. Das ist zu tragisch.«

Sie gingen zu Maja.

»Hallo«, sagte Maja und umarmte die beiden. »Wo wollt ihr hin?«

Elin flüsterte ihr etwas ins Ohr, woraufhin beide anfingen zu kichern. Ich setzte mich und tat so, als würde ich die Kritzeleien auf dem Tisch lesen. Obwohl ich nicht wissen konnte, ob sie über mich redeten, war ich doch sehr besorgt. Sicherlich hatte Elin recht. Das war die einzig vernünftige Erklärung. Warum sollte ein Mädchen wie Maja sonst Interesse an jemandem wie mir haben? Offensichtlich hatte ich mich in meinen selbstmitleidigen Gedanken verloren, denn als ich das nächste Mal aufsah, waren Elin und Lina verschwunden und Maja stand neben dem Tisch und musterte mich mit erstaunter Miene.

»Krass, wie traurig du aussiehst«, sagte sie. »Ist was?«

Ich sah ihr ins Gesicht. Sie klang überhaupt nicht höhnisch, sondern war einfach nur süß.

»Wie geht es dir?«, fragte sie und legte eine Hand auf meine Wange. »Hast du Schmerzen?«

»Ich habe dich mehrere Tage versucht zu erreichen«, erklärte ich. »Wo warst du?«
»Hatte echt viel zu tun.«
Sie ließ sich neben mir nieder und nahm ein Kaugummi aus dem Päckchen.
»Elin sagt, du wärst mit Tariq unterwegs gewesen«, sagte ich.
»Die redet viel. Kümmer dich nicht darum.«
»Sie sagt, ihr seid immer noch zusammen.«
»Er ist einfach ein bisschen eifersüchtig.«
»Du triffst ihn also weiterhin?«
Maja wuschelte mir durch die Haare und sah mich an, wie Erwachsene manchmal ihre kleinen Kinder ansehen, wenn sie etwas Niedliches gesagt haben.
»Du denkst zu viel, David«, meinte Maja. »Mach nicht alles so kompliziert.«
Dann küsste sie mich mitten auf den Mund und da beschloss ich, nicht weiter über die Sache zu reden. Stattdessen wechselte ich das Gesprächsthema und erzählte von meinem Besuch beim Rektor und wie er mich gebeten hatte, mit meinen jüdischen Attributen etwas runterzufahren. Doch anstatt – wie ich erwartet hatte – die Geschichte komisch zu finden, war sie empört.
»Machst du Witze?«, fragte sie. »Das ist ja, wie wenn man einem Mädchen die Schuld an einer Vergewaltigung zuschiebt, nur weil es einen kurzen Rock anhat.«
»Findest du?«
»Das sind die reinsten Faschistenmanieren. Weiß er nicht, dass wir in diesem Land ein Recht auf freie Meinungsäußerung haben?«

Sie sah richtig wütend aus, als ob der Rektor sie mit seinem Vorschlag stellvertretend für mich beleidigt hätte.

»Du findest also nicht, dass ich sie zu Hause lassen soll?«, fragte ich.

»Die dürfen nicht bestimmen, was du anhast«, sagte sie. »Du bist hier das Opfer. Wenn der Rektor nicht damit umgehen kann, dann ist das sein Problem und nicht deines.«

Sie nahm meine Hand und drückte sie fest.

»Du«, sagte sie, »jetzt weiß ich, was wir auf der nächsten Demonstration machen werden.«

»Was denn?«, fragte ich.

»Das wird so wahnsinnig gut. Das werden alle toll finden.«

Und das war der Moment, in dem ich bemerkte, dass die Dicke Cissi dastand und uns anstarrte. Sie sah völlig fertig aus. Ihre Unterlippe zitterte und die Augen glänzten feucht, als würde sie jeden Moment in Tränen ausbrechen.

»Was ist denn mit der los?«, fragte Maja. »Die sieht ja aus, als hätte sie ohne Nachtisch ins Bett gehen müssen.«

»Ja«, meinte ich.

»Was ist denn?«, sagte Maja zu ihr. »Willst du was?«

Cissi antwortete nicht, sondern starrte uns nur weiter mit ihren großen, traurigen Augen an.

»Hörst du schlecht?«, fragte Maja. »Was glotzt du so?«

Und da war es, als würde Cissi zum Leben erwachen.

»Bist du Jüdin?«, fragte sie leise.

»Was?«, gab Maja zurück.

»Jüdin«, wiederholte Cissi. »David darf nur mit Jüdinnen zusammen sein. Weil seine Familie …«

Und dann kapierte sie es. Und Maja auch, denn auf ihrem Gesicht breitete sich ein fieses Grinsen aus.

»Was?«, fragte sie. »Habt ihr beide? Du und ... sie?«

Ich antwortete nicht, sondern saß nur da, mit Majas Hand in meiner, und spürte Cissis Blick auf mir. Ich wagte nicht aufzusehen. Stattdessen untersuchte ich ein Weilchen meine Hände. Streckte die Finger lang und schloss sie, als wollte ich kontrollieren, ob sie immer noch funktionierten.

»Was?«, wiederholte Maja. »Habt ihr jetzt oder nicht?«

Ich begann zu lachen, laut und falsch.

»Was? Spinnst du? Natürlich nicht«, erwiderte ich.

Es dauerte einen Moment, bis Cissi reagierte. Erst stand sie nur mit halb offenem Mund da und sah verwirrt aus, doch dann machte sie auf dem Absatz kehrt und rannte los.

Maja sah ihr nach. »Scheint, als wäre sie verliebt in dich«, sagte sie.

»Scheint, als wäre Tariq verliebt in dich«, entgegnete ich.

»Ja«, sagte Maja. »Möglicherweise.«

»Sollen wir nach der Schule was zusammen machen?« fragte ich.

»Heute nicht. Ich hab so viel zu tun. Aber wir können ja vor der nächsten Demonstration was organisieren.«

Sie gab mir einen Kuss, sagte Tschüss und verschwand den Flur entlang. Ich selbst saß noch ein Weilchen da und schämte mich. Dann ging ich nach Hause.

Ich rannte rein und riss die Tür auf.

»Oh, David«, sagte Mama und warf sich um meinen Hals.

»Was ist denn los?«

Papa kam in die Diele. Er hatte Tränen in den Augen und sah völlig hilflos aus.

»Wo ist Miriam?«, fragte ich. Papa antwortete nicht, sondern sah mich nur mit diesem verletzlichen, resignierten Blick an.

»Jetzt antwortet schon. Wo ist sie?«

»Es ist etwas passiert«, sagte Papa und schluckte. Und jetzt wurde es richtig schlimm, denn er hatte schon wieder diesen Tonfall vom Tag drauf, an dem Olof Palme ermordet worden war.

»Es ist Opa«, sagte Mama. »Er ist tot.«

18

**Beerdigung und Reuben Sandwich –
in Angst mariniert – höchstens fünf Scheiben –
ich verspreche, nie wieder Angst zu haben**

Opa hatte einen Herzinfarkt gehabt und war auf dem Badezimmerfußboden zusammengebrochen. Er musste schon mehrere Stunden dort gelegen haben, ehe Oma etwas gemerkt hatte, und da war es bereits zu spät gewesen. Das hatten die Leute vom Notarztteam gesagt: Dass sein Leben vielleicht hätte gerettet werden können, wenn sie ihn früher gefunden hätte.

Die Beerdigung fand einige Tage später auf dem Nordfriedhof statt und hinterher würde es zu Hause bei Oma einen Empfang geben. Sie tat mir so leid. So schwach und zerbrechlich wirkte sie, wie sie da vor der Kapelle stand und mit dem Rabbiner sprach, der die Zeremonie abhalten sollte. Er war ein bärtiger Amerikaner, den ich seit meiner Bar Mitzwa vor drei Jahren nicht gesehen hatte.

»Sieh mal einer an, Daniel«, sagte er, als er mich erblickte. »Wie nett.«

»David«, korrigierte Mama ihn.

»Natürlich«, sagte der Rabbiner. »Du bist groß geworden. Ein richtiger Mann.«

Der Rabbiner sprach mit einem lustigen Akzent, weshalb ihn niemand wirklich ernst nahm. Oma sagte immer, dass wir uns mit den allerschlechtesten Rabbinern zufriedengeben müssten, weil keiner nach Schweden kommen wolle. Man merkte, dass sie ihn nicht mochte, denn jedes Mal, wenn er einen Schritt auf sie zu machte, wich sie einen zurück. Doch das schien der Rabbiner nicht zu merken.

»Er war ein so herrlicher Mann«, sagte er. »Stets freundlich, wenn man ihn im Gemeindezentrum traf, und er wollte immer über Israel und die Politik sprechen.«

»Ja«, bestätigte Oma. »Das wollte er.«

»Es ist doch schade, dass die Guten scheinbar immer zuerst gehen«, meinte der Rabbiner. »Sehr, sehr traurig.«

»Entschuldigen Sie«, unterbrach ihn Oma und wich ein paar weitere Schritte zurück, »aber da ist jemand, den ich begrüßen muss.«

Denn jetzt begannen die Besucher, auf den Friedhof zu drängen. Eine Menge alter Männer und alter Tanten, die ich nicht erkannte. Erst begrüßten sie Oma, dann uns aus der Familie und danach gingen wir in die Kapelle. Opas Sarg stand in der Mitte. Er war aus Holz und in ein schwarzes Tuch mit einem Davidstern darauf eingewickelt. Wir setzten uns auf die Plätze, die dem Sarg am nächsten waren, und der Rabbiner trat vor und begann die Zeremonie. Er begrüßte alle, las ein Gebet und sagte etwas auf Schwedisch und Hebräisch. Und dann, weil er schon mal in Schwung war, begann er eine Erinnerungsrede.

»Josef war ein fantastischer Mann«, sagte er. »Er war immer so interessiert an den *current events*. Und er war stets fröhlich und nett und sehr beliebt in der Cafeteria des Zentrums, wo er immer ein Reuben Sandwich gegessen hat. Er liebte diese Sandwiches und wir haben oft darüber gesprochen, wo man die besten bekommt. Ich sagte New York und er sagte Berlin, obwohl ja jeder weiß, dass die Berliner Variante nicht so gut ist. Aber er hat behauptet, dass es so sei, man müsse nur wissen, wo man hingeht.«

Ich ahnte, dass auch der Rabbiner diese Sandwiches liebte, denn es sah so aus, als würde ihm das Wasser im Mund zusammenlaufen. Doch dann musste ihm eingefallen sein, wo er sich befand, und er hörte auf, über das Reuben Sandwich zu reden, und begann, über Opas Leben zu sprechen.

Das wiederum war so unpersönlich, dass es ihm jemand von außerhalb der Familie erzählt haben musste. Ein paar rasche Fakten darüber, wie Opa aus Deutschland geflohen und nach Schweden gekommen war, hart gearbeitet hatte, Oma kennengelernt und eine neue Familie gegründet hatte, mit der er in der Diaspora Wurzeln schlagen konnte – sodass die jüdische Kultur allen Schwierigkeiten zum Trotz weiterleben konnte. Danach begab sich der Rabbiner auf einen kleinen Ausflug in die Heiligen Schriften und verband Opas Schicksal mit dem Glauben, dass wir Juden Gottes auserwähltes Volk und alles Schlechte, was uns geschah, nur von Ihm gesandte Prüfungen seien. Und dass wir eines Tages für unsere Arbeit und unser Leiden belohnt werden würden. So wie damals, als wir von der Sklaverei in Ägypten befreit worden waren und nach vielen Jahren des Irrens durch die Wüste das Heilige Land gefunden hatten.

»Ganz zu schweigen vom Reuben Sandwich«, schlug er einen Bogen über das Ganze. »Das ist ein wirklicher Segen und man kann es im Gemeindezentrum zu einem vernünftigen Preis kaufen.«

Diese Schleichwerbung beendete die Rede des Rabbiners.

Danach war Papa an der Reihe. Er sah ein wenig verloren aus, wie er da am Sarg stand, wie ein kleines Kind, das von einem Elternteil nach vorne geschubst worden war.

»Mein Vater hat fast nichts von dem erzählt, was passiert ist, ehe er nach Schweden kam«, begann er. »Aber wir wissen natürlich, dass er schreckliche Dinge erlebt hat, genau wie so viele andere von euch, die heute hier sind.«

Papa räusperte sich und fuhr fort, das wenige über Opas Vergangenheit zu erzählen, von dem er wusste. Dass er Jura studiert hatte und seine Familie, ehe Hitler an die Macht kam, ein gutes Leben gehabt hatte. Wie sie dann später ihr Geschäft verloren, wie Opa gezwungen wurde, sein Studium aufzugeben, und wie er es auf Umwegen geschafft hatte, nach Schweden zu kommen. Es war die alte, gewöhnliche *Shoah*-Geschichte und Papa gab die Fakten wieder, die er kannte. Reihte sie nacheinander auf, als würde er von einem Teleprompter ablesen.

Etwas Persönliches sagte er hingegen nicht. Kein Wort über seine Beziehung zu seinem Vater oder von den Dingen, die Opa so offensichtlich ausgemacht hatten. Zum Beispiel seine Angst. Vor Neonazis und Polen und Menschen, die ihn auf der Straße ansahen (und von denen er sicher war, dass sie erkennen konnten, dass er Jude war). Oder wie seine Angst dazu führte, dass er sich fast nicht mehr traute, das Haus zu verlassen. Oder dass sie ansteckend war. Dass auch Papa Angst hatte und ich auch und alle anderen, die gelernt hatten, dass das Schlimmste, was passieren kann, auch passieren wird. So wie die alten Leute in der Kapelle. Denn als Papa von seinem Hauptthema abwich und über Fremdenfeindlichkeit und wachsenden Antisemitismus zu sprechen begann, sahen sie plötzlich so erschrocken aus, dass man meinen könnte, die Waffen-SS selbst würde draußen vor der Tür stehen und warten. Doch Papa bemerkte das nicht. Stattdessen fuhr er fort, die Versammlung noch ein wenig mehr in Angst zu marinieren, ehe er das Ganze damit abschloss, sie anschließend zu Oma nach Hause einzuladen.

Danach trugen sie Opas Sarg hinaus und senkten ihn ins Grab. Wir stellten uns in eine Reihe und gingen einer nach dem andern hin und warfen unsere Schaufeln Erde darauf, dann sprangen alle in ihre Autos und Taxis und fuhren nach Hause zu Oma.

Als wir dort ankamen, hatte Mama Essen, Kuchen und Pump-Thermoskannen mit Kaffee bereitgestellt. Um das zu spülende Geschirr möglichst zu minimieren, wurden Plastikbecher, Plastikbesteck und Pappteller benutzt, die nach beendeter Mahlzeit in einen Müllbeutel geworfen wurden, der von der Klinke herunterhing. Wie immer kam es darauf an, effektiv zu sein, ob es nun ums Aufräumen oder ums Essen ging.

Denn jetzt war die Zurückhaltung von der Beerdigung wie weggeblasen. Jetzt galt es, schnell zum Büfett zu gelangen und sich so viel wie möglich zu sichern, ehe einem die anderen zuvorkamen. Am erfolgreichsten waren die kleinen Tanten, die sich mit ausgefahrenen Ellenbogen und einer beeindruckenden Zielstrebigkeit nach vorn boxten und so große Portionen aufluden, dass man meinen konnte, sie hätten eine Woche nichts gegessen. Und als sie mitbekamen, dass es gepökelten Lachs gab, wurden sie völlig verrückt. Die erste Platte war in null Komma nichts leer, und als ich mit einer neuen Ladung aus der Küche lief, riss eine der Alten sie mir so heftig aus der Hand, dass ihre Fingernägel Kratzwunden auf meinem Unterarm hinterließen.

Der heftigste Ansturm geschah in der ersten halben Stunde. Da rannten meine Schwester und ich mit Schüsseln, die gespült oder neu befüllt werden sollten, zwischen Küche und Wohnzimmer hin und her. Doch dann beruhigte es sich ein wenig. Und da Mama es auf sich genommen hatte, den Besucherinnen, die versuchten, zu viel Lachs mit nach Hause zu nehmen, die Meinung zu sagen (wir hatten eine Grenze von fünf Scheiben gesetzt), machte ich eine Pause und stellte mich mit einem Glas *Pommac* an den Rand des Geschehens. Beerdigungen waren nicht mein Ding und ich wusste nicht, was die angemessene Antwort war, wenn die Leute kamen und mir ihr Beileid ausdrückten. Also hielt ich mich abseits und verdrückte mich unauffällig, wenn es so aussah, als würde irgendein Betagter auf mich zusteuern. Diese Strategie wandte ich so lange an, bis ich einmal durchs Wohnzimmer ging und sah, wie Oma von einer Schar alter Leute umringt war. Sie wirkte völlig fertig, also beschloss ich, sie zu retten.

»Hallo, Oma«, sagte ich. »Du wolltest mit mir über etwas reden?«

»Ja, genau«, meinte sie. »Ihr müsst mich entschuldigen, aber das hier ist wichtig.«

Sie machte sich von der Rentnertraube los, nahm meinen Arm und zog mich mit sich in die Diele. Auf dem Weg dorthin sammelte sie zwei Gläser mit Wein ein, die auf einem Tisch standen, und dann schlichen wir raus und setzten uns ins Treppenhaus.

»Danke, David«, sagte sie und nahm einen Schluck. »Ich hatte schon das Gefühl zu ersticken.«
Ich legte einen Arm um sie und hielt sie fest.
»Dadrinnen ist keine Luft mehr«, fuhr sie fort. »Nur noch Angst und Tod. Ich kenne nicht einmal die Hälfte dieser ganzen Tanten. Die sind doch nur hier, um zu essen und unsere Trauer in sich aufzusaugen.«
Sie nahm noch einen Schluck.
»Da hat mir dein Opa schon gereicht. Der hatte solche Angst, dass er kaum leben konnte. Und die ganze Zeit hat er davon geredet, wie schrecklich alles sei und dass die Nazis zurückkommen würden und von Typen mit rasiertem Schädel, die ihn in der Stadt anglotzen würden. Und was hat ihm das nun gebracht, die ganze Angst? Sie hat sein Leben vergiftet und meins dazu.«
Oma lachte, doch sie sah überhaupt nicht fröhlich aus.
»Ich werde nie wieder Angst haben«, sagte sie. »Hörst du, David? Ich werde nie mehr Angst haben.«
Ich umarmte sie noch fester und sie lehnte sich an mich. Omas Atem nach zu schließen, war das hier längst nicht das erste Glas, das sie sich gegönnt hatte. Doch wenn man auf der Beerdigung seines eigenen Mannes nicht betrunken sein durfte, wann dann?
»Und du auch nicht«, sagte sie.
»Was?«
»Versprich es mir. Dass du nicht so wirst wie die.«
»Wie die?«
»Opa und dein Vater.«
Oma führte das Glas zum Mund und schüttete den Rest des Weines in sich hinein.

»Wie ist es denn überhaupt gelaufen?«, fragte sie.

»Was denn?«

»Wovon du erzählt hast, als wir uns das letzte Mal gesehen haben. Mit dem hübschen Mädchen und dem Dickerchen und diesem Neonazi.«

»Daran erinnerst du dich?«

»Warum sollte ich das nicht tun?« Oma sah mich vorwurfsvoll an, als wollte sie mich zwingen zu sagen, was mir auf der Zunge lag. Dass ich gedacht hatte, sie sei so betrunken gewesen, dass sie sich kaum noch an ihren eigenen Namen erinnerte. Doch das wollte ich nicht. So was war Mamas Job, nicht meiner.

»Na?«, fragte sie. »Wie ist es gelaufen mit diesem Aktivistenmädel?«

»Ich glaube, sie mag mich«, sagte ich. »Oder sie versucht nur, ihren anderen Freund eifersüchtig zu machen. Ich weiß es nicht.«

»Und das Dickerchen?«

»Ich habe ihr gesagt, ich könnte aus religiösen Gründen nicht mit ihr zusammen sein. Aber dann hat sie mich mit der Hübschen gesehen und ist supertraurig geworden.«

»Oje«, sagte Oma. »Und der Nazi?«

»Ich weiß nicht«, sagte ich, »aber die ganze Sache scheint sich etwas beruhigt zu haben.«

»Die versuchen nur, einem Angst zu machen«, meinte Oma. »So machen sie es immer. Sieh dich einfach vor und gib Bescheid, wenn noch mehr passiert.«

»Okay«, sagte ich, ohne den Überfall auf Micke zu erwähnen oder dass ich der gefährdete Minderheitenjunge war, über den die Zeitungen so viel geschrieben hatten.

»Und versprich mir, keine Angst zu haben. Das macht die Sache nur schlimmer.«

»Ich verspreche es«, beteuerte ich.

Inzwischen war ich es derart gewohnt zu lügen, dass es ganz einfach so rauskam.

19

Micke ist schwer zu verkaufen – ein unbehagliches Treffen – ich erhalte ein Angebot, das ich nicht ablehnen kann

Am folgenden Tag dachte ich viel über das nach, was auf der Beerdigung passiert war, und ich nehme an, dass ich etwas abwesend wirkte, denn der Mathelehrer musste dreimal fragen, ehe ich begriff, dass ausgerechnet ich die Gleichung auf der Tafel ausrechnen sollte. Und als Ankan versuchte, nach dem Unterricht meine Aufmerksamkeit auf sich zu ziehen, musste sie sich richtig anstrengen, damit ich sie überhaupt bemerkte.

»Hallo, David«, rief sie. »Wie schön dich zu sehen.«

Sie umarmte mich und schlug mir dann auf eine kumpelhafte Weise mit der Faust auf den Arm.

»Wo warst du?«, fragte sie.

»Auf einer Beerdigung«, antwortete ich. »Mein Opa ist gestorben.«

»Oje. Wie schrecklich.«

Ankan nahm meine Hand und hielt sie – wie um den Faustschlag zu kompensieren – ein bisschen fester, als man es tut, wenn man nur Kumpel ist.

»Ich verstehe«, sagte sie. »Es ist hart, wenn jemand stirbt, den man liebt.«

Sie sah mir kurz in die Augen und senkte dann den Blick.

Und obwohl ich in dem ganzen sozialen Spiel so schlecht war, wusste ich doch, wenn ich sie küssen wollte, könnte ich es jetzt tun. Denn sie sah mich genau so an, wie die Heldinnen in Westernfilmen den Helden ansahen. Aber ich wollte Ankan nicht küssen. Ich wollte sie dazu bringen, Micke zu mögen. Also beschloss ich, sie daran zu erinnern, dass ich tatsächlich vergeben war.

»Weißt du, wo Maja ist?«, fragte ich.

Das funktionierte. Sie ließ meine Hand so schnell los, als hätte sie einen Stromschlag bekommen.

»Ich glaub, sie schwänzt mal wieder«, sagte sie. »Ist wahrscheinlich nach Stockholm gefahren, um mit der Aktivistengruppe rumzuhängen. Es ist einfach ihr Traum, da dabei zu sein und bestimmen zu können.«

»Echt jetzt?«

»Wusstest du das nicht?«, fragte Ankan. »Sie will doch die Welt verändern.«

In ihrer Stimme schwang etwas Sarkasmus mit. Als fände sie Maja naiv und albern.

»Willst du das nicht?«, fragte ich.

»Nicht nur für mich selbst«, erwiderte sie und verstummte, als wäre sie jetzt ein bisschen zu weit gegangen. Und da ergriff ich die Gelegenheit und versuchte, mich wie versprochen für meinen Freund einzusetzen.

»In dem Fall solltest du mit Micke reden«, empfahl ich.

»Mit wem?«

»Micke. Der neulich verprügelt worden ist. Der will eine Antigewaltorganisation aufmachen«, log ich. »Ich glaube, ihr beide würdet supergut zusammenarbeiten. Da könntest du eine ganze Menge helfen.«

»Ist das nicht dieser Typ, der immer rumsteht und Leute anglotzt?«, fragte sie. »Der mit den Pickeln?«

»Er ist einfach ein bisschen schüchtern«, meinte ich. »Weißt du, dass er drei Leute aus der Gang niedergestreckt hat, bevor es denen gelungen ist, ihn zu packen? Er hat eine ganze Woche im Krankenhaus gelegen, der Arme.«

Ich hatte gehofft, ein bisschen Mitgefühl und Sympathie hervorzulocken und gleichzeitig Ankan klarzumachen, was für ein Held Micke war. Doch das funktionierte überhaupt nicht. Ankan sah eher angeekelt aus. Und dann wechselte sie das Gesprächsthema.

»Weißt du, dass Henrik die ganze Woche lang eine Mütze von den Samen aufgehabt hat?«

»Echt jetzt?«, fragte ich. »Wie cool.«

»Das macht er, weil er so sein will wie du. Aber das funktioniert nicht. Nicht das, was man anhat, entscheidet, ob man echt ist oder nicht. Sondern, wie man ist. Und das finde ich stark an dir.«

Sie wurde rot, versetzte mir einen weiteren Schlag auf den Arm und rannte fast davon. Es war wirklich seltsam. Zum einen, dass Ankan in mich verknallt zu sein schien, und zum anderen, dass sie, die so schlau war, nicht durchschaute, dass ich ein Fake war. Das einzig Echte an mir war die Angst, von der ich Oma versprochen hatte, sie nicht zu haben. Aber das schaffte ich nicht und da war es das Nächstbeste, sie zu verstecken. Und das ging jetzt umso einfacher, da so viele in der Schule von meiner Heldentat und von meiner und Majas aufblühender Romanze gehört hatten und mich mit einer neuen Art Respekt betrachteten. Man merkte es daran, wie sie meinen Blick suchten, um Bestätigung zu bekommen, und zuhörten, wenn ich sprach, als wäre das, was ich sagte, wirklich wichtig. Tatsächlich wirkte das alles ein wenig berauschend. Vielleicht war ich deshalb, trotz der Ermahnungen von Oma, ein bisschen unvorsichtig geworden und hatte aufgehört, mich wie vorher so gründlich umzusehen. Wie sich herausstellen sollte, war das ein Fehler. Das erkannte ich aber erst ein paar Tage später, als ich den Fußgängertunnel betrat, in dem Micke überfallen worden war, und aus der anderen Richtung Mange und einen seiner Nazikumpel kommen sah.

»Hallo, du«, sagte er. »Erinnerst du dich an mich?«

Sie sahen lebensgefährlich aus. Der andere Typ war noch größer als Mange und hatte schräg über dem linken Auge ein Spinnennetz eintätowiert.

»Hörst du schlecht?«, fragte Mange. »Ich habe Hallo gesagt.«

»Hallo«, erwiderte ich und machte einen vorsichtigen Schritt rückwärts.

»Ist das der Jude?«, fragte der Kumpel.

»Ja«, sagte Mange zufrieden.

Ich machte einen weiteren Schritt zurück. Sie wirkten nicht sonderlich schnell, und wenn ich nur einen kleinen Vorsprung bekam, konnte ich ihnen vielleicht entwischen.

»Du bist ja jetzt voll berühmt, seitdem diese Kanaken dich überfallen haben«, fuhr Mange fort. »Mein Bruder meint, du wärst krass nervig geworden.«

Ich drehte mich um und rannte. Hinter mir fingen Mange und sein Kumpel an, laut zu lachen, aber es klang nicht so, als würden sie mir folgen, denn ich hörte keine Schritte. Vielleicht hatte Oma doch recht und sie wollten einem nur

Angst machen. Doch dann tauchten vor mir zwei Neonazis auf. Der größte von ihnen, ein muskulöser Typ mit Ziegenbart, versuchte mich zu packen, aber ich schaffte es zurückzuweichen. Und dann legte ich eine Basketballfinte hin. Tat so, als würde ich in die eine Richtung gehen, haute aber in die andere ab. Doch ich war nicht schnell genug und im nächsten Moment hatte irgendjemand meinen Pullover gepackt und mich auf den Boden geschleudert. Und da lag ich dann, von vier Paar Schuhen mit Stahlkappen umringt.

»Verdammt, ist der klein«, sagte einer von ihnen.

»Aber schnell«, meinte ein anderer. »Hat einer ein Bier?«

»Ja«, sagte ein Dritter. »Hier.«

Ich hörte das Geräusch einer Bierdose, die geöffnet wurde. Wie es zischte und dann jemand den Inhalt schluckte.

»Verdammt, das ist ja pisswarm«, sagte er.

»Wir geben dem Juden ein bisschen«, meinte Mange. »Der sieht so aus, als könnte er es gebrauchen.«

»Verdammt. Wir können doch an den kein Bier verschwenden.«

»Du hast doch selbst gesagt, es wäre pisswarm. Hier, nimm eins.«

Ich sah zu Mange hoch, der mit einer Dose in der Hand über mir stand. Er öffnete sie und reichte sie mir.

»Bitte«, sagte ich, »lasst mich gehen. Ihr kriegt alles, was ich habe.«

»Nimm das Bier«, verlangte Mange.

»Ich habe mehrere Tausend auf der Bank und kann mein Fahrrad verkaufen.«

»Du hast recht, Mange«, sagte der mit dem Spinnennetz-Tattoo. »Die reden immer von Geld.«

»Hörst du schlecht?«, fragte Mange mich. »Ich habe gesagt, nimm ein Bier.«
Und da nahm ich es.
»Trink es aus.«
»Was?«
»Bist du ein bisschen zurückgeblieben? Trink das Bier aus.«
Ich weiß nicht, warum er das machte und abwechselnd drohte und immer wieder was anbot, aber ich tat, was er sagte. Setzte die Dose an und trank, so schnell ich nur konnte, in so großen Schlucken, dass es übersprudelte und mir das Bier auf den Pullover lief.
»Dafür, dass er so klein ist, schluckt er ganz gut«, meinte einer von ihnen.
»Aber ein Teil landet daneben. Du musst die Kehle mehr aufmachen, Junge«, sagte ein anderer.
Ich versuchte zu tun, was er wollte, und am Ende gelang es mir, die Dose zu leeren.
»Willst du noch eins?«, fragte Mange.
»Nein, danke«, sagte ich.
»Doch, du kriegst eins«, verkündete er. »Hier. Und diesmal geht es schneller.«
Er gab mir noch ein Bier, das ich öffnete und anfing runterzuschütten. Auch wenn mir ein wenig übel war, so ging es jetzt leichter und nach weniger als einer Minute hatte ich alles intus.
»Gut«, sagte Mange. »Jetzt wollen wir ein bisschen Spaß haben. Anton, du kannst doch mal … «
Er verstummte, als eine Frau am Eingang des Fußgängertunnels auftauchte. Sie war so um die dreißig und sah mit

ihren schwarzen Hosen und dem dunklen Jackett aus, als wäre sie auf dem Weg vom Büro nach Hause.

»Und was macht ihr hier?«, fragte sie und musterte Mange vorwurfsvoll.

»Nichts. Wir haben einfach ...«

»... ein bisschen Spaß, was?«, ergänzte die Frau. »Aber das könnt ihr jetzt mal vergessen.«

Ich begriff nicht, wie sie so mutig sein konnte. Aber vielleicht war das alles, was nötig war: ein bisschen Zivilcourage. Denn obwohl die Nazis mehr waren und größer, widersprachen sie nicht.

»Helfen Sie mir«, bat ich. »Die wollen mich zusammenschlagen.«

»Nun mal ganz ruhig und noch ein Bier«, sagte Mange.

»Ich will kein Bier«, entgegnete ich. »Helfen Sie mir.«

»Gut«, sagte die Frau, »wenn er kein Bier will, dann gebt ihm kein Bier. Ist das so schwer zu verstehen?«

»Nein«, antwortete Mange, »aber ...«

»Das hier ist viel zu wichtig, als dass ihr es versauen könnt. Wir haben Pläne mit diesem Juden. Das weißt du sehr gut.«

Und da begriff ich, warum sie keine Angst vor den Neonazis hatte.

»Bist du denn sicher, dass er es ist?«, fragte sie weiter.

»Mein Bruder behauptet es«, sagte Mange. »Also, dass er der ist, über den sie schreiben.«

Die Frau betrachtete mich mit einem Blick, den man in einem Märchen eiskalt nennen würde. Sie trat vor und reichte mir die Hand. Und ich nahm sie. Etwas anderes wagte ich nicht.

»David«, sagte sie und half mir auf. »So heißt du doch?«

»Ja«, antwortete ich.

»Ich heiße Eva. Schön, dich kennenzulernen.«

Ganz langsam ließ sie meine Hand los und sah mir direkt in die Augen.

»Du musst wissen«, sagte sie, »dass wir nämlich deine Hilfe bei etwas brauchen.«

»Bei was?«, fragte ich.

»Nichts Besonderem. Nur ein kleiner Dienst unter Freunden.«

Sie zog ihre Brieftasche raus, nahm einen Zettel und reichte ihn mir. Darauf stand die Adresse zu einem Vereinsheim ein Stück südlich von der Stadt.

»Am Sonntag haben wir dort ein Treffen. Zieh deine Judensachen an und komm. Spätestens um vier Uhr solltest du da sein.«

»Aber ...«, begann ich.

»Spätestens um vier«, wiederholte sie. »Und sei pünktlich.«

»Wer sind Sie?«, fragte ich. »Und warum ...?«

Sie hob einen Finger und hielt ihn vor meine Lippen.

»Am Sonntag wirst du alles verstehen«, versprach sie.

»Was verstehen?«

»Und wenn du weißt, was für dich gut ist, dann sagst du zu niemandem ein Wort über das hier. Denn wir wissen alles über dich. Wo du wohnst, wo deine kleine Schwester zur Schule geht und welchen Weg deine Eltern auf ihrem Abendspaziergang nehmen. Und es wäre doch schade, wenn ihnen etwas zustoßen würde. Nicht wahr?«

Jetzt flüsterte sie und das machte alles noch unangenehmer.

»Komm am Sonntag, dann brauchst du kein Familienbegräbnis zu arrangieren. Und vergiss die Judensachen nicht. Tschüss, David. Bis bald.«

Nachdem sie alle weg waren, blieb ich noch eine Weile da hocken und atmete durch, dann ging ich nach Hause.

»Hallo, David«, sagte Papa, als ich zur Tür hereinkam.

»Hallo, Papa.«

»Komm und schau dir das an«, sagte er. »Im Nahen Osten scheint schon wieder was los zu sein.«

»Ich bin ein bisschen müde.«

»Bist du krank?«, war Mamas Stimme aus der Küche zu hören.

»Ja«, sagte ich. »Ich glaube, ich habe vielleicht Fieber. Ich gehe mal und lege mich ein bisschen hin.«

Bevor sie noch etwas anderes sagen konnten, verschwand ich in mein Zimmer und machte die Tür zu. Ich hatte keine Ahnung, was ich tun sollte. Zur Polizei konnte ich nicht gehen, das würde überhaupt nichts bringen. Und ich konnte auch keinem andern davon erzählen, sonst würde ich *ein Familienbegräbnis arrangieren* müssen. Nein, es war alles meine Schuld, also musste ich auch allein die Verantwortung dafür übernehmen. Keine Angst zu haben, wie ich es Oma versprochen hatte, das schaffte ich nicht. Aber ich würde die Konsequenzen meiner Taten tragen. Mehr als das konnte man nicht verlangen.

20

Ich bereite mich auf das Schlimmste vor –
das Treffen im Vereinsheim – der Alibi-Jude –
man kann sagen, was man will, aber feiern können sie

Der Rest des Wochenendes zog wie im Nebel vorüber. Den größten Teil der Zeit über lag ich in meinem Zimmer und malte mir all das Schreckliche aus, was passieren könnte. Wie die Nazis mich zu Tode prügelten und wie meine Eltern noch ein Begräbnis würden arrangieren müssen. Ich stellte mir vor, was sie sagen würden, wenn sie dann am Grab stünden. Wie sie weinen und erzählen würden, was für ein guter Sohn ich gewesen sei. Maja wäre auch da und die Tränen würden ihr die Wangen herunterkullern, während sie eine Rede darüber hielte, dass sie erst jetzt, da ich auf ewig verloren war, erkenne, wie sehr sie mich geliebt habe.

Je mehr Zeit verging, desto tiefer versank ich in meinen Gedanken, und als wir am Sonntag beim Mittagessen saßen, war ich völlig abwesend und bekam nicht mit, worüber der Rest der Familie redete. Und das merkten sie natürlich.

»Aber David«, sagte Mama, »wie geht es dir eigentlich?«

»Was?«, fragte ich und schaute verwirrt von meinem fast unberührten Teller auf.

»Ich habe gefragt, was du heute tun willst? Vielleicht möchtest du ja mit in die Stadt fahren. Ich will Blumenerde kaufen.«

»Das geht nicht. Ich treffe mich mit einem Freund.«
»Und mit wem?«, fragte Mama.
»Ach, nur ein Freund.«
Sie lächelte mich an und sah so geheimnistuerisch aus wie immer, wenn sie glaubte, sie könne mich geradewegs durchschauen.
»Es ist ein Mädchen, oder?«, fragte sie. »Bist du deshalb so abwesend, weil du an sie denkst? Du hast dein Essen ja kaum angerührt.«
»Was?«, fragte ich. »Nein. Oder, ich meine, ja. Natürlich. Es ist ein Mädchen.«
Denn es war am leichtesten, ihr einfach zuzustimmen.
»Ist es die Dicke Cissi?«, erkundigte sich meine Schwester.
»Sie heißt übrigens Cecilia«, sagte Mama. »Und so dick ist sie gar nicht. Oder ist sie das, David?«
»Nein.«
»Vergiss nicht, ein Kondom zu benutzen«, ätzte meine Schwester.
»Aber Miriam«, erwiderte Mama. »Wovon redest du denn? David ist ein vernünftiger Junge. Es ist doch klar, dass er ein Kondom benutzt, wenn er nun mit jemandem schlafen wird. Nicht wahr, David?«
»Ja, Mama«, sagte ich.
Meine Schwester sah aus, als würde sie gern noch etwas Sarkastisches hinzufügen, wurde aber von Papa unterbrochen.
»Ja, dann danke fürs Essen«, meinte er und stand auf. »Ich fahre jetzt zum Outlet.«
»Kauf nicht zu viel Mist«, mahnte Mama.
»Nicht doch, versprochen.«

Als Papa es bis in die Diele geschafft hatte, stand ich auf und rannte hinter ihm her.

»Tschüss«, sagte ich und umarmte ihn.

»Sieh mal an, David«, meinte er erstaunt. »Was ist denn los?«

»Nichts. Ich wollte nur Tschüss sagen.«

»Aha«, sagte er. »Ja, dann mal bis später.«

Als Papa gegangen war, ging ich in die Küche zurück und versuchte, noch etwas Essen runterzukriegen. Nach einer Weile wurde mir klar, dass Mama dastand und mich anstarrte.

»Das muss aber ein sehr spezielles Mädchen sein«, sagte sie, »so durch den Wind wie du bist.«

Ich zuckte mit den Schultern und begann, den Tisch abzuräumen. Steckte Glas, Teller und Besteck in die Spülmaschine und nahm einen Lappen und wischte den Tisch ab.

»Danke«, sagte ich dann und umarmte Mama.

»Wofür denn? Du hast ja fast nichts gegessen.«

»Ich weiß nicht«, antwortete ich. »Für alles.«

»Aber David«, meinte sie und lachte. »Du bist ja völlig durch den Wind.«

»Tschüss«, sagte ich zu meiner Schwester.

»Tschüss, du Loser«, erwiderte sie. »Grüß das Fakemädchen.«

»Du kannst mein Zimmer kriegen«, sagte ich.

»Was?«

»Du kannst mein Zimmer kriegen, wenn du es immer noch haben willst.«

»Was ist denn mit dir heute los?«, fragte sie. »Du bist ja total durchgeknallt.«

»Ach«, sagte ich. »Ich wollte einfach nur ein bisschen nett sein.«

Ich raffte meine Sachen zusammen und ging. Nahm den Bus zum Bahnhof, dann die S-Bahn in die Stadt und die U-Bahn bis zum Gullmarsplan. Danach dauerte es nicht lange, bis der 807er auftauchte. Ich bezahlte und setzte mich ganz nach hinten. Es war ein schöner Tag und alles da draußen sah aus, als wäre das ganze Leben ein einziges großes Wunder. Und obwohl ich nicht im Geringsten religiös war, faltete ich die Hände und sprach ein kleines Gebet. »Lieber Gott«, bat ich, »wenn du mir aus dieser Klemme hilfst, dann werde ich dein treuer Diener werden. Ich werde netter werden, aufhören zu lügen und meine Religion nicht benutzen, um Mädchen zu kriegen. Ich weiß, dass ich nicht dein bestes Kind gewesen bin, aber wenn du jetzt zu meiner Hilfe kommst, dann verspreche ich, es dir zurückzuzahlen. Amen.«

Ich nahm meinen Rucksack hoch und ging ihn durch. Die Nazifrau hatte mich gebeten, meine *Judensachen* mitzubringen, im Plural, deshalb hatte ich außer der Kippa noch meinen Gebetsschal und die Gebetsriemen von meiner Bar Mitzwa mitgebracht. Ich erinnerte mich zwar nicht mehr richtig, wie man die festzurrte, letztes Mal hatte mir jemand dabei geholfen, aber ich nahm mal an, dass es keine große Rolle spielte. Dass dieses Publikum, wie es auch immer aussah, in solchen Sachen bedeutend weniger kritisch sein würde als die Mitglieder der jüdischen Gemeinde.

Der Bus brauchte knappe zwanzig Minuten bis zur Endhaltestelle, einem tristen kleinen Parkplatz mit dazugehörigem Schnellimbiss und Tabakbude, umschlossen von einem Wald und einem Wohngebiet. Das Vereinsheim war ausgeschildert, deshalb ging ich das letzte Stück zu Fuß. Ich folgte einem Weg am Wald entlang, kam an einem Reihenhaus und dann an ein paar Mietshäusern und einem Fußballplatz vorbei. Schließlich war ich angekommen. Der Treffpunkt sah aus wie ein ganz gewöhnliches Versammlungsheim, so wie die, in denen sich Rentner treffen, um Bridge zu spielen und über Ahnenforschung zu diskutieren. Aber als ich näher kam, erkannte ich zwei große Typen mit rasierten Schädeln, die draußen saßen und rauchten. Offensichtlich war ich am richtigen Ort.

Ich blieb einen Moment stehen und sammelte Mut, dann ging ich los. Als ich die Stufen zur Veranda raufkam, trat einer der Typen vor und versperrte mir den Weg.

»Das hier ist eine Privatveranstaltung«, sagte er.

»Ich weiß«, erwiderte ich. »Ich bin eingeladen.«

Der Türsteher grinste.

»Bist du Journalist?«, fragte er.

»Ich bin hier wegen des Treffens.«

Er beäugte mich von oben bis unten, als wolle er entscheiden, welche Art Rassenfeind ich wohl sein könnte, und dann sagte er: »Du weißt schon, was wir hier machen, oder?«

»Ein Nazitreffen, nicht wahr?«

»Psst«, sagte er.

»Entschuldigung. Nationalsozialisten, meine ich.«

Der Türsteher schaute sich um, als wolle er sich versichern, dass auch niemand sonst zuhörte, obwohl nur wir zwei und sein Kumpel da waren.

»Wenn jemand fragt, dann ist das hier ein Ahnenforschertreffen«, sagte er. »Wer hat dich eingeladen?«

»Ich glaube, sie heißt Eva. Sie hat lange dunkle Haare und könnte so um die dreißig sein. Ziemlich hübsch.«

»Genau«, bestätigte er. »Eva Braun. Sie hat gesagt, es würde jemand kommen, der David heißt. Bist du das?«

Ich nickte.

»Eva Braun?«, fragte ich. »So wie Hitlers Frau?«

»Wahrscheinlich heißt sie in Wirklichkeit anders. Aber sie ist verdammt hübsch, da hast du recht. Komm rein.«

Der Saal war voller Neonazis. Reihe um Reihe saßen sie da: Männer mit Undercut in Stiefeln und Bomberjacken, zwischen sich das eine oder andere Mädchen mit blondierter Kurzhaarfrisur. Sie erinnerten an eine Armee gelangweilter Berufsmilitaristen, wie sie da halb auf ihren Stühlen lagen und zu dem kleinen Mann hochschauten, der in Anzughosen und beigefarbenem Jackett auf der Bühne des Versammlungsheims herumsauste. Mit seinem dünnen Haar, dem schütteren Bart und der schlechten Haltung sah er nicht sonderlich arisch aus, sondern mehr wie ein verpeilter Forschertyp, der etwas zu lange in einem Keller eingeschlossen gesessen hatte.

»Wir befinden uns an einem Scheideweg«, verkündete er. »Wenn wir nichts tun, wird es bald zu spät sein. Der Rassenkrieg muss jetzt beginnen.«

Er hielt inne, streckte den Arm raus und schrie: »Heil Hitler.«

»Heil Hitler«, antwortete das Publikum mehr oder weniger engagiert.

Ich schlich rein und setzte mich zwischen ein paar betrunkene Skinheads auf einen freien Stuhl in der letzten Reihe.

»Wir müssen den Kampf eröffnen«, deklamierte der Mann auf der Bühne weiter, »sonst werden sie unsere Kirchen zu Moscheen umbauen und das schwedische Volk versklaven.«

Die Jungs neben mir nahmen einen Schluck aus einer Flasche und reichten sie mir rüber. Ich führte sie an den Mund und trank. Das musste Desinfektionsmittel sein, denn es war so stark, dass es im Hals brannte.

»Da bist du ja«, war links von mir eine Stimme zu hören. »Gut.«

Ich wandte den Kopf – und da war sie, die Frau, die sich Eva Braun nannte.

»Hast du die Judensachen dabei?«

»Ja«, sagte ich. »In der Tasche.«

»Gut, komm mal mit.«

Ich folgte ihr in einen kleinen Raum direkt hinter der Bühne, von wo aus wir durch den Spalt im Vorhang den kleinen Mann beobachten konnten, der da draußen immer zorniger herumstampfte.

»Zieh dich um und bleib dann hier«, befahl Eva. »Sobald Ragnar fertig ist, werde ich sprechen. Und ich will, dass du dich bereithältst.«

»Bereit wofür?«

»Du wirst schon sehen.«

Auf der anderen Seite des Vorhangs beendete der kleine Mann seine Ausführungen mit einem letzten Hitlergruß und verließ die Bühne. Eva wartete ein paar Augenblicke, dann ging sie raus.

»Ich heiße Eva Braun und gehöre zur operativen Leitung der Reichsorganisation.«

Sie machte ein paar Schritte vor zum Rand der Bühne.

»Wir leben, wie ihr alle wisst, in den schwersten Zeiten denn je. Einwanderer strömen unkontrolliert nach Schweden herein und sind dabei, unser einst so stolzes Vaterland in einen muslimischen Vasallenstaat zu verwandeln.«

Ich setzte meine Kippa auf und begann, den ersten Gebetsriemen – den, der auf dem Arm sitzen sollte – festzuzurren.

»Unsere sogenannten Führer lassen das nicht nur geschehen, sie befördern es noch. Mit ihren naiven Ideen von Vielfalt führen uns diese Rassenverräter geradewegs ins Grab. In eine Welt, wo der Kanake bestimmt und der Schwede sein Sklave ist.«

Sie machte eine kleine Pause und schaute ins Publikum. Hielt inne, wenn es besonders dramatisch war, genau wie mein Schwedischlehrer immer sagte, dass man es tun sollte.

»Weder Journalisten noch Politiker wagen, die Dinge zu benennen, wie sie wirklich sind. Dass die Einwanderer unser Land zerstören. Dass sie unsere Steuergelder stehlen, unsere Frauen vergewaltigen und unsere schönen alten Traditionen sabotieren. Kinder dürfen keinen Schulabschluss mehr in der Kirche feiern, und wer die Nationalhymne singen will, wird Rassist genannt.«

Ich band den zweiten Gebetsriemen auf die Stirn, wickelte die Lederriemen ein paarmal um den Kopf und knotete sie mit einem simplen Knoten zusammen. Dann hängte ich mir den Gebetsschal um den Hals, schlich zum Vorhang und spähte hinaus.

»So gutgläubig und einfältig sind die Idioten, die unser Land steuern«, fuhr Eva fort, »dass sie nicht begreifen, dass die Werte der Einwanderer mit unseren nicht vereinbar sind.

Dass sie nicht erkennen, dass ein Flüchtling böse sein kann oder dass die Einwanderung enorme Probleme mit sich bringt.«

Zu jedem Punkt, den sie nannte, stampfte sie mit dem Absatz auf den Fußboden, als wolle sie ihre Argumente in die Köpfe des Publikums hineinklopfen. Und das schien zu funktionieren, denn die Zuschauer sahen aus, als würden sie jedes Wort aufsaugen.

»Das ist die tragische Wahrheit«, fuhr sie fort, »dass wir die Einzigen sind, die diese Situation erkennen. Nur wir begreifen, welche Opfer gebracht werden müssen, um Schweden als Schwedisch zu bewahren.«

»SCHWEDEN ALS SCHWEDISCH BEWAHREN!«, brüllte das Publikum.

Eva streckte die Hand zum Hitlergruß aus.

»Nur wir sehen die Bedrohung kommen.«

»HEIL HITLER!«, brüllte das Publikum.

»Nur wir durchschauen ihre Lügen.«

»HEIL HITLER!«

»Nur wir können dieses Land retten.«

»HEIL HITLER!«

Sie verstummte und ließ ein paar Augenblicke vergehen, ehe sie weitersprach, jetzt in einer bedeutend leiseren Tonlage.

»Aber wir haben einen Plan, der sie dazu bringen wird, die Wahrheit zu erkennen. Eine Geheimwaffe, die wir auf sie abfeuern werden.«

Sie zog den Vorhang beiseite und da stand ich in voller Judenmontur. Das muss ein unerwarteter Anblick gewesen sein, denn einen kurzen Moment lang starrten sie mich nur an, all die Nazis, die im Publikum saßen. Und dann begannen sie zu lachen und auf mich zu zeigen, als ob sie das Ganze für einen Witz hielten.

»Das hier ist David«, sagte Eva. »Unser Jude.«

Sie schwieg und ließ die Worte einsinken.

»Lange war sein Volk unsere größte Bedrohung. Sie, die mit ihrer globalen Verschwörung die Welt kontrollierten und ein Land nach dem anderen dazu brachten, die Grenzen zu öffnen, sodass die ausländischen Ratten hereinströmen konnten.«

Sie trat auf mich zu und rückte den Gebetsschal zurecht, sodass er gerade hing – genau wie eine jüdische Mama es auch getan hätte.

»Doch trotz der Bemühungen des Juden, die arische Rasse zu vernichten, gibt es jetzt dringendere Gefahren«, sprach sie weiter. »Zum Beispiel all die Einwanderer aus Afrika und dem Nahen Osten, die unser Land übernehmen wollen. Und wisst ihr, wen die mehr als alles andere hassen? Wer der Feind unseres Feindes ist? Genau, das ist der Jude.«

Sie wandte sich wieder ans Publikum.

»Nehmt nur den armen David hier, der auf offener Straße niedergeschlagen wurde, als er mit seiner Schwester unterwegs war. Erst haben sie ihn misshandelt und dann haben sie ihm ein Messer an den Hals gehalten und ihn gezwungen zuzusehen, wie sie seine Schwester vergewaltigten. Er flehte sie an aufzuhören. Weinte und schrie, dass sie doch erst dreizehn Jahre alt sei. Und da haben sie ihn auf die Knie gezwungen und ihm in den Mund gepisst.«

Eva sah so empört aus, dass man meinen konnte, sie würde das selbst glauben.

»Weil alle solche Angst haben, Rassisten genannt zu werden, wagt niemand mehr zu handeln«, fuhr sie fort. »Deshalb ist es an uns, dem Volk die Wahrheit zu zeigen, damit sie begreifen, dass die Einwanderer keine Opfer sind, sondern Täter. Und dass es schon so weit gekommen ist, dass der Jude uns bittet, ihn zu beschützen.«

Im Saal war es mucksmäuschenstill. Die Neonazis schienen nicht recht zu wissen, was sie hier glauben sollten, und ich auch nicht. Das war wirklich nicht, womit ich gerechnet hatte, als ich an diesem Morgen aufgewacht war.

»Mit der Hilfe unseres Juden werden wir dem Volk die Scheuklappen von den Augen reißen, sodass es sehen kann, wo die wirkliche Gefahr lauert. Also kümmert euch um David und schützt ihn, wenn die Kanaken kommen. Denn heute ist der Feind unseres Feindes unser Freund.«

Eva vollführte einen Hitlergruß. Dann sah sie mich vielsagend an, woraufhin auch ich den Arm ausstreckte. Das würde die Sache ja nun auch nicht mehr schlimmer machen. Und da begann das Publikum, zu klatschen und zu grölen und mit den Füßen zu stampfen, dass es eine einzige Freude war.

Wir standen eine Weile da und nahmen den Jubel des Volkes entgegen, dann senkte Eva den Arm und verbeugte sich. Ich folgte ihrem Beispiel und danach gingen wir zurück hinter die Bühne.

»Das ist ja gut gelaufen«, sagte sie.

»Kann man wohl sagen«, antwortete ich.

»Und du musst dir keine Sorgen machen. Wir werden dich beschützen, genau wie ich gesagt habe.«

»Kein Problem«, erwiderte ich. »Es wird sicher nichts passieren.«

Eva lachte erst und lächelte mich dann an, wie man es tut, wenn man einen Informationsvorsprung besitzt und etwas weiß, wovon der andere keine Ahnung hatte.

»Ich versichere dir«, sagte sie, »es wird definitiv etwas passieren.«

»Aha«, antwortete ich.

»Aber du musst keine Angst haben. Benimm dich einfach so wie immer. Und achte darauf, die ganze Zeit die volle Judenmontur zu tragen. Versuch, dir auch die Haare einzudrehen, damit du solche Schläfenlocken bekommst.«

Ich wusste nicht, was ich sagen sollte, also nickte ich nur freundlich, so wie ich annahm, dass es von einem tüchtigen Nazijuden erwartet wurde. Wenn Gott mein Gebet gehört hatte, dann musste Er einen sehr speziellen Sinn für Humor haben.

»Okay«, sagte ich. »War das alles?«

»Ja«, sagte Eva.

»Gut. Dann fahre ich jetzt nach Hause.«

»Nein«, erwiderte sie. »Du wirst hierbleiben und feiern.«

»Nein.«

»Doch!«

Sie schob mich in den Saal hinaus und zu den beiden Typen, auf die ich schon vor der Tür gestoßen war. Sie hatten sich gegenseitig die Arme um die Schultern gelegt und sahen mehr als entspannt betrunken aus.

»Kümmert euch um David«, befahl Eva ihnen. »Er ist jetzt einer von uns. Zeigt ihm, wie man feiert.«

Und das war es. Die Nazis schlangen ihre Arme um mich und reichten mir eine Flasche Schnaps, aus der ich einen großen Schluck nahm. Und dann bekam ich ein bisschen

Bier und eine Flasche Selbstgebrannten. Während wir tranken, begann die Musik aus den Lautsprechern zu strömen. *Ultima Thule* und *Vit Aggression*. Und rings um uns begannen die Menschen einer nach dem anderen herumzuspringen und zu tanzen. Jemand schickte mir eine kleine Flasche *Koskenkorva*-Wodka rüber und ich trank, so viel ich konnte. Danach wurde alles ein wenig verschwommen. Gewisse fragmentarische Erinnerungen habe ich, wie zum Beispiel, dass einer der Türsteherjungs mich umarmte und sagte, ich sei »so verdammt nett«. Und dass ich in einem Kreis von Skinheads headbangte und einer schrie »Tod allen Juden!« und sich dann zu mir umdrehte und sagte: »Also, nicht für dich. Du bist okay.« Außerdem habe ich eine schwache Erinnerung daran, auf den Schultern von jemandem herumgetragen worden zu sein, auf dem Klo mit einer tätowierten Nazibraut rumgemacht und auf dem Hof in eine Mülltonne gekotzt zu haben. Wie ich nach Hause gekommen bin, das weiß ich nicht mehr, doch auf rätselhafte Weise wachte ich tags darauf in meinem Bett auf, mit Kopfschmerzen, die mindestens so schlimm waren, als hätte mir jemand das Alte Testament auf den Hinterkopf gedonnert.

Man mochte über die Nazis sagen, was man wollte, aber feiern konnten sie.

21

Orthodox cool – alles, was etwas wert ist, hat seinen Preis – mehr als nur ein bisschen Vielfalt – die Gesichter des Kampfes

Ich sagte zu meiner Mutter, ich hätte Freistunden, und blieb im Bett liegen, bis der Rest der Familie das Haus verlassen hatte. Dann nahm ich eine Dusche und frühstückte. Während ich aß, grübelte ich über den seltsamen gestrigen Tag nach. Auf Evas Anordnung hatte ich die volle Judenmontur dabeigehabt, doch nun konnte ich weder meinen Gebetsschal noch die Gebetsriemen finden und hegte den starken Verdacht, dass ich beides im Suff verloren hatte. (Ich hatte eine vage Erinnerung daran, dass einige Neonazis vor dem Vereinsheim herumgerannt waren und einander damit gepeitscht hatten.) Deshalb beschloss ich, heute einen eher traditionellen Stil zu fahren, und holte *Das Heilige Land* aus unserem Bücherregal, um mich ein bisschen inspirieren zu lassen. Darin waren eine Menge Bilder von orthodoxen Juden, und auch wenn Papa immer sagte, das seien Idioten, sahen sie tatsächlich ziemlich cool aus. Auf jeden Fall die Männer, die weißes Hemd, lange dunkle Mäntel und schwarzen Hut und Anzug trugen. Und wären nicht ihre überdimensionierten Bärte und Schläfenlocken gewesen, dann hätten sie in jeden beliebigen Gangsterfilm gepasst.

Nachdem ich die Bilder eine Weile studiert hatte, ging ich

in mein Zimmer und suchte ein passendes Hemd heraus. Dann begab ich mich in den Abstellraum, wo wir alles aufbewahrten, was wir nicht brauchten, aber wegzugeben nicht übers Herz brachten (weil wir es von unseren Verwandten bekommen hatten). Dort fand ich alles, was ich brauchte: einen passenden Hut, ein schwarzes Jackett mit Schulterpolstern und einen dunklen Überrock, den ich, wenn meine religiöse Zeit vorüber wäre, auch anziehen könnte, falls ich jemals Frontmann in einer Hardrock-Band würde.

Der nächste Schritt war das mit den Locken. Ich ging ins Badezimmer, nahm eine Schere und fabrizierte durch Abschneiden von etwas Haar auf jeder Seite des Kopfes ein Haarbüschel, das ich dann mit Mamas Lockenwicklern aufrollte. Das Ergebnis war über Erwarten gut, und als ich mich selbst nach vollendeter Verwandlung im Spiegel betrachtete, unterschied mich nicht mehr viel von den jüdischen Teenagern im Buch.

Ich kam nach dem Mittag in die Schule, ein paar Minuten, bevor unser Religionsunterricht begann. Als Erstes traf ich auf die Dicke Cissi.

»Hallo«, sagte ich. Denn ganz gleich, wie feige ich war, fühlte es sich doch gemein an, sie nach allem, was ich angerichtet hatte, zu ignorieren.

»Hallo«, entgegnete sie leise.

Und dann fuhr sie zusammen, als würde sie erst jetzt merken, was ich anhatte.

»Das verstehe ich nicht«, sagte sie. »Bist du orthodox geworden? Also, richtig?«

»Hab ich doch gesagt«, erwiderte ich.

»Ich dachte, das hättest du dir nur ausgedacht.«
»Warum sollte ich?«
»Weil …«, begann sie, verlor aber den Faden. Sie wirkte plötzlich sehr viel fröhlicher, vermutlich, weil das hier bedeutete, dass die ganze Sache nicht ihre Schuld war.
»Aber«, sagte sie zögernd, »was ist dann das mit Maja?«
»Ach«, meinte ich, »die macht nur blöd rum, damit ich mich schlecht fühle.«
»Wie gemein«, sagte Cissi.
»Ja«, erwiderte ich. »Die wird nicht wirklich in den Himmel kommen.«
»Ich dachte, ihr würdet nicht an Himmel und Hölle glauben.«
»Nein«, bestätigte ich. »Das stimmt natürlich.«
Wir standen eine Weile schweigend da, während um uns herum die anderen zu ihren Unterrichtsstunden gingen. Ich merkte, dass sie mich anschauten, aber inzwischen war ich so gewohnt, anders zu sein, dass ich mich kaum mehr darum scherte.
»Du«, sagte ich. »Es tut mir leid, wenn das alles ein bisschen komisch gelaufen ist. Es ist einfach so verwirrend.«
Cissi nickte.
»Ja«, sagte sie. »Aber alles, was etwas wert ist, hat seinen Preis. Das sagt mein Vater immer und ich finde das auch.«
Es wurde noch ein Weilchen still und schließlich meinte Cissi: »Ich könnte konvertieren.«
»Was?«
»Zum Judentum. Dann könnten wir zusammen sein.«
Sie sah so hoffnungsvoll aus, dass ich es nicht übers Herz brachte, etwas zu erwidern. Das hier war wahrscheinlich das

Romantischste, was sie sich vorstellen konnte. Unmögliche Liebe, die gegen alle Widerstände aufblühte. Wie Tristan und Isolde, deren Geschichte wir im Schwedischunterricht hatten lesen müssen.

»Ich werde gleich heute anfangen, in den Talmud reinzuschauen«, sagte sie. »Ich glaube, in der Bibliothek gibt es ein Exemplar.«

»Okay«, sagte ich. »Viel Glück.«

»Mazel tov«, erwiderte sie lächelnd.

Als ich ins Klassenzimmer kam, hatte der Religionsunterricht schon begonnen. Ich unternahm einen Versuch, diskret reinzuschleichen, doch allein mein Anblick ließ die Lehrerin vom Gleis geraten.

»Aber David«, sagte sie, »jetzt ist keine Themenwoche mehr.«

»Ich weiß«, antwortete ich und setzte mich auf einen freien Platz.

»Aha«, sagte sie. »Aber warum hast du dann –?«

Sie unterbrach sich mitten im Satz, denn jetzt war sie ja drauf und dran, meine Religionsfreiheit zu kritisieren, und das machte man als guter, verständnisvoller Mitmensch einfach nicht. Stattdessen begann sie, von der Zeit des frühen Christentums zu labern und wie deren Gedanken die Gesellschaftsordnung revolutioniert hatten. Wie gewöhnlich verstand niemand, wovon sie sprach, wenn man es denn überhaupt schaffte, ihren langatmigen Ausführungen zu folgen. Heute war es noch schlimmer als sonst, weil die Lehrerin – abgesehen davon, dass sie nicht unbedingt zusammenhängend sprach – ständig den Faden verlor und immer wieder besorgte Blicke in meine Richtung warf. So gesehen war es keine große Überraschung, dass sie mich nach dem Ende des Unterrichts bat, noch zu bleiben.

»Nun«, sagte sie, als der Rest der Klasse gegangen war. »Ich frage mich einfach, wie geht es dir, David?«

»Es geht mir gut«, antwortete ich und drehte eine meiner Locken um den Finger.

»Ich habe gehört, dass du überfallen worden bist. War das ein Hassverbrechen?«

»Nein«, erwiderte ich.

»Denn es scheint ja im Moment eine Menge Antisemitismus zu geben. Bist du sicher, dass es eine gute Idee ist, so herumzulaufen?«

Ich zuckte mit den Schultern. Was sollte ich sagen? Dass ich das nur tat, um die Nazis zu beschwichtigen? Das würde sie mir niemals glauben. Hitler hat in *Mein Kampf* zu erwähnen vergessen, dass es so viel schwerer ist, den Leuten die echten Wahrheiten zu vermitteln, als sie an die großen Lügen glauben zu lassen.

»Dir ist ja wohl klar, dass du damit einige provozieren könntest, oder?«, fragte sie weiter. Und da wurde ich richtig sauer. Sie war es doch schließlich gewesen, die mich zuallererst als Jude geoutet hatte. Und wenn irgendwas wirklich provoziert hatte, dann das.

»Sie haben selbst gesagt, dass die Menschen von ein bisschen Vielfalt nur froh werden können«, entgegnete ich. »Haben Sie es sich anders überlegt?«

»Nein«, sagte sie, »natürlich nicht. Alle haben das Recht zu glauben, was sie wollen. Aber das hier ist mehr als *ein bisschen* Vielfalt. Das siehst du ja wohl selbst.«

Sie lächelte mich auf diese dämlich-nette christliche Art an, wie es diejenigen, die sich für durch und durch gut halten, tun, um ihre Einfalt zu rechtfertigen. Und da wurde ich noch wütender.

»Vielfalt und Religion sind also nur gut, solange es nicht zu sehr auffällt?«, fragte ich. »Aber wenn man richtig glaubt, dann ist man selbst schuld, wenn einem etwas zustößt?«

Ich verstand selbst nicht, warum ich die orthodoxen Gläubigen so verteidigte. Wo ich doch an nichts glaubte. Vielleicht suchte sich auf diese Weise der ganze Druck, dem ich in der letzten Zeit ausgesetzt gewesen war, einen Weg heraus.

»Aber David«, sagte sie. »So habe ich das überhaupt nicht gemeint. Ich bin einfach nur ein wenig besorgt.«

»Das hätten Sie sich mal vorher überlegen sollen«, entgegnete ich. »Bevor Sie allen erzählt haben, dass ich Jude bin.«

»Aber David …«, begann sie erneut. Und da ging ich einfach. Mitten im Satz marschierte ich raus. Und das, obwohl ich doch immer so freundlich und gefügig und den Lehrern gegenüber niemals aufmüpfig war. Aber: Es fühlte sich richtig gut an, einmal derjenige zu sein, der mit dem Fuß aufstampfte und tat, was er wollte.

Ich hörte die Religionstante hinter mir herrufen, tat aber so, als würde ich es nicht bemerken. Stattdessen lief ich runter in die Cafeteria und kaufte einen Kaffee, den ich dann auf den Hof mitnahm. Auf dem Weg dorthin traf ich Maja.

»Hallo, Hübscher«, sagte sie.

»Hallo, du«, erwiderte ich. Das letzte Mal hatte ich sie vor Opas Beerdigung gesehen und ich hatte mich inzwischen schon gefragt, ob sie mir vielleicht aus dem Weg ging. Doch so fühlte es sich jetzt nicht an, so sprudelnd und fröhlich, wie sie zu sein schien.

»Du siehst ja ganz schön verrückt aus«, sagte sie.

»Ich probiere einen neuen Stil aus. Wie findest du ihn?«

Ob es die Kleider waren oder die Tatsache, dass ich einen Abend mit den Nazis überlebt hatte, weiß ich nicht, aber ich fühlte mich sehr viel selbstsicherer. All diese seltsamen Ereignisse hatten mich auf irgendeine Weise wachsen lassen.

»Elin sagt, die Orthodoxen sind Faschisten«, meinte Maja. »Sie hassen Palästina und wollen die Siedlungen ausweiten.«

»Ich bin nicht wirklich orthodox.«

»Das ist ihr egal. Das ganze Mittagessen über hat sie davon geredet, wie falsch du bist, und hat versucht, alle in der Gruppe gegen dich rumzudrehen. Aber ich habe dich verteidigt.«

»Echt jetzt?«, fragte ich.

»Das hier macht die Sache ja nur besser«, sagte Maja. »Das sollte sogar sie begreifen.«

»Was denn genau?«

»Komm«, sagte sie und nahm meine Hand. »Wir gehen zu mir nach Hause.«

Ich hatte zwar noch eine Unterrichtsstunde, aber nichts dagegen zu schwänzen. Das fühlte sich nach dem, was im Religionsunterricht passiert war, nur natürlich an. Also verschwanden wir, Hand in Hand, weg von der Schule, durch das Industriegebiet und runter in das Viertel, in dem Maja wohnte.

Als wir zu dem kleinen Wäldchen vor ihrem Haus gelangten, blieb sie stehen und küsste mich. Steckte ihre Zunge in meinen Mund und ließ sie darin herumtanzen. Und ich erwiderte ihren Kuss. Streichelte ihre Zunge mit meiner und legte die Arme um sie. Und da drückte sie sich so fest an mich, dass ich fast keine Luft mehr bekam.

»Oh, David«, stöhnte sie. »Du bist ein Genie. Verglichen mit diesen Kleidern ist eine Kippa gar nichts.«

Sie legte die Hand auf meine Wange und begann, die eine Schläfenlocke um ihren Finger zu wickeln.

»Alle werden davon reden. Stell dir doch nur vor. Du und ich. Hand in Hand. Um zu zeigen, dass die Liebe alles überwindet. Wir werden berühmt werden.«

»Wovon redest du?«

Maja lachte und küsste mich wieder. Sie sah so glücklich aus, wie wenn sich im Märchen der Frosch in einen Prinzen verwandelt.

»Du bist wirklich lustig«, sagte sie. »Das wird die Demonstration des Jahres. Alle werden dort sein. Die Linken, die Antifaschisten, die Tierrechtsaktivisten und die Palästinagruppe. Und sie lieben meine Idee. Alle lieben sie.«

»Was für eine Idee?«

»Das kannst du dir doch denken. Wir werden den Demonstrationszug anführen.«

»Was?«

»Du in deinen Judenkleidern und ich mit meinem Palästinensertuch. Das wird so viele Medien anziehen.«

»Aha«, sagte ich und spürte, wie diese Selbstsicherheit, die ich aufgebaut hatte, langsam an Luft verlor. »Aber glaubst du nicht …«

Sie unterbrach mich mit einem langen, feuchten Kuss.

»Danke, dass du das hier für mich tust«, sagte sie. »Das ist alles, wovon ich immer geträumt habe. Stell dir vor, ich und du, wir werden das Gesicht des Kampfes.«

Sie nahm meine Hand und drückte sie fest.

»Komm«, sagte sie, »wir gehen in mein Zimmer.«

Und das tötete sämtliche Einwände ab, die ich gegen ihre idiotische Idee hätte haben können. Denn das war alles, wovon *ich* immer geträumt hatte. Also riss ich mich zusammen und ließ mich von Maja zu ihrem Haus führen und durch die Tür in die Diele, wo wir fast über eine große Reisetasche fielen.

»Verdammt«, sagte sie. »Papa ist zu Hause.«

»Bist du das, Liebling?«, war aus dem oberen Stockwerk zu hören. »Du hast ja hoffentlich daran gedacht zu packen, oder?«

»Fahrt ihr weg?«, flüsterte ich.

Maja nickte.

»Wir fahren für zehn Tage nach Spanien. Papa hat dort eine Konferenz. Aber ich wusste nicht, dass er so früh nach Hause kommt. Ich glaube, ich muss packen.«

»Jaha«, sagte ich.

»Ich rufe an, sobald ich zurück bin, dann haben wir noch ein paar Tage, uns auf die Demonstration vorzubereiten. Das wird einfach nur fantastisch werden. Die Nazis werden vor Wut eingehen.«

»Wer?«

»Es ist doch eine antifaschistische Demonstration. Wir wollen dagegen protestieren, dass die Neonazis die Genehmigung gekriegt haben, mitten in der Stadt durch den Kungsträdgården zu marschieren.«

22

Arische Zukunft –
meine Schwester kriegt Wind von der Sache –
den Affen spiele ich nicht für mich allein

Es folgten ein paar relativ ereignislose Tage. Ich ging zur Schule, saß den Unterricht ab und lief wieder nach Hause. Und abgesehen davon, dass die Leute mich ein bisschen mehr anglotzten als sonst und hinter meinem Rücken flüsterten, schien der Wirbelwind seltsamer Geschehnisse, in die ich hineingezogen worden war, langsam abzuklingen. Erst am Mittwochnachmittag frischte er wieder auf, da sah ich vor der Schule Mange mit einer Zeitung auf dem Schoß auf der Motorhaube eines alten Volvo hocken.

»Grüß dich, David«, sagte er fröhlich, als wären wir plötzlich alte Kumpel.

»Grüß dich«, erwiderte ich.

Er hielt mir die Zeitung hin.

»Guck mal! Du bist jetzt eine Berühmtheit.«

Die Zeitung hieß *Arische Zukunft* und die Hauptschlagzeile lautete: »Der Patriot ist die letzte Hoffnung des Juden«. Es war auch ein Bild dabei, auf dem Eva und ich auf der Bühne des Vereinsheims den Hitlergruß zeigten. Doch zum Glück war es von so weit weg aufgenommen, dass niemand erkennen konnte, wer der grüßende Jude war.

»Sie haben versucht, die großen Zeitungen auch an den

Haken zu kriegen«, erklärte Mange, »aber keiner traut sich.«

Das erstaunte mich kaum, auch wenn das hier tatsächlich so absurd war, dass die Leute getreu Hitlers Logik eigentlich darauf reinfallen mussten.

»Eva hat entschieden, dass es Zeit ist für den nächsten Schritt. Also werden wir morgen einen Ausflug machen.«

»Was?«, fragte ich. »Warum das denn?«

Mange lachte laut, als er sah, wie nervös ich wurde. Und dann gab er mir einen freundschaftlichen kleinen Klaps auf die Schulter.

»Nichts Gefährliches«, beteuerte er. »Wir treffen uns morgen um zwölf am Hauptbahnhof. Am Schwulenring oben in der Eingangshalle. Vergiss die Judenklamotten nicht.«

»Und was machen wir?«

»Einen Ausflug, hab ich doch gesagt«, meinte Mange. »Mach dir keine Sorgen. Es wird superlustig werden. Möchtest du die Zeitung behalten?«

»Was?«

»Vielleicht willst du sie aufheben. Ich mach das immer, wenn jemand, den ich kenne, da drin ist.«

»Nein, will ich nicht«, erwiderte ich.

»Selbst schuld. Aber wir sehen uns morgen. Bis dann.«

Nachdem Mange verschwunden war, ging ich zum Sekretariat und sagte, ich würde mich ein wenig schlecht fühlen. Dann wanderte ich nach Hause. Sicherheitshalber hielt ich ein Stück von unserem Viertel entfernt an und zog wieder Jeans und einen langärmeligen Pullover an und tauschte den Hut gegen eine Kappe, unter der ich die Locken verstecken konnte. Als ich unser Haus betrat, sah ich daher genauso aus wie immer. Und das war ein Glück, denn meine Schwester saß schon am Küchentisch und blätterte in einer Zeitung. Und sie hatte schlechte Laune, das merkte man sofort.

»Was treibst du da eigentlich?«, fragte sie und sah mich wütend an.

Ich antwortete nichts, denn ich wusste nicht, auf welche meiner Dummheiten sie sich bezog. Da gab es ja einiges zur Auswahl.

»Du bist überhaupt nicht orthodox«, sagte sie. »Warum verkleidest du dich dann so?«

»Wieso?«, versuchte ich.

»Ullis sagt, ihr Bruder hätte dich die ganze Woche in Judenklamotten rumlaufen sehen. Wie ein verdammter Chasside.«

»Du solltest nicht alles glauben, was Ullis sagt«, entgegnete ich. »Sie redet einfach nur eine Menge Blödsinn. Schließlich hat sie auch behauptet, auf dem Mars würden Menschen leben und sie würde Samantha Fox persönlich kennen.«

»Noch mehr Leute haben das gesehen.«

»Es ist doch nicht ernst gemeint«, sagte ich. »Ich habe nur meinen Anzug und ein paar Sachen für ein Schultheaterstück angehabt.«

»Du musst damit aufhören«, verlangte meine Schwester.

»Ich mache einfach nur ein bisschen Spaß. Das kann denen doch egal sein.«

»Mir ist es nicht egal«, entgegnete sie. »Die Leute fangen schon an, mich auch komisch anzusehen.«

»Das bildest du dir ein«, sagte ich. »Und es spielt ja wohl keine Rolle, ob sie wissen, dass du Jüdin bist.«

»Spinnst du? Natürlich spielt das eine Rolle!«

»Jetzt hab doch nicht vor allem immer Angst. Manchmal muss man die Leute wissen lassen, wer man ist. Wie soll man sonst als Mensch wachsen?«

Ich lächelte sie an und versuchte, ebenso weise und einsichtsvoll auszusehen wie die alten japanischen Karatemeister im Film – um zu zeigen, dass ich ihr durch meine Handlungen die Möglichkeit gegeben hatte, sich zu entwickeln. Doch das schien meine Schwester überhaupt nicht wertzuschätzen.

»Bitte«, sagte sie. »Hör einfach damit auf. Es muss doch noch andere Methoden geben, sich beliebt zu machen, als den Affen zu spielen. Denk doch nicht einfach nur an dich selbst, sondern auch mal an mich.«

Aber genau das tat ich ja. Der einzige Grund, weshalb ich mich auf diese Weise erniedrigte, war, damit die Nazis sie und unsere restliche Familie in Ruhe ließen. Aber das konnte ich meiner Schwester ja nicht gut sagen. Stattdessen versprach ich hoch und heilig, mich bessern zu wollen, und ging dann in mein Zimmer, um die Lockenwickler für den Ausflug am nächsten Tag bereit zu machen.

23

**Ausflug entlang der blauen Linie –
die besten Kichererbsen wachsen in Freiheit –
ich muss Spießruten laufen**

Ich traf mich mit ihnen am Hauptbahnhof. Außer Mange und Eva war noch ein dritter Typ dabei, groß und schmal, mit einem riesigen Rucksack. Sie machten einen erstaunlich sortierten Eindruck. Die Jungs trugen Jeans, Hemd und Baseballkappe und Eva sah in ihrer schicken Bluse und den eleganten dunklen Hosen wieder aus, als käme sie direkt aus dem Büro. Ich selbst hatte die komplette orthodoxe Ausstattung an, abgesehen von dem Hut, hatte die Locken aber unter einer Kappe verborgen, um unnötige Aufmerksamkeit zu vermeiden.

»Sieh mal einer an, David«, sagte Eva und gab mir ein Küsschen auf die Wange, »wie gut du aussiehst. Schwarz steht dir.«

»Wohin fahren wir?«, erkundigte ich mich.

»Das wirst du schon sehen«, antwortete sie. »Komm, wir gehen zur U-Bahn.«

Wir nahmen die Rolltreppe nach unten und marschierten den langen Tunnel entlang bis zur Sperre, wo wir Fahrkarten kauften und die blaue Linie nach Hjulsta nahmen.

»Rubbe, hast du alle Sachen dabei?«, fragte Eva, als wir uns der Station Fridhemsplan näherten.

Der lange, schmale Typ öffnete den Rucksack und holte eine Filmkamera heraus.

»Cool, was?«, sagte er. »Das ist genau so eine, wie sie in den Nachrichten benutzt wird. Ich hab sie für nur 5000 Steine gekriegt. Weil ich einen Typen kenne.«

»Rubbe ist Kameramann«, erklärte Eva. »Er wird unseren kleinen Ausflug dokumentieren.«

»Aha«, sagte ich.

»Unsere Reise führt uns direkt ins Herz der Finsternis. In die allerschlimmsten Einwandererviertel.«

Ich nickte. Das klang tatsächlich nicht so gefährlich. Auf jeden Fall kein Vergleich zu dem Besuch eines Nazitreffens.

»Freu dich mal nicht zu früh«, mahnte Eva. »Da hassen sie Juden. Und außerdem sollst du sie beleidigen.«

»Nein«, antwortete ich.

»Du sollst sie über die Siedlungen befragen und erklären, dass Palästina kein richtiges Land ist. Solche Sachen. Alles, was sie so richtig auf die Palme bringt.«

»Und dann kannst du ihnen noch sagen, dass sie Ziegenficker sind«, schlug Mange vor.

»Genau«, sagte Eva. »Warum nicht? Alles, was sie wütend macht.«

Dann sagte sie nichts mehr und ich auch nicht. Wir saßen einfach da und schauten aus dem Fenster, vor dem nun die großen grauen Mietskasernen des Eine-Million-Wohnungen-Programms aus den Sechzigerjahren auftauchten, eine nach der anderen, während ich über passende Beleidigungen nachdachte. Es mussten solche sein, die gerade den richtigen Grad an Grobheit besaßen. Sodass die Neonazis zufrieden wären und ich ohne ernste Verletzungen aus der Sache rauskam. Aber obwohl ich mich anstrengte, dass es nur so kochte, fiel mir keine einzige Sache ein, die beide Kriterien erfüllen würde, und mit einem Mal hielt die Bahn und wir mussten aussteigen.

»Okay, David«, sagte Eva, als wir auf den Bahnsteig traten, »jetzt ist es an der Zeit für dich, deinen Beitrag für das Vaterland zu leisten. Zieh dich richtig an.«

Ich tat, was sie sagte. Nahm die Kappe ab, rückte die Locken zurecht, holte Kippa und Hut raus und setzte beides auf den Kopf.

»Dann legen wir mal los«, meinte sie. »Du gehst vorneweg und wir folgen.«

Ich trabte zur Rolltreppe, ging durch die Sperre und kam auf einen Platz. Gott sei Dank waren um diese Tageszeit nur sehr wenige Leute da. Vor einem Marktstand, ein Stück entfernt, standen ein paar Kunden, aber ansonsten war abgesehen von einigen Jugendlichen kein einziger Mensch zu sehen. Trotzdem dauerte es nicht lange, bis ich Aufmerksamkeit auf mich zog.

»Hallo, Kumpel«, rief ein dunkelhaariger kleiner Junge, der nicht mehr als zehn Jahre alt sein konnte. »Du siehst aus wie ein Zauberer.«

»Hallo, du«, erwiderte ich.

»Der ist so ein alter Jude«, sagte ein anderer Junge.

»Bist du das?«, fragte der erste.

»Nein«, sagte ich.

»Doch, das bist du. Gib uns Geld.«

»Das ist nur ein Mythos, dass Juden viel Geld haben«, erklärte ich.

»Nur zwanzig Kronen. Für Zigaretten.«

»Ihr seid zu jung, um zu rauchen.«

»Auf jeden Fall bist du geizig wie ein Jude«, sagte der andere Junge. Und da holte ich meinen Geldbeutel heraus und gab ihm zwei Zehner, um zu zeigen, dass er sich täuschte und dass man nicht einfach so einen ganzen Volksschlag über einen Kamm scheren konnte.

»Aber ihr dürft keine Zigaretten kaufen«, meinte ich.

»Nee, nee«, sagte der dunkelhaarige Junge. »Wir haben nur einen Witz gemacht. Wir werden Süßigkeiten kaufen. Bei Nasim. Der ist am billigsten.«

Der Junge zeigte auf einen Laden auf der anderen Seite des Platzes und ich beschloss, dort hineinzugehen. Meine Mutter hätte es ein typisches Einwanderergeschäft genannt, wo es alles von Olivenöl und Kuhzunge bis Kichererbsen und Wasserpfeifen gab. Der Laden hatte außerdem einen großen Tresen voller Oliven und Fetakäse, hinter dem zwei Männer mit dunkler Haut standen und mich höchst erstaunt ansahen. Der ältere von beiden wirkte etwas peinlich berührt, der jüngere aber nicht. Der war vielmehr amüsiert, so als würde mein Besuch Leben in einen ansonsten langweiligen Tag bringen.

»Grüß dich, Moishe«, sagte er. »Hast du dich verlaufen? Jerusalem ist in die Richtung.«

Er lächelte freundlich und zeigte zu dem Marktstand rüber.

»Nein«, antwortete ich. »Ich würde gern ...«

Im selben Moment betrat der kleine Junge, dem ich Geld gegeben hatte, den Laden.

»Das ist ein Jude«, sagte er und zeigte auf mich.

»Das sehen wir auch«, erwiderte der jüngere Mann.

»Er hat eine Menge Geld. Hat mir zwanzig Kronen gegeben.«

»Du, hör mal«, sagte der ältere Mann streng. »Du sollst nicht betteln. Das weißt du genau. Ich werde mit deinem Papa reden.«

»Bitte nicht«, flehte der Junge. »Das war nicht meine Schuld. Sondern die von dem Juden. Vielleicht ist er ein Pädophiler.«

»Der ist kein Pädophiler«, sagte der jüngere Mann. »Der kann nicht mehr als dreizehn Jahre alt sein.«

»Sechzehn«, warf ich ein.

»Entschuldigung. Du siehst jünger aus. Was willst du haben?«

»Ein paar Oliven.«

»Welche Sorte?«

Hinter mir glitt die Tür auf und Eva steckte den Kopf hinein. Sie sah verständlicherweise nicht zufrieden aus, denn das hier war wie ein Reklamefilm für kulturelle Vielfalt. Ein Araber, der ein bisschen nett mit einem Juden plauderte. Das Einzige, was noch fehlte, war ein Chor mit Kindern unterschiedlicher Hautfarben, die *We Are the World* sangen.

»Die Siedlungen«, soufflierte sie. »Frag nach den Siedlungen.«

»Was will die?«, fragte der ältere Mann. »Und warum steht dahinter ein Typ mit Kamera?«

»Sie fragt sich, wie es mit den Siedlungen läuft«, sagte ich in einem Versuch, die Aufmerksamkeit von Rubbe abzuziehen.

»Was?«

»Im Westjordanland. Sie findet, das sind zu wenige.«

»Was hast du gesagt?«

»Und ich bin auch der Meinung«, erklärte ich. »Für Gott und das Heilige Land wäre es gut, wenn sie ein wenig mehr ausgedehnt werden könnten.«

Und jetzt sah der junge Mann überhaupt nicht mehr amüsiert aus.

»Hör auf«, sagte er. »Das ist nicht witzig.«

»Die Palästinenser kriegen nur, was sie verdienen«, fuhr ich fort. »Die waren es doch, die angefangen haben.«

Der ältere Mann legte den Löffel hin, mit dem er Oliven geschöpft hatte, und sah mich ernst an.

»Ich möchte, dass du gehst.«

»Nein, das habe ich nicht vor. Ich will meine Oliven haben.«

»Der Cousin meines Vaters ist bei einem israelischen Angriff ums Leben gekommen«, sagte er. »Raus hier.«

»Ich will meine Oliven haben«, wiederholte ich. »Grüne mit Paprika drin.«

Ich hatte Angst, tat aber mein Bestes, das nicht zu zeigen. Denn wie furchtbar sich das hier auch anfühlte, war es doch nichts gegen das, was die Neonazis tun würden, wenn ich ihre Befehle nicht befolgte.

»Raus hier«, sagte er ein weiteres Mal.

»Und was machst du, wenn nicht?«, fragte ich. »Mich mit einer Selbstmordbombe in die Luft jagen?«

Da hatte der alte Mann genug, und im nächsten Moment war er hinter dem Tresen hervorgekommen und hatte mich beim Aufschlag meines Jacketts gepackt.

»Verdammter Zionist«, sagte er. »Hau ab dahin, wo du herkommst.«

»Lass ihn in Ruhe«, sagte der jüngere Mann. »Bestimmt hat er irgendeinen Fehler im Kopf. Du weißt schon, so eine Entwicklungsstörung.«

»Lass mich los, du Ziegenficker«, sagte ich und da boxte mich der Besitzer des Geschäfts so, dass ich gegen die Tür flog und auf die Straße hinausfiel. Genau wie in einem Western, wobei er der Sheriff war und ich der böse Bube.

Ich blieb liegen, bis die Tür wieder zugeschlagen war. Dann stand ich auf und bürstete meinen Mantel ab. Ein Stück entfernt standen Eva, Mange und Rubbe und besprachen sich.

»Hast du alles drauf?«, fragte sie.

»Na klar«, sagte Rubbe. »Der Zoom ist krass gut. Ich könnte auf der anderen Seite des Platzes stehen und filmen.«

»Können wir jetzt nach Hause fahren?«, bat ich.

»Nein«, sagte Eva. »Jetzt gehen wir zum Marktstand. Und diesmal will ich, dass du ein bisschen heftiger zupackst.«

»Noch heftiger?«

»Wenn wir hier weggehen, muss es sich anfühlen, als würde die nächste Intifada losgehen.«

Und da begriff ich, wie ihrer Meinung nach der fertige Film aussehen sollte. Ein Volksauflauf, in dem alle aus der Gegend sich auf mich stürzen. Eva wollte, dass ich durch die Straßen und über die Plätze gejagt wurde. Sie sollten mich niederschlagen, mich steinigen und mich noch treten, wenn ich am Boden lag. Und das war natürlich überhaupt nicht lustig. Doch ich hatte keine echte Wahl, also sammelte ich mich und ging langsam über den Platz zum Marktstand. Man merkte, dass mein Auftritt Eindruck auf die lokale Bevölkerung gemacht hatte, denn jetzt hatte ich plötzlich ein Publikum. Hinter mir liefen die beiden Jungs, gefolgt von einer weiteren Gruppe Kinder. Und danach kamen die zwei Männer aus dem Geschäft. Zum Glück kauften gerade nicht so viele ein, und abgesehen von den drei Männern, die den Obst- und Gemüsestand betreiben, standen da nur zwei alte Frauen und ein buckliger kleiner Opa mit Gehstock.

»Hallo«, sagte ich, als ich ankam. »Haben Sie Hummus?«

Die Verkäufer hier waren keineswegs so höflich wie die Männer in dem Laden. Zwei von ihnen taten so, als gäbe es mich nicht, und der Dritte warf mir einen raschen, verächtlichen Blick zu und begann, ein paar Gurken aufzuräumen.

»Hört ihr schlecht?«, fragte der kleine Junge, dem ich Geld gegeben hatte. »Der Jude will Hummus kaufen.«

Doch das änderte gar nichts. Ich nahm an, die drei Männer hatten schlechte Erfahrungen mit orthodoxen Juden gemacht, denn sie beschäftigten sich einfach ungerührt weiter. Räumten Gurken auf, legten Obst von einer Seite auf die andere und zündeten Zigaretten an.

»Der ist scheißreich«, rief der kleine Junge. »Ihr könnt den doppelten Preis nehmen.«

»Er ist ein Pädophiler«, fügte sein Freund hinzu.

»Nein, das bin ich nicht«, entgegnete ich. »Ich will Hummus kaufen. Aus Israel. Der ist am besten.«

Und das funktionierte schließlich. Großer Bruder zu sein hat den Vorteil, dass man so gut darin wird zu provozieren.

»Verschwinde«, sagte der Mann, der am nächsten zu mir stand, und sah von seinen Gurken auf. Er war groß und kräftig und schien etwas über hundert Kilo zu wiegen. Und er mochte mich nicht. Das war offensichtlich.

»Wisst ihr, warum der israelische Hummus am besten schmeckt?«, fuhr ich fort.

»Bist du schwerhörig?«, fragte der Mann. »Verschwinde.«
»Weil die besten Kichererbsen außerhalb der Mauer wachsen und Freiheit am besten schmeckt.«
Der Mann mit den Gurken bohrte seinen Blick in meinen und ich wich erschrocken einen Schritt zurück, denn er sah aus, als würde er mir gleich den Kopf abreißen. Doch wie wütend er auch war, konnte das doch nicht schlimmer sein als die Neonazis. Die töteten ja wirklich Leute. Also nahm ich meinen Mut zusammen und machte weiter.
»Nun?«, fragte ich. »Wie ist es jetzt mit dem Hummus?«
»Hau ab«, sagte der Mann mit den Gurken.
»Nicht ohne meinen Hummus«, entgegnete ich und grinste provokant, obwohl ich so viel Angst hatte.
»Fahr nach Hause nach Israel«, erwiderte der Mann und hielt eine geballte Faust hoch.
»Lass ihn«, sagte der jüngere Mann aus dem Laden. »Irgendwas stimmt mit seinem Kopf nicht.«
»Ich will Hummus«, beharrte ich. »Aus Jerusalem. Der Hauptstadt von Israel.«
»Gib ihm Hummus, damit er geht«, sagte der junge Mann.
»Genau«, stimmte ich zu. »Sonst besetzen wir diese Gegend hier vielleicht auch.«
»Was hast du gesagt?«, fragte der Mann mit den Gurken.
»Sonst besetzen wir diese Gegend vielleicht auch«, wiederholte ich. »So wie wir es mit dem Westjordanland gemacht haben.«
Und da war die Grenze, wie viele Provokationen der Gurkenmann verarbeiten konnte, erreicht. Das sah ich ihm an, genau wie ich exakt wusste, wenn meine Schwester im Begriff war zu explodieren.

»Wenn du jetzt nicht gehst, wirst du es bereuen«, sagte er und machte einen Schritt auf mich zu.
Und da schubste ich ihn. So groß wie er war, machte ihm das überhaupt nichts aus, aber ich dachte, es wäre einfach gut, das hier so schnell wie möglich hinter mich zu bringen.
»Das kann ja wohl nicht wahr sein«, sagte er. »Das kleine Kerlchen will sich schlagen. Hau ab, bevor du dir wehtust.«
»Geh doch und fick eine Ziege«, antwortete ich, weil es das letzte Mal so gut funktioniert hatte.
»Was sagst du da?«
»So groß wird der Unterschied zu deiner Frau ja wohl nicht sein«, machte ich weiter. »So behaart, wie sie ist.«
Im nächsten Moment boxte er mich in den Bauch. Nicht wahnsinnig fest, aber doch ausreichend, dass ich zusammenklappte.
»Lass ihn einfach«, meinte der junge Mann.
»Er hat angefangen«, sagte der Gurkenmann. »Du hast es doch selbst gehört.«
»Ich hab ja gesagt, mit dem stimmt irgendwas nicht.«
Ich richtete mich langsam wieder auf und streckte die Hände hoch, so wie mein Basketballtrainer immer gesagt hatte, dass man es machen solle, wenn man keine Luft mehr kriegte. Ein Stück entfernt stand Eva und schaute zu. Aus ihrer Miene konnte ich schließen, dass sie immer noch nicht zufrieden war, daher legte ich noch eine Schippe drauf.
»Aber deine Tochter«, sagte ich, »die würde man gerne besetzen.«
»Was?«, fragte der Gurkenmann.
»Was kostet sie? Und kann ich erst mal probieren, ehe ich bezahle?«

»Sie ist erst acht Jahre alt, du kranker Idiot«, sagte der Gurkenmann und schlug noch einmal zu. Und diesmal mit etwas mehr Schwung, denn im nächsten Moment knallte ich mit dem Kopf voran auf den Boden. Es dröhnte und tat so weh, dass ich meinte, mein Schädel würde in Stücke zerspringen. Ich versuchte, mich aufzusetzen, aber alles drehte sich. Und als ich die Augen öffnete, war es, als würde die ganze Welt schaukeln. Über mir war ein Geräusch zu hören, wie wenn jemand sich räuspert, um Schleim hochzuziehen, und kurz darauf wurde ich von etwas Klebrigem auf der Stirn getroffen.

»Cool gespuckt, Onkel«, war eine Kinderstimme zu hören. »Dürfen wir auch?«

»Nein«, sagte er. »Das war dumm von mir. Aber ich war einfach so wütend. Entschuldige.«

Doch das war den Kindern ganz egal und kurz darauf hagelte es Rotz. Mir war nicht mehr so schwindlig, trotzdem blieb ich liegen, damit der Film gut wurde. Und darüber war Eva offensichtlich froh, denn kurz darauf kam ein Stein angeflogen und dann eine Flasche *Pommac*. Und dann begannen die kleinen Teufel auf mich einzutreten.

»Hört jetzt auf, Jungs«, war die Stimme des Gurkenmanns zu hören.

Doch die Kinder schienen ihn nicht wahrzunehmen. Sie waren jetzt richtig in Fahrt und spuckten und traten, dass es eine reine Freude war. Und ich blieb einfach liegen und wartete. Bis einer von den Jungen schrie: »Jetzt auf die Eier!«

Erst da stand ich auf und rannte weg. Die Kinder folgten mir, aber ich konnte ihnen entkommen und mich auf den Bahnsteig schleichen, über die Sperre springen und in einen

Zug stürzen, ehe die Türen hinter mir zugingen. Dann lag ich einfach nur auf dem Sitz. Erschöpft und nahezu schockiert über das, was ich angestellt hatte. Es war schrecklich gewesen, aber ich hatte es getan. Hatte meine Pflichten gegenüber den Neonazis erfüllt.

24

Eine bewusste Provokation – Schluss mit der Maskerade – Songs, zu denen man rummachen kann

Ich weiß nicht, wie ihnen das gelungen war, aber zwei Tage später sahen Papa und ich den Film in den Nachrichten. Das Thema war »bedrohte Minderheiten« und im Filmausschnitt konnte man sehen, wie ein orthodoxer Jude von ein paar Männern und Kindern überfallen, misshandelt und gejagt wurde. Zum Glück konnte man das Gesicht des Opfers nicht erkennen, denn sonst wäre ich wahrscheinlich zu Hause rausgeflogen.

»Was für ein verdammter Idiot«, sagte Papa. »Sogar die ultraorthodoxen Verrückten sollten wissen, dass man so angezogen nicht zu einem arabischen Marktstand geht. Es ist ja, als würde er drum betteln.«

Er nahm einen Apfel aus der Schale und biss ab.

»Bestimmt ist das irgendein Vollpfosten aus Israel, der eine Reaktion provozieren wollte. Glaubst du nicht? So ein verrückter Messiasjude.«

»Doch«, sagte ich. »Bestimmt.«

Nein, es war wirklich eine Erleichterung, dass ich nicht zu erkennen war. Vor allem, da die Sache in den folgenden Tagen ziemlich viel diskutiert wurde. Auch wenn die Einzigen, die den eher rassistischen Blickwinkel teilten, auf den Eva gehofft hatte, ein paar zornige alte Männer in der Radiosendung vom Ersten Programm waren, bei der man anrufen und seine Meinung verkünden konnte. Die übrigen Kommentatoren nahmen eine eher diplomatische Haltung ein. Manche sprachen von einem isolierten Ereignis in einer ansonsten gut funktionierenden multikulturellen Gegend, andere nannten es ebenso wie Papa eine bewusste Provokation seitens der extrem religiösen Rechten. Viele fragten sich natürlich auch, wer das Opfer war und was er in der Gegend zu suchen hatte. Doch darauf gab es keine Antworten, nur Spekulationen in alle Richtungen – und die reichten von einem israelischen Touristen, der sich dorthin verirrt hatte, bis hin zu einem verkleideten Witzbold, der »ein bisschen Spaß« haben wollte. Wie dem auch sei, die Nachricht hatte doch einen durchschlagenden Erfolg, denn sie tauchte hie und da immer mal wieder auf. Unter anderem schrieb die jüdische Gemeinde einen empörten Brief, wie gefährlich das Leben für Juden in Schweden geworden sei und wie viele ihrer Mitglieder Angst hätten (ohne zu erwähnen, dass sie *immer* Angst hatten). Und der israelische Botschafter verlangte, dass die Regierung sich von dem, was da passiert war, distanzierte, woraufhin die Linkspartei ihrerseits verlangte, die Regierung sollte sich von der israelischen Siedlungspolitik distanzieren.

Selbst in der Schule schienen die Leute von der Sache gehört zu haben, denn niemand freute sich mehr darüber, dass ich mit Hut und Schläfenlocken herumrannte. Vielmehr gingen sie auf Abstand, als hätten sie Angst, mit mir gesehen zu werden. Und da beschloss ich, die Maskerade zu beenden, und begann wieder, mich ganz gewöhnlich zu kleiden. Ich dachte, die Neonazis würden sich nicht drum scheren, da ich nun das getan hatte, was sie von mir verlangt hatten.

Mit Maja war es allerdings schwieriger. Und sosehr ich mich danach sehnte, dass sie aus dem Urlaub zurückkam, so graute mir doch davor, ihr sagen zu müssen, dass ich nicht mit auf die Demonstration gehen konnte. Meine Hoffnung war, dass sie es einigermaßen gut aufnehmen und ich irgendwie aus der Sache herauskommen würde. Doch wie schwer das sein würde, begriff ich erst später in dieser Woche.

In der Hoffnung, das Haus für mich alleine zu haben, war ich früh aus der Schule weggegangen und deswegen einigermaßen erstaunt, als ich meine Schwester in der Küche sitzen sah, wo sie Butterbrote aß und heiße Schokolade trank.

»Was machst du denn zu Hause?«, fragte ich.

»Ich bin krank«, erwiderte sie und stippte das Brot in die Tasse, sodass sie fast überlief.

»Ich dachte, Streber dürften nicht so oft krank sein.«

»Ich habe dieses Jahr erst ein paar Fehltage«, entgegnete sie. »Und im Gegensatz zu dir schwänze ich nicht.«

Sie sah mich sauer an, als hätte ich mit meiner frühen Rückkehr ihren ganzen Nachmittag ruiniert.

»Übrigens hast du Besuch«, sagte sie.

»Was?«

»Besuch. Jemand besucht dich. Du. Hast. Besuch.«

»Wer denn?«

»Ein Mädchen. Sie wollte in deinem Zimmer warten. Also habe ich ihr gesagt, sie soll die Unterhosen unterm Bett nicht anrühren.«

»Das hast du nicht.«

»Natürlich habe ich das. Sie könnte ja krank werden.«

»Du bist nur neidisch, weil du keinen Besuch von Jungs bekommst«, gab ich zurück.

Das war offenkundig ein heikles Thema, denn mit einem Mal sah meine Schwester traurig aus. Natürlich – bestimmt hatte sie wieder mal von irgendeinem Typen einen Korb gekriegt und saß deshalb zu Hause.

»Vergiss es«, sagte ich. »Das war nur ein Witz.«

Meine Schwester antwortete nicht. Sie starrte nur mit einer solchen Intensität in ihre heiße Schokolade, dass man meinen konnte, dort läge die Antwort auf alle Fragen des Lebens.

»Okay, es tut mir leid«, sagte ich. »Es war wirklich nur ein Witz. Es wird schon alles gut. Du wirst jemanden finden. Du auch.«

Doch meine Schwester wollte meine Versuche, sie zu trösten, nicht annehmen. Sie sah nicht einmal von der Tasse hoch, daher gab ich auf und ging. Wenn Maja hier war, dann wollte ich sie nicht länger als notwendig warten lassen. Nicht, weil ich Unterhosen unter dem Bett gehabt hätte, wie meine Schwester behauptete, sondern weil es eine ganze Menge anderer Sachen gab, von denen ich nicht wollte, dass sie die entdeckte. Wie zum Beispiel die Fotocollage leicht bekleideter Frauen aus dem Hobbex-Heimwerkerkatalog, die ich in einem Buch in meiner obersten Schreibtischschublade aufbewahrte, oder die Sammlung *Star-Wars*-Figuren in der Schublade darunter. Meine Kassetten hatte sie bereits gefunden, das hörte man an der Musik, die aus meinem Zimmer drang. *If You Don't Know Me By Now* von Simply Red. Der erste Song auf meinem selbst zusammengestellten Mixtape mit dem Namen *Songs, zu denen man rummachen kann.*

»Hallo«, sagte ich, als ich die Tür aufmachte. »Ich dachte, du würdest erst nächste Woche wiederkommen.«

»Selber hallo«, antwortete Eva. Sie stand am Fenster und blätterte in einem meiner alten Fotoalben. »Deine Schwester hat mich reingelassen. Ich habe ihr gesagt, ich sei Assistentin in deiner Schule und du hättest versehentlich ein paar Dinge mit nach Hause genommen, die ich brauchte. Schau nur, wie süß ihr als Kinder wart.«

Sie zeigte auf ein Bild, auf dem meine Schwester und ich in Indianerverkleidung auf dem Rasen posierten.

»Was machen Sie hier?«, fragte ich und schloss die Tür hinter mir.

»Wollte noch mal vorbeischauen und Hallo sagen. So wie man es macht, wenn man befreundet ist. Wie hat dir übrigens der Film gefallen?«

Ich zuckte mit den Schultern.

»Es gab leider nicht so richtig die Debatte, auf die wir gehofft hatten«, gab sie zu. »Manche haben sogar geglaubt, das Ganze wäre in Szene gesetzt worden. Dass es nur jemand wäre, der Ärger machen wollte.«

Sie legte das Fotoalbum weg und begann, die Plakate an der Wand zu betrachten. Ein uraltes Filmplakat von *War Games* und dann Michael Jordan, der bei einem Dunk die Zunge rausstreckte. Aus dem Kassettenrekorder tönte nun nach Simply Red der nächste Rummachersong: *The Sweetest Taboo* von Sade. Doch es hätte mich sehr erstaunt, wenn dieses Gespräch mit einem Kuss geendet hätte.

»Es gibt eine Journalistin, die besessen davon ist herauszukriegen, wer du bist«, fuhr Eva fort. »Ich möchte, dass du mit ihr redest, damit sie begreift, dass die Sache authentisch ist.«

Ich drehte die Musik hoch, damit meine Schwester, wenn sie zufällig vorbeiging, nicht hören konnte, was wir redeten.

»Sie wird kapieren, dass es ein Fake ist«, sagte ich schließlich. »Alle werden es kapieren. Ich bin ja gar nicht wirklich religiös.«

Eva öffnete meine zweite Schreibtischschublade und nahm Chewbacca und R2-D2 raus.

»Dann musst du lügen«, sagte sie und hielt die Figuren gegen die Deckenlampe. »Das kannst du doch gut. Und die Leser müssen ja nicht erfahren, dass du es bist. Es genügt, wenn es die Journalistin tut.«

»Wie das?«, fragte ich.

»Sag ihr, dass du deinen Namen nicht in der Zeitung lesen willst. Dass du nur unter dieser Voraussetzung mit ihr sprichst.«

»Darauf wird sie nie eingehen.«

»Wenn sie über die Sache schreiben will, dann wird sie das.« Sie schob die kleinen Figuren in ihre Tasche. »Ist es okay, wenn ich die für meinen Neffen mitnehme? Er liebt *Star Wars*.«

»Aber ...«, begann ich.

»Mach das hier und ich verspreche, dass wir dich dann in Ruhe lassen«, sagte sie.

»Das geht nicht«, sagte ich. »Ich kann nicht mehr.«

Sie ging zum Kassettenrekorder und drückte in dem Moment auf Stopp, als Sade gerade an der gefühligsten Stelle über leise Stürme sang und darüber, dass sie noch nie so heiß gewesen war.

»Weißt du, David«, sagte sie. »Ich glaube, hier liegt ein kleines Missverständnis vor. Du scheinst der Ansicht zu sein, dass du eine Wahl hast. Doch so ist es nicht. Ihre Nummer liegt auf dem Schreibtisch. Ruf sie noch heute an.«

25

Noch mehr Lügen – Elin wird misstrauisch – ich schieße meinen Wingman ab

Ungefähr eine Stunde später rief ich die Journalistin an und erklärte, wer ich war und was meine Bedingungen für ein Interview wären. Und zu meinem Erstaunen ging sie darauf ein. Also schwänzte ich am nächsten Tag die Schule und fuhr in die Stadt, um sie zu treffen. Ich war ungeheuer nervös und das merkte sie natürlich. Doch aus ihren beruhigenden Kommentaren schloss ich, dass sie glaubte, die ganze Sache auf dem Marktplatz habe mich so erschüttert. Ich musste also keine Angst haben, als Lügner entlarvt zu werden.

Das Erste, was sie mich fragte, war, warum ich nicht so angezogen sei wie in dem Film, und ich sagte, ich würde mich das nicht mehr trauen. Der Überfall und die Bedrohungen hätten mich so in Angst versetzt, dass ich nicht mehr wagte, mich draußen als Jude erkennen zu geben. Dann fragte sie, was ich in der Gegend, wo ich angegriffen worden war, gewollt hätte. Ich antwortete, ich sei auf dem Weg nach Hause von einem Freund ausgestiegen, um etwas Obst und Olivenöl für meine Mutter zu kaufen. Im Nachhinein wäre mir natürlich klar geworden, dass dies ein Fehler war, zumal es längst nicht das erste Mal gewesen sei, dass Menschen mit Wurzeln im Nahen Osten und Nordafrika mich überfallen hätten. Das wäre sowohl in der Stadt als auch in der

Schule schon geschehen. Und als sie fragte, was man denn für mich täte, da erzählte ich von dem Vorschlag des Rektors, ich solle mich weniger jüdisch kleiden. Ich hatte gar nicht vorgehabt, hier irgendeine Wahrheit reinzubringen, es ging einfach mit mir durch.

»Du machst Witze, oder?«, sagte sie. »Begreifen diese Leute denn irgendetwas?«

Ich schüttelte den Kopf und fabulierte weiter. Erzählte, wie ich in ständiger Angst lebte und dass ich unzählige Male auf Leben und Tod bedroht worden wäre, dass die Polizei es aber nicht ernst nehmen würde. Dass sie gesagt hätten, es würde doch nichts bringen, Anzeige zu erstatten, und dass es in dem Fall besser wäre, wenn ich an einen anderen Ort ziehen und neu anfangen würde. Aber diesmal bitte ohne *Judenkleider*.

»Haben sie das wirklich gesagt?«, fragte die Journalistin.

»Ja«, log ich.

»Du hast also keine Anzeige erstattet?«

»Nein, habe ich nicht.«

Sie saß einen Moment schweigend da und schien darüber nachzudenken, wie sie sich zu meinen Lügen verhalten sollte. Schließlich sagte sie: »Mach dir keine Sorgen, David. Ich werde dafür sorgen, dass die Leute die Wahrheit erfahren. Erst dann kann sich was ändern.«

»Sie dürfen nichts schreiben, woraus man erkennen kann, dass ich es bin«, flehte ich. »Sonst werden sie mich totschlagen.«

»Da kannst du ganz beruhigt sein«, sagte sie. »Ich gebe meine Quellen niemals preis, wenn ich versprochen habe, sie zu schützen.«

Und sie hielt ihr Versprechen; als der Artikel zwei Tage später erschien, stand darin nichts, was eine Verbindung zwischen mir und dem Jungen im Text zuließ. Mein Name und mein Alter waren verändert und der nördliche Vorort war gegen einen südlichen ausgetauscht worden. Und das war ein Glück, denn die Nachricht bekam viel Aufmerksamkeit und wurde sowohl in den Medien als auch im politischen Zusammenhang diskutiert. Und wie durch ein Wunder schien niemand einen Verdacht zu hegen, um wen es sich in Wirklichkeit handelte. Na ja, mit einer kleinen Ausnahme. Elin.

»Du hinterhältiger Idiot«, sagte sie, als wir uns ein paar Tage später auf dem Flur begegneten.

»Wieso denn?«, fragte ich.

»Das warst doch du in diesem Film da.«

»Nein, war ich nicht.«

»Wer sollte es sonst sein? Irgendein anderer vorgeblicher verdammter Jude?«

»Das ist Rassismus«, sagte Ankan, die wie aus dem Nichts mit einer Zimtschnecke in der Hand auftauchte. »Es sehen nicht alle Juden gleich aus.«

»Das ist ja genau der Punkt«, sagte Elin. »Es stand sogar in der Zeitung, sein Schulrektor hätte ihm gesagt, er soll sich nicht mehr wie ein Jude anziehen.«

»Und das ist wirklich total oft so«, warf ich ein. »Ist jedem Zweiten in meiner Gemeinde schon passiert. Die Leute draußen wussten das bisher einfach noch nicht.«

»Das muss sehr anstrengend sein«, sagte Ankan und sah mich wieder so bewundernd an, obwohl ich jetzt genauso angezogen war wie alle anderen.

In dem Moment kam Micke vorbei. Als er uns sah, blieb er

stehen, wie um nachzudenken, ob er sich trauen sollte, zu uns zu kommen. Doch dann fasste er Mut und hob die Hand zu einem Gruß.

»Tach, David«, sagte er.

»Tach«, erwiderte ich.

Elin konnte ihre Abneigung nicht verbergen, doch das schien Micke nicht zu bemerken.

»Und ihr so?«, fragte er.

»Hast du nicht jemanden, dem du einen Ball an den Kopf schmeißen kannst?«, sagte Elin sauer.

»Ich habe mich doch schon entschuldigt«, entgegnete Micke. »Und es war gar nicht meine Schuld. Oder, David?«

Ich war seiner Meinung, denn so war es tatsächlich gewesen.

»Was, nimmst du den Blödmann jetzt auch noch in Schutz?«, fragte Elin.

»Natürlich tut er das. David ist mein *wingman*«, erklärte Micke. Das war ein Ausdruck, den er bei *Top Gun* aufgeschnappt hatte.

»Na ja«, meinte ich und lächelte Ankan entschuldigend zu. »*Wingman* ist vielleicht ein bisschen viel gesagt, aber wir sind schon zusammen in den Kindergarten gegangen.«

Micke schlug mir auf den Rücken und lachte.

»Ey, wir sind Todeskumpel«, sagte er und wandte sich mir zu. »Hey, David, erinnerst du dich an diesen Alten, der im Krankenhaus so viel gehustet hat? Man hätte ja meinen können, seine Lunge kommt raus.«

»Im Krankenhaus?«, fragte Ankan.

»David hat im Grunde genommen in meinem Zimmer gewohnt, nachdem ich zusammengeschlagen worden bin. So machen das richtige Freunde. Gehen miteinander durch dick und dünn.«

»Wahrscheinlich ist er nur dankbar, dass sie dich erwischt haben und nicht ihn«, entgegnete Elin. »Für die Idioten ist ein ekliger Jude wahrscheinlich genauso gut wie jeder andere.«

»Ich bin kein Jude«, sagte Micke.

»Natürlich bist du das«, widersprach Elin. »Du bist ja schließlich beschnitten. Das hat man in der Turnhalle gesehen, als du ohne Hosen dagestanden bist.«

Sie lachte gehässig und fast hätte man sich gewünscht, Micke hätte damals mit dem Ball etwas mehr Schwung genommen.

»Deswegen bin ich noch lange kein Jude«, sagte Micke.

»Ach was«, erwiderte Elin. »Ich hab doch gehört, wie Krille das beim Sportunterricht gesagt hat. Dass er es seinem Bruder erzählen würde und dass ihr zwei schon so gut wie tot seid. David und der andere Judenschwule.«

»Was?«, fragte Micke. »Warum hat er das gesagt? Ich bin doch getauft, verdammt noch mal.«

»Aber ...«, begann Elin und dann begriff sie. Man konnte es ihr ansehen. Denn plötzlich sah sie so entsetzlich überlegen aus, als besäße sie den Code zu allen Atomwaffen der Welt und hockte mit dem Finger auf dem Knopf da, bereit abzudrücken.

»Du bist doch wirklich unmöglich«, sagte sie zu mir. »Erst machst du Maja weis, du wärst für Palästina, und dann sagst du den Neonazis, dass dein ekliger Kumpel Jude ist, um selbst nicht verprügelt zu werden.«

»Was?«, fragte Micke.

»Bist du schwer von Begriff?«, fragte Elin. »Deshalb haben sie dich überfallen. Es ist Davids Schuld. Sie haben dich anstelle von ihm genommen.«

»Jetzt warte mal kurz«, sagte ich.

»War das Krilles Bruder?«, fragte Micke.

»Ich habe überhaupt nicht gesagt, dass du Jude bist«, sagte ich. »Sie haben es behauptet und ich habe irgendwie …«

»Das also war es, was sie gesagt haben«, fiel es Micke ein. »Verdammter Jude. Dann war es deshalb.«

»Du«, sagte ich, »ich kann das erklären.«

Aber das schaffte ich nicht mehr, denn im nächsten Moment lief Micke weg. Er drehte sich einfach um und rannte, als würde sein Leben daran hängen.

»Genau!«, brüllte Elin ihm hinterher. »Hau ab nach Hause und fick deine ausgedachten Mädchen. Denn hier will dich keine haben.«

26

Die Suche nach Micke –
mir brennen alle Sicherungen durch –
drei Variablen, die man berücksichtigen muss

Ich suchte überall in der Schule nach Micke, aber er war wie vom Erdboden verschluckt. Und als er nach dem Mittagessen nicht zu seiner Unterrichtsstunde auftauchte, ging ich zu ihm nach Hause und klopfte. Seine Mutter machte mir auf.

»Ja?«, sagte sie.

»Ist Micke da?«, fragte ich.

»Warum sollte er? Ist etwas passiert?«

»Wie?«, fragte ich. »Nein, ich glaube nicht. Ich dachte einfach, er hätte etwas früher Schluss gehabt.«

»Ach so«, sagte Mickes Mutter. Und dann verstummte sie. Stand einfach nur da in der Tür und sah mich an. Nicht vorwurfsvoll, wie ich befürchtet hatte, sondern eher unsicher, als wollte sie etwas sagen, wüsste aber nicht richtig, wie sie es anfangen sollte.

»Ja?«, fragte ich. Sie antwortete nicht, sah aber plötzlich sehr traurig aus. Als würde sie gleich in Tränen ausbrechen.

»Wir haben es mit allem versucht«, sagte sie, »aber nichts hilft. Ich weiß nicht mehr, was ich noch tun soll.«

Ich wagte nicht zu fragen, was das Problem war – denn wenn ich den Mund einmal öffnete, dann würde ich ihn wahrscheinlich nicht wieder schließen, bevor ich jede kleinste Kleinigkeit gestanden hatte, die ich ihrem Sohn angetan hatte. So schuldig fühlte ich mich.

»Du darfst das hier niemandem erzählen«, redete sie weiter, »das würde Mikael mir niemals verzeihen. Aber seit er überfallen wurde, ist es, als wäre der letzte kleine Funken Lebensfreude, den er noch hatte, verloschen. Er hat solche Angst, dass er kaum wagt, das Haus zu verlassen. Und wenn er glaubt, wir hätten uns schlafen gelegt, und ich runterschleiche und an seiner Tür horche, dann höre ich, wie er weint und mit sich selbst spricht. Dass er alle hasst und einfach nur sterben will.«

Und da hielt ich es nicht länger aus. Kein einziges Wort konnte ich mehr hören, sonst wäre ich einfach zerbrochen. Also drehte ich mich um und rannte weg. Es brannte in meiner Brust und ich konnte nur noch denken, dass ich Micke finden und auf irgendeine Weise alles wiedergutmachen musste.

Ich begann damit, auf dem Platz draußen nachzusehen, ob er vielleicht dastand und Schmetterschläge übte, wie er es sonst immer machte, wenn er wütend war. Aber da waren nur ein paar kleine Jungs, die bolzten, und die hatten ihn nicht gesehen.

»Willst du mitmachen?«, fragte einer von ihnen.

»Nein«, antwortete ich.

»Doch«, erwiderte der Junge. »Du kannst bleiben.«

Aber dazu hatte ich keine Lust. Stattdessen setzte ich mich auf die Bank neben dem Platz und überlegte, wo Micke sein könnte. Was würde ich machen, wenn alles vor die Wand gefahren wäre? Wenn ich lächerlich gemacht, ausgenutzt und dann noch von dem einzigen Freund, den ich hatte, im

Stich gelassen worden wäre? Es dauerte nicht lange, bis es mir einfiel. Natürlich war er in unserer alten Hütte im Wald. In die wir immer geflohen waren, wenn alles so anstrengend wurde. Weil die Hütte ziemlich tief im Wald drin lag, beschloss ich, erst nach Hause zu gehen und Brote und heiße Schokolade zu machen, die ich mitnehmen konnte. Das war vielleicht keine große Friedensgabe, aber es war auf jeden Fall besser als gar nichts, und Micke war sicher wahnsinnig hungrig, wenn er seit vor dem Mittagessen da rumgehockt hatte.

Auf dem Weg ins Haus stieß ich auf meine Schwester. Sie stand in der Diele und band sich die Schuhe zu und ich war so in Schwung, dass ich sie fast umrannte.

»Mach mal langsam«, zischte sie.

»Wieso bist du zu Hause?«, fragte ich.

»Ich bin krank. Weißt du doch.«

Falls sie auf Mitleid aus war, hatte sie den falschen Moment erwischt, denn ich musste mir um bedeutend schlimmere Dinge als eine kleine Erkältung Sorgen machen. Anstatt zu fragen, wie es ihr ging, schob ich meine Schwester aus dem Weg und verschwand in die Küche.

»Du bist ein richtiges Arschloch«, sagte sie, »weißt du das?«

»Jaja«, erwiderte ich und holte, was ich brauchte, aus dem Kühlschrank. Etwas Käse, ein Päckchen Butter, Salami und Milch.

»Das hätte ich mal diesem Mädchen sagen sollen. Ich hätte ihr erzählen sollen, was für ein fieses kleines Schwein du bist.«

»Welchem Mädchen?«

»Der schicken Assistentin, die neulich hier war. Sie ist vorhin noch mal da gewesen.«

»Eva war hier?«, fragte ich. »Heute?«

»Sie hat mich gebeten, dich daran zu erinnern, dass sie ihre Papiere braucht. Offensichtlich ist es superwichtig, dass sie die heute bekommt. Sie hat gesagt, du könntest sie um vier Uhr im Café am Bahnhof treffen und die Sachen dann mitbringen.«

»Was?«, fragte ich. »Warum denn?«

»Woher soll ich das wissen?«, fragte meine Schwester. »Aber sie war ziemlich nett. Hat gesagt, es sei supercool, mit mir zu reden. Und sie hätte einen jüngeren Freund, von dem sie meinte, ich sollte ihn mal kennenlernen. Magnus irgendwas.«

Da brannte mir die Sicherung durch. Und anstatt meiner Schwester in aller Ruhe zu erklären, worum es hier eigentlich ging, marschierte ich in die Diele zurück und packte sie.

»Du machst gar nichts mit der«, sagte ich.

»Was ist denn? Lass mich los.«

Doch das tat ich nicht. Stattdessen fing ich an sie zu schütteln. Das wollte ich eigentlich nicht, konnte mich aber nicht mehr beherrschen.

»Hör mir mal gut zu«, brüllte ich. »Du hältst dich so weit wie möglich fern von der. Ist das klar?«

»Lass mich los.«

»Die ist lebensgefährlich.«

»Hörst du schlecht? Lass mich los, du verdammter Idiot.«

Ich schob sie an die Wand, so wie ich es manchmal gemacht hatte, als wir noch klein waren. Und dann drückte ich richtig fest zu.

»Versprich es mir«, sagte ich. »Versprich mir, dass du dich von ihr fernhältst.«

»Du bist doch nicht ganz sauber.«

»Versprich es mir.«

»Okay!«, schrie sie. »Ich verspreche es. Du solltest sie vielleicht auch in Ruhe lassen, wenn es dir so verdammt wichtig ist. Aber wenn du glaubst, dass du bei einer wie ihr eine Chance hast, dann spinnst du. Die ist doch erwachsen, verdammt noch mal.«

Und da ließ ich sie los.

»Entschuldige«, sagte ich. »Aber es ist nur zu deinem eigenen Besten.«

»Idiot«, fauchte meine Schwester und wich vorsichtig vor mir zurück. Sie sah verängstigt aus, so als glaubte sie, ich würde ihr wirklich richtig wehtun. Und ohne mich aus den Augen zu lassen, griff sie nach ihrer Jacke, schob die Haustür auf und war im nächsten Moment verschwunden.

Da es inzwischen schon drei Uhr war, würde ich es vor dem Treffen mit Eva nicht zu der Hütte schaffen. Um nicht daran denken zu müssen, was sie von mir wollte, konzentrierte ich mich auf andere Dinge, zum Beispiel die Vorbereitung des Picknicks. Ich machte heiße Schokolade, die ich in eine Thermoskanne goss, und schmierte ein paar doppelstöckige Butterbrote, die ich in Plastiktüten verpackte.

Als der Picknickbeutel gerade fertig war, rief Maja an.

»Haaallo«, sagte sie. »Was für ein Glück, dass du zu Hause bist.«

»Wieso?«, fragte ich.

»Weil ich dich sehen will, du Dummkopf. Wir sind gerade

nach Hause gekommen und Mama und Papa werden bis heute spätabends weg sein. Da dachte ich mir, dass du vielleicht vorbeikommen willst.«

»Na klar«, sagte ich. »Es ist nur so, dass ...«

»Wir müssen die Demonstration planen. Es sind ja nur noch ein paar Tage bis dahin. Und ich vermisse dich. Kannst du nicht einfach sofort kommen?«

Und da hatte ich plötzlich drei Variablen, die ich berücksichtigen musste: eine lebensgefährliche Bedrohung, ein Traummädchen und ein im Stich gelassener Freund.

Vielleicht musste ich Micke gar nicht sofort treffen. Vielleicht wäre es sogar gut für ihn, noch ein bisschen länger seine Ruhe zu haben. Immerhin war er es ja gewohnt, allein zu sein, eine weitere Stunde oder zwei würden also keine große Rolle spielen. Und hinterher könnte ich ihm vielleicht etwas Gutes tun. Vielleicht ein Date mit Ankan organisieren.

»Bis fünf müsste ich es schaffen«, sagte ich. »Muss erst noch was erledigen.«

»Okay«, meinte Maja. »Aber beeil dich, damit Mama und Papa nicht vorher nach Hause kommen.«

Treffen am Bahnhof – der unfreiwillige Fahnenträger – derselbe Dresscode wie gewöhnlich

Ich tat Picknickbeutel und Thermoskanne in den Rucksack und nahm den Bus zum Bahnhof. Dann setzte ich mich vor das Café auf eine Bank und wartete. Es war auf so eine bestimmte Weise aprilkalt, vielleicht fünf oder sechs Grad und eisiger Wind. Und als Eva um kurz nach vier auftauchte, war ich so durchgefroren, dass ich fast zitterte.

»Aber David«, sagte sie. »Komm, wir gehen rein, damit du dich ein bisschen aufwärmen kannst. Ich habe dir etwas Nettes zu erzählen.«

»Ich dachte, wir wären miteinander fertig«, erwiderte ich.

»Jetzt sei mal nicht so misstrauisch. Das steht dir nicht.«

Sie ging ins Café und ich folgte ihr an dem Tresen mit all den Backwaren vorbei zu einem freien Tisch.

»Möchtest du einen Kuchen?«, fragte sie. »Ich lade dich ein.«

»Nein, danke«, sagte ich.

»Okay. Dann einfach nur Kaffee.«

Sie holte ein Tablett, lud eine Zimtschnecke und zwei Kaffee darauf und ging zur Kasse, um zu bezahlen.

»Bitte schön«, sagte sie und reichte mir meinen Becher. »Ich habe Zucker und Milch mitgebracht, ich wusste nicht, was du willst.«

»Ich will, dass Sie mich in Ruhe lassen. Und dass ihr die Finger von meiner Schwester lasst.«

Eva brach ein Stück von der Zimtschnecke ab und stopfte es in den Mund. Es sah aus, als würde sie meine Reaktion genauso genießen wie das Gebäck.

»Ich habe getan, was Sie verlangt haben«, sagte ich. »Sie haben mir versprochen, dass Sie mich in Ruhe lassen.«

»Du warst supergut«, erwiderte sie. »Und deshalb möchten wir, dass du uns einen letzten kleinen Dienst erweist.«

»Aber Sie haben doch gesagt ...«

Eva tat ein Stück Zucker in ihre Tasse und rührte um. Dann sah sie mich amüsiert an.

»Du gehörst uns, David«, sagte sie. »Hast du das noch nicht verstanden?«

Sie stippte das, was von der Zimtschnecke noch übrig war, in den Kaffee und schob auch das in den Mund.

»Nun«, sagte sie, während sie kaute. »Es ist nämlich so, dass wir die Genehmigung bekommen haben, dieses Wochenende im Kungsträdgården zu demonstrieren. Ab und zu tun wir das, um uns zu zeigen, und das läuft dann immer gleich ab: Es kommen Gegendemonstranten, die uns aufhalten wollen, und Polizisten, die die Gegendemonstranten fernhalten, um unser Recht zu demonstrieren zu schützen. Ist das nicht einfältig?«

Eva lächelte mich an, als meinte sie, ich würde die Ironie in der ganzen Sache ebenso lustig finden wie sie.

»Und dann gibt es Schlägereien und Schlagzeilen. Gute Publicity, aber nicht unbedingt ein Triumphzug. Deshalb habe ich mir gedacht, dass wir dieses Jahr noch etwas Besonderes bräuchten. Und da kommst du ins Spiel.«

»Nein«, entgegnete ich, denn jetzt wusste ich genau, was sie sagen würde.

»Doch«, widersprach sie. »Du wirst an der Spitze unseres Demonstrationszuges gehen und unsere Fahne tragen.«

Ich spürte, wie die Panik in mir hochkroch. Das hier war schlimmer als all meine Albträume. Schlimmer als alles andere zusammen.

»Die werden mich totschlagen«, sagte ich.

»Wer die?«

»Die Gegendemonstranten«, sagte ich und hatte sofort ein Bild im Kopf, wie Maja, Tariq, Elin und die anderen reagieren würden, wenn sie mich mit der Naziflagge auf sie zumarschieren sahen.

»Wir schützen dich«, sagte Eva. »Darum alleine geht es. Zu zeigen, dass wir die Einzigen sind, die das können.«

»Das mache ich nicht«, sagte ich.

»Wie bitte?«

»Ihr müsst einen anderen Idioten finden. Ich weigere mich.«

Eva nahm einen Schluck Kaffee und stellte den Becher ab. Jetzt war jegliche Freundlichkeit wie weggeblasen.

»In dem Fall denke ich, dass wir mit deiner Schwester anfangen«, sagte sie. »Sodass ihr anderen zusehen könnt. Lassen die Jungs erst ein bisschen Spaß mit ihr haben, ehe sie erledigt wird. Dann greifen wir uns deine Eltern. Vielleicht erst deinen Papa und danach die Mama. Und ganz am Ende holen wir uns dich.«

Sie nahm eine Serviette und wischte sich den Mund ab.

»Oder«, fuhr sie fort, »vielleicht lassen wir dich am Leben. Manchmal kann das ja noch schlimmer sein.«

Sie stand auf und schob den Stuhl unter den Tisch.

»Die Demonstration beginnt um drei Uhr. Wir sehen uns im Kungsträdgården. Du weißt, welcher Dresscode gilt.«

Ich sah Eva nach, als sie aus dem Café marschierte und zur Bahn ging. Dann stand ich auch auf, trat in die frische Luft hinaus und begann zu rennen. Weg vom Bahnhof, weg vom Zentrum und den hässlichen Mietskasernen, durch das Industriegebiet und runter in das Viertel mit den Einfamilienhäusern. Ich rannte und rannte und rannte, bis ich vor Majas Tür stand.

28

Eine moderne Jeanne d'Arc – ich möchte die Zeit anhalten – sie glaubt, dass sie liebt

»Wie siehst du denn aus?«, fragte Maja. »Bist du hierher gerannt?«

»Ja«, erwiderte ich. »Vom Bahnhof.«

»Ach, wie süß. Komm rein.«

Sie nahm meine Hand und führte mich ins Haus, durch die dunkle Diele und dann weiter in die Küche.

»Möchtest du etwas Wasser?«

»Gerne.«

Maja nahm ein Glas vom Küchenregal, ließ Wasser aus dem Hahn ein und reichte es mir.

»Du«, sagte ich und nahm einen Schluck. »Ich muss dir etwas erzählen.«

»Willst du nicht wissen, wie es in Spanien war?«

Sie war so hübsch, dass ich völlig den Faden verlor.

»Doch«, sagte ich. »Natürlich, aber … «

»Es war wahnsinnig warm und nett und der Strand war unfassbar schön. Ich war jeden Tag da. Ich bin ganz schön braun, oder?«

»Hübsch«, sagte ich. »Du siehst aus wie ein Model.«

»Du bist wirklich süß«, meinte Maja. »Ich verstehe nicht, warum Elin die ganze Zeit Mist über dich erzählen muss. Wahrscheinlich ist sie eifersüchtig. Sie steht eben gern im

Mittelpunkt, aber jetzt werden alle nur auf dich und mich schauen. Willst du sehen, was ich auf der Demonstration anziehen werde?«

Das wollte ich eigentlich nicht, aber Maja war so übersprudelnd froh, dass ich das nicht gut sagen konnte. Stattdessen nickte ich begeistert und da nahm sie meine Hand und zog mich die Treppe rauf zu ihrem Zimmer.

»Guck, hier«, sagte sie und holte einen schwarzen Rock aus dem Schrank. »Die Umweltaktivisten wollten, dass ich Hanfklamotten anziehe, aber das habe ich nicht vor. Ich will wie eine moderne Revolutionärin aussehen. Das können die Ökofuzzies einfach nicht begreifen. Wenn man will, dass die Leute zuhören, dann muss man Eindruck machen. Hübsch, oder?«

»Ja«, sagte ich. »Superhübsch.«

»Außerdem werde ich ein rotes Tuch umhaben und noch einen langen roten Schal dazu, wie Isidora Duncan. Stell dir mal den Kontrast gegen deine komplett schwarzen Kleider vor. Das wird das Bild des Jahres. Wir werden überall zu sehen sein. Auf jedem Zeitungscover und in den Nachrichten im Fernsehen.«

Sie strahlte vor Freude und Erwartung, und so gern ich ihre Gefühle geteilt hätte, brachte ich es doch nicht fertig. Die Wahrheit derart zu verdrehen, das schaffte nicht einmal ich. Und das merkte Maja.

»Warum siehst du so nachdenklich aus?«, fragte sie. »Verstehst du nicht? Wir werden berühmt werden! Die Leute werden uns ernst nehmen und anhören, was wir zu sagen haben.«

»Im Grunde ja«, sagte ich. »Aber die Nazis?«

»Was ist mit denen?«

»Glaubst du nicht, dass sie versuchen werden, uns totzuschlagen?«

Offensichtlich hatten wir, was dieses Thema betraf, etwas unterschiedliche Perspektiven, denn Maja schien sich nicht die geringsten Sorgen zu machen. Sie lachte nur, als würde sie das für einen Scherz halten.

»Du bist ja witzig«, sagte sie. »Warum sollten sie das tun? Und außerdem haben wir die ganze Bewegung hinter uns. Die würde niemals zulassen, dass etwas passiert.«

»Natürlich«, erwiderte ich. »Aber trotzdem.«

»Aber trotzdem?«, fragte Maja und trat einen Schritt näher. Sie sah wirklich aus wie eine Revolutionärin, so entschlossen und ihrer Sache sicher. Wie Jeanne d'Arc, die wir auf Bildern im Geschichtsbuch angeschaut hatten.

»Ach«, sagte ich. »Ich weiß nicht. Es fühlt sich nur ein bisschen komisch an. Was, wenn etwas passiert?«

»Du meinst, mir?«, fragte Maja.

Ich nickte, obwohl ich das überhaupt nicht gemeint hatte.

»Oh, David«, sagte sie und umarmte mich, »du musst dir keine Sorgen machen. Alles wird wunderbar gut gehen. Ich habe alles bis ins letzte Detail geplant, von unseren Outfits bis zu dem, was ich den Journalisten sagen werde. Du musst dir über gar nichts Gedanken machen. Du kannst einfach nur dastehen und süß aussehen. Das wirst du ja wohl schaffen, oder?«

»Ja«, sagte ich. »Natürlich, aber ...«

»Denn du bist ziemlich süß«, sagte sie. »Das bist du wirklich.«

Sie nahm mein Gesicht in ihre Hände, schloss die Augen

und küsste mich. Langsam und gründlich, als würde es wirklich etwas bedeuten.

»Mach dir keine Sorgen«, flüsterte sie. »Darum geht es schließlich bei dieser Demonstration. Dass die Liebe alles überwindet. Verstehst du?«

Und dann schliefen wir miteinander. Alles geschah so schnell, dass ich kaum Zeit hatte, nervös zu werden. Und auch wenn es vielleicht ein bisschen umständlicher und schüchterner verlief als die Sexszenen in *Top Gun*, lief es tatsächlich richtig gut. Maja schien es auf jeden Fall schön zu finden und das war eine ungeheure Erleichterung, wo ich doch so viel Angst gehabt hatte, nicht zu genügen.

Doch das Beste war nicht der Sex, sondern als wir hinterher dalagen, sie mit dem Kopf auf meiner Brust, und ich für einen wunderbaren Augenblick alles vergaß, was Neonazis, tödliche Bedrohung und schlechtes Gewissen hieß.

»Das hier wird der beste Frühling überhaupt«, sagte Maja und drückte ihre Nase gegen meinen Hals. »Wir können tun, was wir wollen. Die Welt verändern. Und dann kann keiner kommen und sagen, das hier sei nur eine Teenagerrevolte gewesen.«

Ich antwortete nichts, stattdessen lag ich einfach da und nahm ihre Stimme, ihren Geruch und ihre Atemzüge auf und wünschte, dieser Augenblick würde ewig währen.

»Alles okay mit dir?«, fragte Maja. »Du siehst aus, als würdest du versuchen, alle Probleme der Welt auf einmal zu lösen.«

Sie hob den Kopf und sah mir mit forschendem Blick in die Augen.

»Woran denkst du?«

Und da sagte ich, wie es war.

»Dass ich gern die Zeit anhalten würde, damit wir hier für immer liegen bleiben können.«

Mehr sagte ich nicht. Nichts von all dem Schrecklichen, was passieren konnte, wenn die Erde sich weiterdrehte. Oder von allen, die ich verletzen und im Stich lassen würde. Maja selbst eingeschlossen. So dumm war nicht einmal ich.

»Wie süß«, meinte sie und legte den Kopf wieder auf meine Brust. »Unglaublich, dass ich das vorher nicht bemerkt habe. Du bist so fein und fürsorglich. Nicht wie die anderen Jungs, die immer nur Sex wollen. Du kümmerst dich wirklich und du hörst zu und verstehst mich. Was für ein Glück, dass wir uns gefunden haben.«

Ich schluckte und legte den Arm um sie. Schloss die Augen und versuchte, diesen Moment in mich einzusaugen, damit ich ihn in meinem Innern aufbewahren konnte. Ein bisschen länger würde ich noch liegen bleiben und dann würde ich mich anziehen und rausgehen und ernsthaft nach Micke suchen.

Ich wachte davon auf, dass Maja mich rüttelte. Draußen war es stockdunkel und es war nach zehn Uhr.

»Mama und Papa sind nach Hause gekommen«, flüsterte sie. »Sie glauben, ich wäre krank, deshalb ist es wohl am besten, wenn du dich rausschleichst.«

Sie küsste mich. Wieder und wieder. Auf die Lippen und auf den Hals und die Brust.

»Ich gehe runter und lenke sie ab«, flüsterte sie. »Du nimmst den Hinterausgang. Okay?«

Ich nickte.

»Und übrigens, David«, sagte sie und drehte sich in der Tür um.

»Ja?«

»Ich glaube, ich liebe dich.«

29

Eine hoffnungslose Situation –
wer sich wie ein Opfer benimmt, bleibt ein Opfer –
ich verstehe (exakt) alles

Um diese Uhrzeit zur Hütte rauszugehen, war sinnlos. Stattdessen schlenderte ich durchs Viertel und dachte nach. In meinem Kopf schwirrten so viele Sachen herum und ich wusste überhaupt nicht, was ich tun sollte. Wenn ich mit den Neonazis ging, würde ich Schande über meine ganze Verwandtschaft bringen und Maja würde mir niemals verzeihen. Und wenn ich mit den Gegendemonstranten ging, dann würde ich meine Familie in Lebensgefahr bringen. Es war eine hoffnungslose Situation und ich hatte nicht die geringste Ahnung, wie ich da rauskommen sollte. Also lief ich bis spät in der Nacht weiter durchs Viertel. Dabei wurde meine Angst immer größer und ich war so nervös, dass ich keinen vernünftigen Gedanken fassen konnte.

Erst um zwei Uhr kam ich nach Hause. Obwohl es so spät war, brannte in der Küche Licht, und als ich reinging, um es auszuschalten, sah ich meine Schwester mit einer Tasse Tee vor sich am Tisch sitzen.

»Du bist ja ganz schön lange auf«, sagte ich.

Meine Schwester antwortete nicht. Wahrscheinlich war sie immer noch beleidigt wegen dem, was vorher am Tag passiert war.

»Geh ins Bett«, meinte ich. »Du schläfst ja schon im Sitzen.«

»Du bist nicht meine Mutter«, antwortete sie sauer.

»Zum Glück«, sagte ich. »Es wäre ein Albtraum, dich als Kind zu haben.«

Für einen kurzen Moment hob sie den Blick und sah mich verächtlich an. Und da merkte ich, dass sie geweint hatte.

»Was ist denn?«, fragte ich.

Die Gefühlslage meiner Schwester war schwer zu deuten. Sie sah traurig und gleichzeitig wütend aus. Aber sie sagte nichts. Es war so typisch für sie, alles zurückzuhalten. Auf der einen Seite wollte sie unbedingt allen leidtun, stieß aber gleichzeitig jeden weg, der zu helfen versuchte. Gerade so, als wolle sie ein Opfer sein.

»Jetzt hör doch auf zu schmollen«, sagte ich. »Ich habe mich doch entschuldigt. Ich wollte nicht so fest zupacken, und so schlimm war es ja wohl nicht, oder?«

»Du hast es mir versprochen«, meinte sie.

»Was denn?«

»Du hast mir versprochen, mit dieser ganzen Judenverkleidung aufzuhören. Und jetzt hast du alles ruiniert.«

Ich begriff nicht, warum sie so wütend war. Wenn ich irgendetwas ruiniert hatte, dann ja wohl mich selbst. Ich müsste auf mich wütend sein. Nicht sie.

»Du bist so verdammt bekloppt«, fuhr sie fort. »Denkst du eigentlich jemals an andere?«

»Stell dir vor, das tue ich«, erwiderte ich.

»Verdammter Idiot, mit dir zu reden ist völlig sinnlos. Du begreifst gar nichts.«

Sie drehte sich zur Wand und begann, das Muster der

Tapete mit dem Finger nachzufahren, als wäre unser Gespräch damit beendet.

»Du«, setzte ich an. Aber ich hätte genauso gut mit der Wand reden können, denn meine Schwester ignorierte mich total. So machte sie es immer, wenn sie nichts mehr hören wollte. Und auf einmal wurde ich wütend. Das hatte eigentlich nicht so viel mit ihr zu tun, aber immerhin schleppte auch ich das eine oder andere mit mir herum.

»Das sagt die Richtige«, motzte ich. »Die nur hier sitzt und heult und sich selbst bemitleidet. Hör auf, dich wie ein Opfer zu benehmen, dann hören die Leute vielleicht auch auf, dich wie eines zu behandeln.«

Meine Schwester antwortete nicht. Sie drehte sich nicht einmal um, sondern starrte nur weiter die Wand an.

»Jetzt sag doch was«, bat ich. »Hör auf zu schmollen.«

Sie führte die Tasse zu ihren Lippen und nahm einen Schluck Tee, und da sah ich, dass ihre Hand zitterte. Ganz ungerührt war sie offenbar nicht, wie sehr sie es auch verbergen wollte.

»Hörst du schlecht?«, fragte ich. »Rede, du blöde Kuh.«

Und plötzlich erwachte sie zum Leben.

»Ach ja?«, fragte sie. »Und was soll ich sagen? Dass ich mich nicht mehr traue, in der Schule zu duschen, weil ich Angst habe, dass sie irgendwelche Konzentrationslagerwitze machen? Oder dass sie Judenfotze flüstern, wenn ich auf dem Flur vorbeigehe?«

»Was?«

»Ich hab dir doch gesagt, du sollst damit aufhören. Was ist eigentlich los mit dir? Warum hörst du nie zu?«

»Ich ...«, begann ich, verstummte dann aber. Denn ich

hatte keine gute Antwort. Ich wusste ja nicht einmal selbst, warum ich das machte.

»Vor zwei Wochen ist Adde zu mir gekommen«, sagte sie.

»Wer?«

»Hinter dem bin ich schon seit Ewigkeiten her. Ich dachte, der wüsste nicht einmal, dass es mich gibt, aber plötzlich stand er einfach da. Und dann dachte ich: ›Jetzt passiert es. Jetzt passiert es wirklich.‹ Denn er hat gelächelt und mir so tief in die Augen geschaut. Und weißt du, was er gesagt hat?«

»Also«, antwortete ich, »ich glaube nicht …«

»Er hat gefragt, ob es stimmt, dass ich Jüdin sei. Und danach sagte er, ganz laut, damit es alle hörten: Es wäre doch schade, dass sie meine Verwandten nicht auch ermordet hätten, denn dann müsste er meinen Anblick nicht ertragen. Daraufhin fing er an, laut zu lachen, und seine Kumpels gleich mit. Und ich auch. Ich wusste nicht, was ich tun sollte. Also stand ich nur wie ein Depp da und grinste. Als würde ich das auch lustig finden.«

Da wurde mir klar, warum meine Schwester in der letzten Zeit so oft nicht in der Schule gewesen war.

»Warum musst du immer weitermachen?«, fuhr sie fort. »Warum musst du immer alles für mich ruinieren?«

Ich ging zu ihr, um meinen Arm um sie zu legen, aber sie schubste mich nur weg.

»Entschuldige«, sagte ich. »Ich werde das hier in Ordnung bringen.«

»Verschwinde.«

»Miriam, ich verspreche es. Ich werde alles in Ordnung bringen.«

Hatte aber keine Ahnung, wie das gehen sollte.

30

Ich stoße Judas vom Sockel – nicht die Frau am Strand – überall Blut – Alvik hatte keine Chance

Obwohl es eigentlich nicht so schwer war. Nicht, wenn man mal nachdachte. Ich war schuld an alldem und deshalb war ich derjenige, der sich opfern musste. Schließlich hatte *ich* mich mit Krille geprügelt, *ich* hatte so getan, als würde ich Palästina unterstützen, und *ich* war auf alles eingegangen, was die Neonazis verlangt hatten. Natürlich wünschte ich mir, ich hätte mich anders verhalten. Dass ich die Klappe gehalten und nicht zurückgeschlagen hätte. Dass ich ein besserer Freund gewesen wäre. Dass ich ehrlicher und mutiger und stark genug gewesen wäre, allen Versuchungen zu widerstehen, die sich angeboten hatten. Doch das war ich nicht und jetzt war es an der Zeit, den Preis zu bezahlen. Micke um Entschuldigung zu bitten und Maja die Wahrheit zu sagen. Sie würde nicht erfreut sein. Das stand fest. Doch ich hoffte auf ihr Verständnis. Immerhin hatte sie gesagt, dass sie glaubte, mich zu lieben. Und dann, wenn das geklärt wäre, würde ich in den sauersten Apfel von allen beißen und mich zum Kungsträdgården begeben und mit den Nazis marschieren. Ich konnte mir nur annähernd vorstellen, wie viel Hass ich da auf mich ziehen würde. Ich würde von jedem einzelnen Menschen ausgestoßen, verabscheut und verachtet werden. Ich würde Judas vom Sockel stoßen und der am meisten gehasste Jude in der Geschichte des Judentums werden. Aber anders ging es nicht.

Ich dachte mir, dass ich zuerst einmal mit Micke reden musste. Er hatte seine erste Unterrichtsstunde um halb neun, also ging ich früh zur Schule, in der Hoffnung, ihn vorher noch zu erwischen. Doch obwohl ich überall suchte – in den Fluren, bei seinem Spind und vor dem Klassenzimmer –, konnte ich ihn nirgends finden. Und am Ende gab ich auf und setzte mich in die Cafeteria, wo Maja, Elin und Ankan gerade ihren Morgenkaffee tranken.

»Hallo, David«, sagte Maja.

Sie kam zu mir und küsste mich so zärtlich und leidenschaftlich auf den Mund, wie liebende Paare es am Ende von romantischen Filmen taten.

»Wie bitte?«, fragte Elin. »Seid ihr jetzt auch noch zusammen?«

Maja lächelte geheimnisvoll, als wolle sie zeigen, dass sie etwas wusste und die anderen nicht. Und da wandte sich Elin an Ankan und schob sich die Finger in den Mund.

»Was ist denn?«, fragte Maja.

»Nichts«, erwiderte Elin.

»Gut, denn so wie du dich benimmst, könnte man meinen, du wärest neidisch.«

»Auf dich?«, fragte Elin. »Warum sollte ich? Weil du endlich einen kleinen Feigling gefunden hast, den du kontrollieren kannst?«

»Natürlich bist du neidisch«, sagte Maja. »Ich sehe es dir an.«

»Du bist doch nicht ganz dicht«, sagte Elin. »Gibt es irgendetwas, was du nicht tun würdest, um berühmt zu werden?«

Maja wurde nicht wütend. Sie betrachtete Elin vielmehr so, wie eine wohlwollende Kaiserin auf ihren Untertan herabschauen würde, der in seiner Einfalt versehentlich etwas besonders Dummes gesagt hatte. Voller Bedauern und mit einem gewissen Mitgefühl. Es war, als hätte sie sich in ihrem Inneren bereits in jene edle Revolutionärin verwandelt.

»Hör nicht auf sie, David«, sagte sie und griff nach meiner Hand. »Sie ist nur sauer, weil wir alle Aufmerksamkeit bekommen werden.«

Und nun konnte ich nicht länger schweigen. Ich musste etwas sagen, wie sehr mir es auch widerstrebte. Da hatte ich endlich die Frau meiner Träume gewonnen. Mit ihr würde ich barfuß mit all unseren Kindern an diesem Strand wandern.

»Also«, begann ich, »weißt du, das mit dieser Demonstration ist alles ein bisschen durcheinandergeraten.«

»Wieso?«, fragte Maja.

»Die Neonazis. Sie haben meiner Familie mit Mord gedroht. Sie sagen, sie würden sie töten, wenn ich mit euch gehe.«

»Oje«, sagte Ankan, »ist das wahr?«

Jemand, der nicht wirklich mit demselben Mitgefühl reagierte, war Elin. Sie sah eher so aus, als würden Ostern und Pfingsten auf einen Tag fallen. Und Maja, ja, die schien nicht zu wissen, was sie hier glauben sollte.

»Aber«, begann sie, »wir hatten doch … alles ist bereits entschieden.«

»Aber es ist dir ja wohl klar, dass David nicht dabei sein kann«, warf Ankan ein. »Das ist schließlich eine Morddrohung.«

»Trotzdem kann er wohl dabei sein«, entgegnete Maja. »Oder, David? Natürlich kannst du das. Es wird gut gehen.« Und plötzlich sah sie überhaupt nicht mehr so aus wie diese Frau, von der ich geträumt hatte, dass ich mit ihr über einen Strand gehen würde.

»Das hier ist meine große Chance«, sagte sie. »Und du wirst sie mir nicht ruinieren. Ist das klar?«

Doch dann bekam Majas Blick so eine Schärfe, als würde ihr plötzlich etwas aufgehen.

»Wusstest du gestern schon davon?«, fragte sie. »Als wir ...«

»Öh«, begann ich. »Nee. Das ist eine neue Sache. Also, als ich nach Hause kam, nachdem ich bei dir gewesen war ...«

Ich verstummte. Ich wollte nicht mehr lügen, weder in großen noch in kleinen Sachen. Und mehr als das war nicht nötig, um Maja zu signalisieren, dass die Nazi-Drohung nichts Neues war. Man sah es ihr an. Wenn nicht im selben Moment Henrik aufgetaucht wäre, hätte sie mir ziemlich sicher eine geknallt.

»Habt ihr gehört?«, rief er. »Das ist doch der Hammer.«

Er keuchte, als wäre er den ganzen Weg von zu Hause gerannt.

»Wie zum Teufel kann man nur?«

»Was denn?«, fragte Ankan.

»Es geht um Micke.«

»Um wen?«, fragte Elin.

»Der mit den Pickeln«, erklärte Henrik.

»Ach so, dieses Ekel«, gab Elin zurück.

»Er hat sich die Pulsadern mit einer Glasscherbe aufgeschnitten«, sagte Henrik. »Wie verdammt krank ist das denn? Meine Mutter hat es erzählt. Sie arbeitet in der Notaufnahme. Sie haben ihn in irgendeiner Hütte im Wald gefunden. Überall war Blut.«

»Igitt, wie widerlich«, sagte Elin und dann wandte sie sich mir zu.

Und in ihrem Blick lag kein bisschen Mitleid. Nur Verachtung.

»Das ist doch der Wahnsinn, sich so zu schneiden«, meinte Henrik. »Überhaupt auf den Gedanken zu kommen.«

»Nicht wahr, David?«, fragte Elin. »Wie ist das möglich?«

Doch wie gemein sie auch war, hatte sie doch recht. Es war meine Schuld. Alles war meine Schuld. Und bevor irgendjemand auch nur ein Wort gesagt hatte, war ich aufgestanden und auf dem Weg.

»Wohin gehst du?«, hörte ich Majas Stimme hinter mir. »David, bleib hier.«

Ich lief weiter. Weg von der Cafeteria und all den gemeinen, verurteilenden und besorgten Stimmen.

»Wir sehen uns morgen!«, rief Maja mir nach. »Um halb drei im Kungsträdgården. Und komm bloß nicht zu spät.«

Ich erhöhte das Tempo. Ging schneller und schneller, bis ich fast rannte. Ich musste da weg. Weg von der Schule und all den Menschen, die mir mit Büchern in der Hand und Rucksäcken in einem breiten Strom entgegenkamen. Die lächelten und lachten und alles so nett zu finden schienen. Ich boxte mich durch ein paar aus dem Zweierjahrgang durch, drückte die Eingangstür auf und rannte auf den Hof raus. Doch kaum war ich ein paar Meter weit gekommen, packte mich jemand von hinten.

»David. Warte!«

Es war Krille. Da stand er mit seinem überlegenen Grinsen, das er immer draufhatte. Und auf einmal war es, als würde der Hass in mich hereinströmen. Denn es war alles tatsächlich nicht nur meine Schuld, sondern auch die von Krille. Er war es ja schließlich gewesen, der mir die Neonazis auf den Hals gehetzt hatte.

Ich drehte mich und schubste ihn.

»Mann, was machst du?«, fragte er.

»Fahr zur Hölle«, erwiderte ich und gab ihm noch einen Stoß. Und diesmal richtig mit Schwung.

Krille stolperte ein paar Schritte zurück. Doch anstatt auf mich loszugehen, stand er nur da und glotzte.

»Ist es wahr, das mit Micke?«, fragte er.

Ich zog eine Portion Rotz hoch und spuckte vor Krille auf dem Boden. Ich war so wütend, dass ich ihm am liebsten den Kopf abgerissen hätte.

»Die sagen, er hätte versucht, sich umzubringen«, sagte er.

»Und was zum Teufel geht dich das an?«

»Jetzt hör schon auf«, sagte er. »Ist es wahr? Lebt er?«

Und da erkannte ich, dass Krille nicht höhnisch aussah, sondern ängstlich.

»Was denn?«, fragte ich. »Willst du jetzt auch so tun, als würde dich das kümmern? Seit der ersten Klasse hast du ihm das Leben zur Hölle gemacht.«

»Verdammt, wir haben doch in derselben Mannschaft gespielt«, entgegnete Krille. »Ist doch klar, dass ich nicht will, dass er stirbt. Bist du bescheuert?«

»Ja«, sagte ich. »Das bin ich. Verdammt bescheuert.«

»Ja, das bist du«, stimmte Krille zu.

»Und du auch«, erwiderte ich. »Du bist ein verdammtes Arschloch.«

»Ja, das bin ich«, sagte Krille. »Glaubst du, ich weiß das nicht, du blöder Idiot?«

Plötzlich war es, als würde uns beiden die Luft ausgehen, und eine Weile standen wir einfach nur da und starrten einander an.

»Willst du jetzt hin?«, fragte er. »Ins Krankenhaus?«

Ich nickte.

»Dann ist er also nicht tot?«

»Ich glaube nicht«, sagte ich. »Ich weiß es nicht.«

Wir standen noch eine Weile da, ohne etwas zu sagen, während ein paar Mädchen auf ihrem Weg in die Schule an uns vorbeirannten. Und dann sagte Krille, so leise, dass man es fast nicht hören konnte: »Geh nicht hin.«

»Ins Krankenhaus?«

»Zu der Demonstration. Sie werden dich töten.«

Er sah sich vorsichtig um, wie um sich zu versichern, dass auch niemand lauschte.

»Ich hab meinen Bruder im Suff davon reden hören. Wie sie dich totschlagen und es dann so aussehen lassen wollen, als ob irgendwelche Kanaken es getan hätten. Sie wollen einen Märtyrer und einen Rassenkrieg anfangen.«

»Hör auf«, sagte ich. »Das ist nicht witzig.«

Doch Krille sah nicht so aus, als würde er scherzen. Ganz und gar nicht.

»Erzähl niemandem, dass ich dir das hier gesagt habe. Sonst bin ich erledigt. Verstehst du?«

Aber das tat ich nicht. Ich verstand gar nichts. Er war es doch gewesen, der bei Mange über mich getratscht hatte.

»Warum sagst du mir das überhaupt?«, fragte ich.

»Verdammt noch mal, David. Wir haben in derselben Mannschaft gespielt. Wir sind bei diesem Cup in Jönköping Zweiter geworden.«

»Stimmt«, meinte ich. »Das sind wir.«

»Wir hätten supergut sein können, wenn wir zusammengehalten hätten«, sagte er. »Die Mannschaft aus Alvik hätte keine Chance gehabt.«

»Glaubst du?«, fragte ich.

»Ganz sicher«, antwortete er. »Und du, grüß Micke von mir. Sag ihm, er soll gesund werden. Und halt dich verdammt noch mal von dieser Demonstration fern.«

»Danke«, sagte ich.

»Ach was«, erwiderte Krille, und dann haute er mir noch mal auf den Arm und ging in die Schule zurück.

31

Drittes Zimmer links –
sagen Sie, dass mir alles leidtut

Ich nahm den Bus zum Krankenhaus. Stieg an der nächstgelegenen Haltestelle aus und ging das letzte Stück zu Fuß. Es war ein schöner Tag. Die Sonne schien, die Vögel zwitscherten und alles sah so lebendig aus. Die Frühlingsblumen, die durch die Risse im Asphalt drangen, die Baumkronen, die im Wind wogten, und das Sonnenlicht, das in dem kleinen See hinter dem Krankenhaus glitzerte.

Ich lief zum Eingang, blieb ein Weilchen davor stehen und sammelte Mut, dann ging ich rein und fragte nach Micke.

»Bist du ein Verwandter?«, fragte die Tante an der Rezeption.

»Ein Freund«, antwortete ich.

»Wir dürfen nur die engste Familie reinlassen.«

»Bitte«, sagte ich. »Ich muss ihn sehen.«

»Wenn du kein Verwandter bist, dann glaube ich nicht, dass …«, begann die Rezeptionistin, verstummte aber plötzlich. Zu meinem Erstaunen merkte ich, dass ich weinte. Dass die Tränen mir einfach so die Wangen herunterliefen.

»Aber, mein Junge«, sagte die Rezeptionistin.

»Er ist mein bester Freund«, erklärte ich. »Ich muss erfahren, ob er okay ist.«

»Das ist er«, sagte sie. »Aber es war im letzten Moment.

Hätten die Eltern der Polizei nicht erzählt, wo der Junge sein könnte, dann wäre er jetzt tot. Das steht fest.«
»Darf ich ihn sehen? Bitte. Nur ganz kurz.«
Wir sahen einander an. Ich mit meinen Augen voller Tränen und sie mit so viel mehr Mitgefühl, als ich verdiente.
»Okay«, sagte sie. »Aber es darf nur ein schneller Besuch sein. Er liegt im zweiten Stock. Drittes Zimmer links.«

Das Krankenhaus war im Grunde menschenleer, und als ich zum zweiten Stock hinaufstieg, hallten meine Schritte laut durchs Treppenhaus. Außer mir war nur noch eine Person da. Die Frau, die vor dem dritten Zimmer links saß. Mickes Mama.
»Wie geht es ihm?«, fragte ich.
Sie sah zu mir hoch und versuchte zu lächeln, doch das ging nicht. Es war, als würde alle Verzweiflung aus ihr herausdringen.
»Es war in letzter Sekunde«, sagte sie. »Gott sei Dank haben sie ihn gefunden. Mein kleiner Junge.«
»Aber er wird doch wieder gesund, oder?«
Mickes Mutter schwieg für einen Moment, dann sagte sie: »Ich weiß es nicht, David. Ich weiß es wirklich nicht.«
Ihr Tonfall gab mir das Gefühl, dass sie etwas anderes meinte als ich. Nicht den Selbstmordversuch und die aufgeschnittenen Handgelenke. Sondern das, was später passieren würde, wenn das Leben weiterging.
Im nächsten Moment ging die Tür auf und Mickes Vater kam raus.
»Hallo, David«, sagte er.
»Wie geht es ihm?«, fragte ich.

»Er muss sich ausruhen.«
»Kann ich mit ihm reden?«
»Ich weiß nicht«, meinte er.
»Bitte. Ich muss ihm etwas sagen. Das geht superschnell.«
Mickes Vater sah mich an und dann seine Frau und zuckte mit den Schultern.
»Es kann ja wohl nicht schaden, wenn er Besuch von einem Freund bekommt«, sagte er. »Ich werde nur eben fragen, ob er das schafft.«
Er ging wieder rein. Im oberen Teil der Tür war ein kleines Fenster und ich sah hindurch. Sah den Vater und Micke, der mit einem Verband um die Handgelenke auf einem Bett lag. Wie sie ein paar Worte wechselten, ehe der Vater das Zimmer wieder verließ.
»Tut mir leid, David«, sagte er. »Er will dich nicht sehen.«
»Aber …«
»Er will auch nicht, dass du noch mal herkommst. Ihr könnt euch treffen, wenn er wieder zu Hause ist.«
Ich schaute durch das Fenster und begegnete Mickes Blick. Es war nur ein kurzer Moment, dann wandten wir uns beide ab.
»Sagen Sie ihm, dass es mir leidtut«, bat ich.
»Was denn?«, fragte die Mutter.
»Alles«, antwortete ich. »Sagen Sie ihm, dass mir alles leidtut.«

32

Ich erzähle alles – wir gehen zur Polizei – Papa kommt in Schwung – ein mickriger kleiner Beitrag – der beste Rat, den er geben konnte

Ich fuhr nach Hause und wartete, und als Mama und Papa auch dort auftauchten, tat ich, was ich schon längst hätte tun sollen: Ich erzählte, was passiert war. Vom Anfang, wie ich mich in der Schule geoutet hatte, bis zu dem Plan der Neonazis, mich während des Demonstrationsmarsches zu töten. Meine Eltern sprachen die ganze Zeit kein einziges Wort.

»Aber, David«, brachte Mama hervor, als ich ausgeredet hatte. »Ich verstehe das nicht. Wie ist es denn möglich, dass du das alles mitgemacht hast?«

»Sie haben gesagt, sie würden euch töten.«

»Warum hast du uns nichts erzählt?«, fragte Papa.

»Ja«, sagte Mama. »Warum nicht?«

Sie sah komplett erstaunt aus und schaute mich an, als wäre ich ihr ein einziges großes Rätsel.

»Ich weiß nicht«, antwortete ich schließlich. »Ich wollte euch nicht beunruhigen. Ich wollte das selbst regeln.«

»Und wie?«, erkundigte sich Papa. »Indem du getötet wirst? Nein, jetzt gehen wir zur Polizei.«

»Warum das denn?«, fragte ich. »Das hilft doch nichts. Das hast du sicher schon tausendmal gesagt.«

Papa bohrte seinen Blick in meinen und biss sich auf die Zunge, wie er es nur tat, wenn er so richtig wütend war.

»Jetzt bist du mal still«, sagte er. »Nimm deine Jacke und setz dich ins Auto.«

Niemand sprach ein Wort auf der ganzen Fahrt zum Polizeirevier. Papa saß am Steuer, schweigend und verkniffen, Mama weinte und ich schämte mich. Wenn das Schlimmste, was ein jüdisches Kind tun konnte, war, seine Eltern zu enttäuschen, dann hatte ich ein neues Niveau auf der nach unten offenen Skala erreicht. Andere konnten beklagen, dass ihr Sohn oder ihre Tochter es nicht ins Medizinstudium geschafft hatte oder auf die Idee gekommen war, die Kinder in der Kirche taufen zu lassen. »Na ja«, konnten die immer noch sagen, »wenigstens ist er nicht Nazi geworden wie der Enkel von Sara Kaminski.«

Nach einer Autofahrt, die fünfzehn Minuten dauerte, sich aber wie eine Ewigkeit anfühlte, kamen wir am Polizeirevier an. Papa ging sofort zum Empfang und erklärte unser Anliegen und kurz darauf tauchte ein älterer Polizist auf und führte uns in einen Raum, der weiter hinten im Gebäude lag.

»Nun«, sagte er. »Was ist passiert?«

»Wir sind bei unserem Leben bedroht worden«, sagte Papa. »Mein Sohn kann das erzählen.«

Ein weiteres Mal war ich gezwungen, alles durchzugehen, was passiert war. Doch diesmal ließ ich die schlimmsten Dummheiten aus und konzentrierte mich auf die Neonazis und ihre Drohung. Und plötzlich war ich nicht mehr ein ganz so großer Idiot, sondern ein Opfer.

»Die Nazis wollen also, dass ein Jude bei ihnen mitmarschiert?«, hakte der Polizist nach, nachdem ich ausgeredet hatte.

»Um zu zeigen, wie schlimm Einwanderer sind«, verdeutlichte Vater.

»Und warum in aller Welt?«

»Um Chaos zu erzeugen«, erklärte Papa. »Die wollen einen Rassenkrieg anfangen.«

Der Polizist schaute auf seine Hände herab und dann wieder zu Papa. Ich hatte das dringende Gefühl, dass er bereute, diese Sache nicht einem Kollegen überlassen zu haben.

»Okay«, sagte er schließlich und kratzte sich am Kopf. »Aber in dem Fall ist die Lösung doch ziemlich einfach. Sorgen Sie dafür, dass sich der Junge von der Demonstration fernhält.«

»Haben Sie nicht zugehört?«, sagte Mama empört. »Die haben gesagt, dass sie uns töten werden, wenn er nicht kommt.«

»Solche Drohungen sind in diesen Kreisen an der Tagesordnung«, meinte der Polizist, »werden allerdings nur höchst selten in die Tat umgesetzt. Ich glaube also nicht, dass Sie sich wirklich Sorgen machen müssen.«

Der Blick, den Papa meiner Mutter zuwarf, sagte alles: Die Polizei scherte sich nicht um Leute wie uns. Genau wie er die ganze Zeit behauptet hatte. Doch obwohl er hier seine Haltung bestätigt bekam, schien Papa überhaupt nicht so zufrieden, wie er das sonst immer war, wenn er Recht behielt.

»Das ist also Ihr Vorschlag?«, fragte er. »Dass wir in aller Seelenruhe nach Hause gehen und hoffen sollen, nicht ermordet zu werden?«

Der ganze Satz troff von Ironie, doch der Polizist schien das nicht zu begreifen.

»Sie können eine Anzeige erstatten«, sagte er. »Ich empfehle Ihnen auch, das zu tun. Seien Sie sich aber bewusst, dass Verbrechen dieser Art nur selten aufgeklärt werden.«

»Das hier sind keine anonymen Drohungen«, erklärte Papa. »Wir wissen, wer dahintersteckt.«

»Trotzdem ist es sehr schwer zu beweisen«, sagte der Polizist. »Und das wissen alle Beteiligten. Wahrscheinlich ist deswegen die Dunkelziffer so hoch.«

»Aber irgendwas müssen Sie doch tun können«, entgegnete Mama. »Sie sind doch Polizisten.«

Der Mann lächelte. Ich glaubte, das war freundlich gemeint, doch er sah hauptsächlich müde aus.

»Ich möchte einfach nur, dass Sie von vornherein Bescheid wissen«, sagte er. »Damit Sie nachher nicht enttäuscht sind.«

»Aber es geht hier nicht um einsame Verrückte«, gab Papa zu bedenken. »Das ist die oberste Führungsebene der extremen Rechten, die dahintersteckt. Gewalttäter, die das Rechtssystem zerstören wollen.«

Der Polizist gab einen kleinen Seufzer von sich. Was sicher nicht böse gemeint war, aber Papa wurde trotzdem wütend.

»Wenn ich das also richtig verstehe«, sagte er, »dann ist es kein Problem, wenn man Neonazi ist und draußen demonstrieren will. Dann bekommt man polizeiliche Genehmigung. Ja, und sogar Schutz. Aber wenn jemand damit droht, einen Juden zu ermorden, dann soll man sich keine Sorgen machen.«

»So meinte ich das ganz und gar nicht«, erwiderte der Polizist. »Ich versuche nur zu erklären, wie schwer es ist, diese Art von Verbrechen zu verfolgen. Natürlich nehmen wir das ernst. Ich schlage deshalb vor, dass Sie damit anfangen, eine Anzeige zu erstatten.«

»Eben haben Sie noch gesagt, dass das nichts bringt«, sagte Papa.

»Das tut es schon, für unsere Statistik«, entgegnete der Polizist. »Geben Sie auf dem Weg raus Bescheid, dann gibt man Ihnen die notwendigen Dokumente.«

Doch das taten wir nicht. Papa war so sauer, dass er an der Rezeption vorbei und sofort zum Auto stiefelte. Und da saß er dann und schrie und motzte über dumme schwedische Polizisten, die gar nichts begriffen, und dass keiner in diesem verdammten elenden Scheißland sich um Leute wie uns scherte. Und als ich versuchte, ihm zuzustimmen, da schimpfte er mich aus und sagte, ich sei ein Idiot und dass er ums Leben nicht verstehen könne, wie jemand sich so wenig vorsehen und so viele bescheuerte und verwerfliche Entscheidungen treffen könne wie ich. Entscheidungen, die unsere ganze Familie in Lebensgefahr brachten und von denen ich aus irgendeinem unerfindlichen Anlass nicht einmal erzählt hatte. Er schimpfte und schimpfte. Und hörte nicht auf, ehe Mama entschlossen eine Hand auf seine Schulter legte.

»Was ist?«, fragte er. »Willst du mir sagen, ich soll deinen Sohn nicht ausschimpfen, weil er so empfindsam ist? Ein bisschen was muss er ja wohl verkraften können. Er hat sich wie ein Idiot benommen.«

»Ich weiß«, sagte ich. »Entschuldigung.«

»Halt die Klappe«, sagte Mama. »Noch ein Wort und ich knalle dir eine.«

Das Interessante war: Als es mal wirklich gefährlich wurde, nahmen die Sorge und die Paranoia ab, an der meine Eltern normalerweise litten. Es war, als hätten sie die ganze Zeit nur darauf gewartet, dass so etwas passieren würde. Denn plötzlich hörten sie auf, sich über Kleinigkeiten zu streiten, und handelten sowohl schnell als auch kraftvoll. Sie entschieden, dass wir bis auf Weiteres bei Oma wohnen würden, warfen mir und meiner Schwester jeweils eine Tasche zu und sagten uns, wir sollten das einpacken, was wir in den nächsten Tagen brauchten. Eine halbe Stunde später schloss mein Vater die Haustür hinter sich ab und nach weiteren 45 Minuten standen wir bei Oma vor der Tür. Papa hatte sie angerufen und vorgewarnt, sie wusste also, dass wir kamen, trotzdem sah sie nicht unbedingt begeistert aus, wie wir da mit Sack und Pack vor ihr standen. Und als Mama die Diele betrat, konnte sie sich einen kleinen herabwürdigenden Kommentar über deren schlampige Kleidung nicht verkneifen. Und auf einmal wandte sich Papa seiner Mutter zu und hielt ihr warnend einen Finger vors Gesicht.

»Wenn ich davon höre, dass du von dieser Sache wusstest oder auf irgendeine Weise in Davids diverse Dummheiten verwickelt warst, dann stecke ich dich ins Jüdische Altersheim«, sagte er.

»Was redest du da für einen Blödsinn?«, fragte Oma.

»Und wenn du da mal drin bist«, fuhr Papa fort, »dann kommst du nie wieder raus. Ist das klar?«

Darauf sagte Oma nichts mehr, denn schließlich war das Jüdische Altersheim ein Ort, den sie mied wie die Pest. Ich versuchte auch, möglichst nicht aufzufallen. Stattdessen verbrachte ich den restlichen Tag hauptsächlich damit, in einer

Ecke des Wohnzimmers zu sitzen und mich zu schämen, während Mama und Papa in der Küche flüsterten und meine Schwester mir mit beeindruckender Regelmäßigkeit verächtliche Blicke zuwarf.

Als es dann Abend wurde, ging ich früh ins Bett, doch es fiel mir schwer einzuschlafen. In meinem Kopf kreiste einfach zu viel herum. All die Dummheiten, die ich begangen hatte und die ich jetzt am liebsten ungeschehen machen würde. All die falschen Entscheidungen, die ich getroffen hatte, und all die Menschen, die ich im Stich gelassen und deren Leben ich ruiniert hatte. Ich muss Stunden da gelegen und gegrübelt haben, bis ich schließlich aufstand, um mir ein Brot zu machen.

Wie sich bald herausstellte, war ich nicht der Einzige, der nicht schlafen konnte, denn kurz darauf bekam ich Gesellschaft – zuerst von meiner Schwester und dann von Mama und Papa. Und da saßen wir nun zusammen bis tief in die Nacht und redeten. Ich weiß nicht, wie viele Male ich um Entschuldigung bat, doch es fühlte sich nach mehreren Hundert an. Und am Ende konnten Mama und Papa es nicht mehr hören und sagten, sie würden mir verzeihen. Sie seien nicht böse, erklärten sie, nur besorgt und enttäuscht. Aber das machte die Sache natürlich nur noch schlimmer.

Ich glaube, ich kam nicht vor kurz nach vier ins Bett, und da war ich so müde, dass ich sofort einschlief und erst mitten am Tag wieder aufwachte – ein paar Stunden, bevor die Demonstrationen stattfinden würden. Ich versuchte, nicht so viel daran zu denken, doch das war unmöglich. Immer wieder schaute ich auf Omas Wanduhr, um zu sehen, wie viel Zeit noch blieb.

»Du kannst ja in der Wohnung marschieren, wenn du willst«, sagte meine Schwester, als es dann nach drei Uhr war.

Ich ignorierte sie, setzte mich in die Küche und schaltete das Radio ein, um zu hören, ob in den Nachrichten irgendetwas über die Demonstrationen gesagt wurde. Nichts. Den ganzen Nachmittag lang erwähnten sie die Ereignisse mit keinem Wort. Und als Papa den Fernseher einschaltete, um die Sechs-Uhr-Nachrichten zu sehen, ging es um lauter andere Dinge: um einen Mord in Norrland, einen schwedischen Tennis-Spieler, der in einem wichtigen Turnier den Weltranglistendritten geschlagen hatte, und um ein großes Unternehmen, das auf dem Weg in den Konkurs war. Erst am Ende der Sendung, eingeklemmt zwischen dem Wetterbericht und einer Lokalmeldung über den Einfamilienhaus-Brand in einem Vorort, kam ein kleiner Beitrag über den Naziaufmarsch. Der Reporter sagte, es seien einige Steine geflogen und die Polizei hätte bei ein paar Schlägereien dazwischengehen müssen, insgesamt wäre es aber ruhig zugegangen. Während er redete, zeigten sie die Gegendemonstranten in der Nahaufnahme und da sah ich Maja. Sie ging ganz vorne und war so schön in ihrer schwarzen Kleidung und dem roten Schal, als würde sie direkt von einer Modenschau kommen. Und neben ihr lief Tariq und hielt ihre Hand.

Das war alles, was von der Demonstration an Nachrichten gebracht wurde. Ein mickriger kleiner Beitrag. So weit entfernt von Evas hochfahrenden Träumen wie nur möglich. Ich nahm an, dass sie außer sich war vor Wut. Deshalb war es eine große Erleichterung, als Papa sagte, wir würden noch ein Weilchen bei Oma bleiben, um zu sehen, wie sich das alles entwickelte.

An dem Abend gingen wir früh schlafen. Oma in ihrem Zimmer, Mama und Papa im Wohnzimmer und meine Schwester und ich in Opas ehemaligem Arbeitszimmer. Als ich aufwachte, war meine Schwester bereits aufgestanden und ich blieb noch ein bisschen liegen, schaute zur Decke hinauf und lauschte auf das Gemurmel von der Straße unten. Wie das Leben da draußen weiterging. Ein Tag wie jeder andere.

Ich stieg aus dem Bettsofa, zog mich an und ging in die Küche, wo der Rest der Familie saß und frühstückte. Papa schaute in die Zeitung, Mama spülte und meine Schwester aß ein Brot mit Ei. Im Radio wurden dieselben Nachrichten vorgetragen wie tags zuvor im Fernsehen: der Mord in Norrland, die Heldentat des Tennisspielers, die finanzielle Situation des Unternehmens und der Brand im Einfamilienhaus. Die Demonstration wurde nicht einmal erwähnt. Hingegen verbrachte der Nachrichtensprecher umso mehr Zeit mit dem Wetter. Denn jetzt, meinte er, würde endlich der Frühling kommen.

Ich setzte mich an den Tisch.

»Guten Morgen«, sagte Papa. »Hast du gut geschlafen?«

»Einigermaßen«, antwortete ich. »Und du?«

Er zuckte mit den Schultern.

»Wo ist Oma?«, fragte ich.

»Sie macht einen Spaziergang«, sagte Papa. »Hat gemeint, sie bräuchte ein bisschen ihre Ruhe.«

»Muss sie gerade sagen«, murmelte Mama.

»Sag mal«, meinte Papa, »könnt ihr jetzt nicht mal aufhören. Ich weiß, dass es nicht immer so leicht ist, aber sie lässt uns schließlich hier wohnen.«

Mama spülte einen Eimer aus und stellte ihn auf das Abtropfgitter.

»Nein«, sagte sie. »Jetzt werde ich Johanssons anrufen und fragen, ob sie unsere Blumen gießen können. Ich will nicht, dass die verrecken, während wir weg sind.«

»Die haben doch sicher noch den Schlüssel vom letzten Mal, als sie bei uns gegossen haben. Als Kerstin fast deine Amaryllis ertränkt hat«, entgegnete Papa.

Mama trocknete sich die Hände ab und ging ins Wohnzimmer.

»Schöner Tag, oder?«, meinte Papa zu mir und nickte zum Fenster und dem strahlend blauen Himmel, den man über den Wohnhäusern erkennen konnte.

»Hm«, brummte ich und begann mir ein Brot zu schmieren.

»Willst du Kaffee?«

»Ja, danke. Gerne.«

Papa schenkte mir einen Becher ein und stellte ihn vor mir auf den Tisch. Ich schloss die Augen und nahm einen Schluck. Als ich sie wieder öffnete, stand Mama in der Tür.

»Na«, fragte Papa. »Alles gut?«

Mama antwortete nicht. Sie stand einfach da und schaute aus dem Fenster zu der Wohnung auf der anderen Seite der Straße. Die, von der Oma behauptete, da würde ein Mann wohnen, der ganze Tage lang nackt herumlief.

»Es war unser Haus«, sagte Mama.

»Was?«, fragte Papa.

»Das, von dem sie in den Nachrichten gesprochen haben. Das war unser Haus, das da gebrannt hat.«

Als wir uns wieder gefasst hatten, gingen wir noch einmal zur Polizei.

»Haben Sie denn irgendwelche Beweise dafür, dass die Nazis hinter der Sache stecken?«, fragte der Mann, der diesmal dort Dienst hatte.

»Sie haben gedroht, sie würden uns töten, wenn mein Sohn nicht macht, was sie sagen«, erklärte Papa. »Und jetzt hat jemand unser Haus niedergebrannt. Vielleicht könnten Sie nach Fingerabdrücken suchen.«

»Schon«, sagte der Polizist. »Doch leider ist es nach einem Brand fast unmöglich, etwas zu finden. Außerdem sind diese Gruppen ziemlich gut darin, sich zu schützen. Sie tragen meist Handschuhe.«

»Was ist mit Haaren und so?«, fragte Mama.

»Tut mir leid«, sagte der Polizist. »So was machen wir hier leider nicht. Das wäre, als würde man eine Nadel in einem Heuhaufen suchen.«

»Was machen Sie dann?«, fragte Papa. »Können Sie uns wenigstens eine Form von Schutz anbieten?«

»Das ist möglich«, antwortete der Polizist. »Doch zuerst müssen wir in jedem Fall eine Ermittlung durchführen und das kann ja leider einige Zeit dauern.«

Je länger das Gespräch ging, desto resignierter sah mein Vater aus. Sauer wie letztes Mal schien er hingegen überhaupt nicht mehr zu sein. Vielleicht, weil dieser Polizist höflich war und fast die ganze Zeit »leider« sagte.

»Was sollen wir denn tun?«, fragte Papa. »Wenn Sie weder

die festnehmen können, die das getan haben, noch uns schützen können?«

Der Polizist schwieg eine Weile.

»Eigentlich dürfte ich das hier nicht sagen«, meinte er.

Und dann gab er uns seinen besten Rat.

33

Ein halbes Jahr später – Umstellungsschwierigkeiten – ein Stein für Opas Grab – das dritthübscheste Mädchen der Klasse

Als ich ein knappes halbes Jahr später an all das, was da passiert war, zurückdachte, fühlte es sich unwirklich und traumartig an. Als wäre es genau das gewesen. Ein Traum. Es war sieben Uhr und ich machte einen Morgenspaziergang. Damit hatte ich in der letzten Zeit angefangen, um meine Ruhe zu haben und in Frieden nachdenken zu können.

Es war typisches Dezemberwetter und trotz der frühen Stunde war genauso viel Verkehr wie immer. Busse und Autos. Leute, die hofften, es noch bis zur Arbeit zu schaffen, ehe die echte Rush Hour begann. Viele von ihnen sahen gestresst aus, wie sie da mit den Händen auf dem Lenkrad saßen, als ob sie eigentlich viel lieber ganz woanders wären. Und dafür hatten sie natürlich mein volles Verständnis. Das, was passiert war, hatte unsere ganze Familie auf den Kopf gestellt, und das letzte halbe Jahr war voller schwieriger Umstellungen gewesen. Meine Eltern hatten ihr Bestes gegeben, nicht zu zeigen, wie anstrengend es war, doch das machte die Sache nur noch schlimmer. Denn ich durchschaute sie. Genau wie Mama meinte, mich durchschauen zu können.

Ich verließ die große Straße und bog zum Wasser ab. Der

Vorschlag, dass ich vor der Schule einen Spaziergang dorthin unternehmen sollte, kam von Papa. Er sagte, dass ich mich dann besser fühlen würde. Und das stimmte. Besser, aber nicht gut. Mich plagte immer noch ein schlechtes Gewissen wegen allem, was ich angerichtet hatte, und das konnte ich nicht einfach vergessen. Vor allem, weil ich Mama manchmal nachts weinen hörte und meine Schwester lange Zeit so getan hatte, als gäbe es mich nicht. Ich glaube, sie hat über einen Monat lang nicht mit mir gesprochen. Aber das war tatsächlich besser geworden und inzwischen konnten wir fast ein ganzes Gespräch führen, ohne dass sie mich beschuldigte, ihr Leben ruiniert zu haben.

Es dauerte ungefähr zehn Minuten, runter ans Wasser zu gehen. Um diese Tageszeit war die Gegend fast menschenleer und es fühlte sich an, als hätte ich das ganze Meer für mich allein. Ich zog die Schuhe aus und begann, an der Wasserlinie entlangzugehen. Es waren bereits zwölf Grad und im Wasser sicherlich zwanzig, und nach nur wenigen Hundert Metern fielen die anstrengenden Gedanken nach und nach von mir ab. Denn wie sehr meine Schwester auch ihre Freundinnen und meine Mutter ihren Garten vermisste, gab es doch keine Alternative. Das hatten zumindest meine Eltern gesagt, als sie die Entscheidung trafen, dass unser Leben wichtiger sei, als sich an ein Haus oder einen Ort zu binden. Und wenn man genau hinsah, dann gab es tatsächlich Anzeichen dafür, dass alles sich zum Besseren wendete. So wie als Mama, nachdem sie das Anrecht auf einen Schrebergarten bekommen hatte, freudestrahlend in die Wohnung gestürzt kam und von all den fantastischen Pflanzen berichtete, die sie ziehen würde. Oder als Papa nach einer langen

Zeit frustrierender Jobsuche schließlich Arbeit in einem Reisebüro fand.

Tatsache war, dass sogar meine Schwester manchmal ein wenig glücklich wirkte, auch wenn sie natürlich ihr Möglichstes tat, mich das nicht merken zu lassen. Sie hatte bereits mit ein paar Mädchen in der Klasse Freundschaft geschlossen und zudem ein paar männliche Bewunderer gewonnen. Total ruiniert konnte ihr Leben also nicht sein.

Bei mir war es schlimmer. Es fiel mir schwer, neue Freunde zu gewinnen, und ich fühlte mich einsam und gescheitert. Das zeigte ich dem Rest meiner Familie aber nicht. Stattdessen biss ich die Zähne zusammen und tat, was man von mir erwartete. Ging zur Schule und machte meine Hausaufgaben.

Während dieser Zeit war ich viel allein. Saß in meinem Zimmer und las und grübelte. Und vor allem schrieb ich Briefe. An Cissi und Micke und all die anderen, die ich verletzt hatte und um Verzeihung bitten wollte.

Cissi antwortete als Erste, und ehe ich's mich versah, hatten wir eine Brieffreundschaft begonnen. Sie erzählte von allem, was zu Hause passiert war. Dass die Neonazis in der Schule nach mir gesucht hatten und der Rektor die Polizei rufen musste. Dass laut Krille ein Kopfgeld auf mich ausgesetzt worden war und dass Maja und ihre Gang in den Pausen gemeine Gerüchte über mich verbreitet hatten. Doch nachdem wir mal allen Tratsch abgearbeitet hatten, begannen wir über anderes zu schreiben, über unsere Gedanken und Gefühle und Überlegungen zum Leben. Man könnte sagen, dass wir, so auf Distanz, richtig gute Freunde wurden. Trotzdem bat ich weiterhin um Entschuldigung, aber Cissi war nicht böse. Sie meinte, es wäre ja auch ihre Schuld gewesen. Sie wüsste schließlich, dass sie manchmal sehr aufdringlich sein könnte und dass ich »ein bisschen schwach sei und es mir schwerfiele, Nein zu sagen«. Vielmehr sei sie ziemlich dankbar, dass wir »es« getan hatten, denn nun müsste sie nicht nervös sein, wenn sie mal jemanden kennenlernte, der ihr wirklich wichtig war. Und tatsächlich war genau das passiert. Als sie nämlich in die Synagoge in Stockholm gegangen war, um sich zu erkundigen, wie man konvertierte, war sie dem Sohn des Rabbiners begegnet, einem schwedisch-amerikanischen Typen, der »einfach wunderbar« war. Und jetzt waren sie ein Paar.

Von Micke hingegen bekam ich keine Antwort, ganz gleich, wie viele Briefe ich schickte. Cissi hatte erzählt, dass er wieder in der Schule war und, soweit sie das beurteilen konnte, ziemlich okay zu sein schien. Doch ob das wirklich so war, erfuhr ich nie.

Ich nahm einen Stein auf und tat ihn in die Tasche. Ich hatte Oma versprochen, ihr einen zu schicken, den sie auf Opas Grab legen könnte. Sie war so traurig gewesen, als wir wegfuhren. Hatte geweint und Papa ausgeschimpft. Hatte gesagt, dass er feige wäre, wenn er *die* gewinnen lassen würde. Doch damit hatte sie inzwischen aufgehört. Wahrscheinlich verstand sie ihn in ihrem tiefsten Innern. Ihre Eltern hatten schließlich dasselbe getan. Und Opa hätte gesagt, das sei ja das, was wir Juden zu tun pflegten.

Darüber sprachen wir aber nicht, wenn ich sie anrief. Da hatten wir andere Themen. Wie kalt der Winter war und dass sie uns vermisste und uns besuchen wollte. Mama hatte furchtbare Angst, dass Oma, wenn sie erst einmal hierherkäme, nie wieder nach Hause reisen würde, und dass wir dann gezwungen wären, uns um sie zu kümmern. Dementsprechend ließ die Anspannung hier zu Hause merklich nach, als Oma dann letzte Woche anrief und erzählte, sie würde darüber nachdenken, in das Jüdische Altersheim zu ziehen.

»Ich dachte, das wäre dein Albtraum«, sagte ich, als ich an der Reihe war, mit ihr zu sprechen.

»Das war mehr den Voraussetzungen geschuldet«, meinte sie, »und die haben sich ja jetzt verändert.«

»Wie das?«

»Ich habe den schlimmsten Tratschtanten erzählt, wie du die Pläne der Nazis durchkreuzt hast. Und jetzt wissen alle im Heim, was für ein Held mein Enkel ist.«

»Das kannst du so nicht sagen«, erwiderte ich. »Schließlich *war* ich ja ihr Plan.«

»Was ist schon ein Arzt oder gar ein Hirnchirurg gegen einen, der unter Aufbietung seines eigenen Lebens für unser Volk aufsteht? Damit kann weder Rita Goldman noch irgendeine andere der Angebertanten konkurrieren. Weißt du, neulich hat der Jüdische Frauenclub sich gemeldet und gefragt, ob ich auf dem nächsten Basar der Ehrengast werden will.«

»Ich dachte, du hasst ihre Basare.«

»Das habe ich auch«, sagte Oma. »Aber man kann seine Meinung doch ändern.«

Ich bürstete mir den Sand ab, zog meine Schuhe an und ging los, um den Bus zur Schule zu nehmen. Jetzt fühlte sich alles viel besser an als beim Aufwachen am Morgen. Bestimmt hatte Papa recht. Es würde alles gut werden. Man musste nur Geduld haben. Und wenn ich genauer darüber nachdachte, dann wurde es doch auch für mich allmählich etwas heller. Genau in dem Moment, als ich aufgegeben und akzeptiert hatte, dass ich dazu verurteilt war, wieder der einsame Junge zu sein, den niemand wahrnahm und mit dem keiner zusammen sein wollte.

Ein erstes Anzeichen dafür, dass sich das Blatt langsam wendete, hatte sich Ende letzter Woche gezeigt. Im Geschichtsunterricht hatte der Lehrer über die Zeit vor dem Zweiten Weltkrieg gesprochen und wie wenige Menschen den Mut gehabt hatten, der erforderlich war, um für uns Juden aufzustehen. Und da fuhr plötzlich, wie von einer unsichtbaren Kraft gezogen, meine Hand hoch.

»Ja«, sagte der Lehrer.

Und obwohl ich mir selbst geschworen hatte, nicht mehr zu lügen oder auf andere Dummheiten zu kommen, hörte ich folgende Worte in brüchigem Hebräisch aus meinem Mund kommen: »Ich habe den Plan der schwedischen Neonazis sabotiert, einen Rassenkrieg zu starten. Deshalb sind wir hierhergezogen. Weil sie unser Haus niedergebrannt und ein Kopfgeld auf mich ausgesetzt haben.«

Ich bereute es sofort. Der Lehrer und die anderen Schüler starrten mich an, als würde ich spinnen, und für den Rest der Unterrichtsstunde spürte ich ihre Blicke auf mir und hörte, wie sie kicherten. Um nicht lächerlich gemacht zu werden, huschte ich am Ende der Stunde so schnell wie möglich aus dem Zimmer. Doch es dauerte nicht lange, da hatten mich die zwei übelsten Witzbolde der Klasse eingeholt.

»Du«, sagte der eine von ihnen, »warte mal.«

Ich drehte mich um. Rechnete mit Gemeinheiten, traf aber auf ein Lächeln.

»Das war ja ziemlich heftig«, meinte er. »Wie heißt du noch?«

»David«, sagte ich.

»Cool«, entgegnete der andere. »Wir wollen grade Kaffee trinken. Kommst du mit?«

»Okay«, sagte ich.

Wir gingen zur Cafeteria, kamen aber nur ein paar Schritte weit, als mir jemand auf die Schulter tippte. Es war Aviva, das dritthübscheste Mädchen der Klasse.

»Ist das wahr, was du da vorhin erzählt hast?«, fragte sie.

Sie war so schön, dass ich weiche Knie bekam. Und noch ehe ich den Mund geöffnet hatte, um die Worte zu sagen, von denen ich meinte, dass sie den größten Eindruck auf sie machen würden, hatte ich mir bereits vorgestellt, wie wir Hand in Hand, umgeben von unseren zukünftigen Kindern, einen Strand entlanggingen.

Aber das ist eine ganz andere Geschichte.

Content Note

Liebe Leser*innen,

in Davids Geschichte kommen Themen vor, die auf ganz unterschiedliche Art und Weise emotional belasten können. Diese sind Antisemitismus, Rassismus, Homophobie, Misogynie, Body Shaming, Ableismus, ein Suizidversuch sowie derbe Sprache/Beleidigungen.

Ihr solltet das Buch also nur lesen, wenn ihr emotional mit diesen Themen umgehen könnt. Falls es euch mit diesen genannten oder auch anderen Themen nicht gut geht, findet ihr unter der Nummer der Telefonseelsorge rund um die Uhr kostenlose und anonyme Hilfe.

0800-1110111/0800-1110222
www.telefonseelsorge.de

Wir wünschen euch das bestmögliche Leseerlebnis.

Euer Loewe-Team